Llawlyfr y Wladfa

DELYTH MACDONALD

Argraffiad cyntaf: 2018
© Hawlfraint Delyth MacDonald a'r Lolfa Cyf., 2018

Cynllun y clawr: Y Lolfa
Llun y clawr: Luciano Miravalles

Rhif Llyfr Rhyngwladol: 978 1 78461 573 4

Dymuna'r cyhoeddwyr gydnabod cymorth ariannol
Cyngor Llyfrau Cymru

Cyhoeddwyd ac argraffwyd yng Nghymru
ar bapur o goedwigoedd cynaliadwy gan
Y Lolfa Cyf., Talybont, Ceredigion SY24 5HE
e-bost ylolfa@ylolfa.com
gwefan www.ylolfa.com
ffôn 01970 832 304
ffacs 01970 832 782

Cynnwys

Pennod 4 – Trelew 64

Pennod 5 – Y Gaiman 86

Pennod 6 – Ardaloedd Gwledig Dyffryn Camwy 131

Diolchiadau

Diolchaf i'r canlynol am eu cymorth wrth ddod o hyd i luniau: Héctor MacDonald, Cinthia Zamarreño, Rebeca White, Dewi Hughes, Richard Gammon, Carwyn ac Alicia Arthur, Sara DaGraça de Williams, Mary Simmonds, Morys Gruffydd, Eluned Jones, Cathrin Lloyd Williams a Sonia Lidia Donoso. Hefyd i'r diweddar Edi Dorian Jones, a gyfrannodd gymaint tuag at ddiogelu gwaddol ffotograffig y Wladfa, yn ogystal â chyfrannu ei gasgliad enfawr ei hun – ac, yn arbennig, am y lluniau a adawodd i ni yn ystod ei ymweliad â Chymru. I Fabio González (Amgueddfa'r Gaiman) a Fernando Coronato (Amgueddfa'r Glanio) am eu cymorth parod. I Robat Trefor am olygu'r testun, i Meleri Wyn James ac Alan Thomas am lywio'r gyfrol drwy'r wasg, i Elgan Griffiths am y mapiau ac i Luciano Miravalles am lun y clawr. Diolch hefyd i Cathrin Lloyd Williams a'r Athro E. Wyn James am eu hawgrymiadau gwerthfawr. I Elvey hefyd, am ei gefnogaeth, am wirio ffeithiau hanes y Wladfa a'r Ariannin, ac am fy nghyfeirio at ffynonellau gwerthfawr.

Rhagair

Yn 1970, priodais â 'hogyn o'r Wladfa'. Cyfyngedig, a dweud y lleiaf, oedd fy ngwybodaeth am hanes Patagonia ar y pryd. Ni chefais erioed wers amdani yn yr ysgol, ond rwy'n cofio darllen *Bandit yr Andes*, nofel antur i blant gan R Bryn Williams!

Dros y blynyddoedd, wrth gwrdd ag ymwelwyr o'r Wladfa, ymweld â'r lle am y tro cyntaf yn 1991 ac wrth wrando ar fy nheulu-yng-nghyfraith, Sarah ac Edith MacDonald, a sgwrsio â nhw, yn raddol, deuthum i wybod a deall rhagor.

Cefais y fraint yn ddiweddarach o ymuno ag Elvey ar nifer o deithiau i'r Dyffryn a'r Andes, gan dywys ymwelwyr o Gymru i fannau o ddiddordeb yn stori'r Wladfa. Fe'm swynwyd yn llwyr wrth glywed yr hanesion a'r storïau yn cael eu hadrodd yn yr union safleoedd lle y bu iddynt ddigwydd, a theimlais y byddai'n braf rhoi yr un cyfle i eraill.

Felly, nid llyfr hanes yw'r gyfrol hon, ond yn hytrach llawlyfr. Ei phwrpas, yn bennaf, yw cyfoethogi profiad ymwelwyr y dyfodol â'r Wladfa, boed hynny fel rhan o grŵp ffurfiol neu ar eu pennau eu hunain. Ond rwyf hefyd yn gobeithio y bydd o ddiddordeb i'r rhai a fu yno eisoes, i'w hatgoffa am eu taith, a hefyd i deithwyr cadair-freichiau na fu ym Mhatagonia, nac a fydd yn debygol o fynd yno. Gobeithio hefyd y bydd o gymorth i'r sawl sy'n arwain teithiau i'r wlad.

Felly, dewch ar daith, gan ddechrau ym Mhorth Madryn a dilyn yr haul tua'r gorllewin hyd at yr Andes.

Porth Madryn

Gefeilliwyd â Nefyn ym mis Medi 1998

Rhif 1: Porth Madryn

'New Bay', yr enw a ddangosid ar fapiau'r cyfnod, oedd enw cyntaf y gwladfawyr ar y bae. Defnyddiodd rhai y cyfieithiad Cymraeg 'Bae Newydd'. 'Port Harbour' oedd hen enw morwyr ar y gilfach lle glaniodd y *Mimosa*, oherwydd ei bod hi ar y chwith wrth iddynt gyrraedd pen draw'r bae. 'Porth Denby' oedd yr enw cyntaf a roddodd Lewis Jones ar y lle hwnnw, sef enw un o fasnachwyr Buenos Aires a'i cynorthwyodd yn nyddiau cynnar y sefydliad. Eithr erbyn Tachwedd 1866, dechreuwyd arfer yr enw 'Porth Madryn' arno, i gydnabod cyfraniad Love Jones-Parry, Castell Madryn.

Ni thyfodd tref yn y bae am flynyddoedd lawer – o bosib oherwydd nad oedd dŵr ffres i'w gael yno. Ar 9 Rhagfyr 1880 cyrhaeddodd y llong bleser Brydeinig *Wanderer* i'r Bae Newydd yn ystod ei mordaith o amgylch y byd. Ni welodd y teithwyr yr un enaid byw yn y cyffiniau, sy'n awgrymu nad oedd neb yn byw yn y Bae ar y pryd. Dywed arweinyddion y daith iddynt danio ergyd o wn yn y gobaith y byddai yn cael ei chlywed gan y gwladfawyr oedd 40 milltir i'r de ar lan afon Camwy – ond yn ofer. Penderfynodd rhai o'r cwmni deithio tuag at Ddyffryn Camwy. Arhosodd y gweddill yn y Bae Newydd hyd nes i ddau o'r gwladfawyr ddod i'w cyfarfod a'u hebrwng i'r dyffryn, gan gyrraedd yno ar 12 Rhagfyr i groeso cynnes gan Lewis Jones ac eraill (C. & S. Lambert, *The Voyage of the Wanderer*).

O ganlyniad i'r gwaith o adeiladu'r rheilffordd o'r Bae Newydd i Drelew a gwblhawyd yn 1889, tyfodd tref Porth Madryn yn gyflym. Erbyn hyn mae yno tua 94,000 o drigolion.

Roedd pwyllgor Cymdeithas Wladychfaol Lerpwl wedi anfon dirprwyaeth i Buenos Aires ddiwedd 1862 i drafod gyda Llywodraeth Gweriniaeth yr Ariannin y posibilrwydd o sefydlu gwladfa

Traeth Porth Madryn

Gymreig ym Mhatagonia. Aelodau'r ddirprwyaeth oedd y Capten (yn ddiweddarach Syr) Thomas Duncombe Love Jones-Parry o Gastell Madryn a Lewis Jones (Cadeirydd Pwyllgor y Gymdeithas Wladychfaol).

Ganed Love Jones-Parry (neu Parry Madryn, fel y cyfeirir ato gan amlaf) ddydd Iau, 5 Ionawr 1832, ac roedd yn 31 mlwydd oed pan gyrhaeddodd (yn hwyr) i Buenos Aires ar 14 Ionawr 1863. Ystyrid ef yn deithiwr profiadol, ac yn dipyn o ddiplomydd a oedd yn gyfarwydd â thrafod materion gwleidyddol. Roedd hefyd wedi cyfrannu £750 tuag at y fenter.

Roedd Lewis Jones yn 25 mlwydd oed ar y pryd, ac yn llawer llai profiadol na'i gydymaith. Cyrhaeddodd i Buenos Aires gyda'r bwriad o gadw drws swyddfa Guillermo Rawson, y Gweinidog Cartref, (gweler Rhif 29) yn agored nes y cyrhaeddai Parry Madryn. Ond oherwydd ei hiraeth am ei deulu, roedd Jones ar frys i ddychwelyd i Gymru, a thaflodd ei hun i'r trafodaethau ar unwaith. O ganlyniad, cytunodd i holl amodau'r Llywodraeth: ni fyddai gwladfa'r Cymry yn cael ei hystyried yn wlad annibynnol nac yn dalaith hunanlywodraethol. Yn hytrach byddai'n cael ei rheoli fel unrhyw drefedigaeth arall, yn uniongyrchol gan Lywodraeth Buenos Aires. Oherwydd iddo gyrraedd ar derfyn y trafodaethau, ymddengys mai unig gyfraniad Parry Madryn oedd llofnodi'r ddogfen.

Ddydd Sul 18 Ionawr 1863, hwyliodd y ddau Gymro o Buenos Aires i Batagones, sef tref fechan a dyfodd o gwmpas gwersyll milwrol. Hwn oedd sefydliad mwyaf deheuol yr Ariannin ar y pryd, a dangosai mapiau'r cyfnod ffin ddeheuol y wlad yn y fan honno. Oddi yno ar 31 Ionawr

Love Jones-Parry,
Madryn

Yr Indiad

aethant ymlaen mewn sgwner fach gyda'r bwriad o gyrraedd afon Chupat (a enwyd wedyn gan Lewis Jones yn afon Camwy). Oherwydd tywydd stormus, gorfodwyd hwy i hwylio'n ôl i'r Bae Newydd ac ni chyraeddasant yr afon tan 10 Chwefror. Wedi archwilio'r tir am wythnos, dychwelasant i Buenos Aires gan adrodd wrth y Llywodraeth fod dyffryn afon Camwy yn addas ar gyfer sefydlu gwladfa.

Wedi cyrraedd yn ôl i Gymru, cyflwynasant adroddiadau ffafriol hefyd i Bwyllgor y Gymdeithas Wladychfaol ar 5 Mai 1863.

Rhif 2: Yr Indiad

Dyma gofgolofn i'r Tehuelches, brodorion gorllewin Patagonia, sy'n dangos un ohonynt yn edrych allan i'r Bae Newydd i gyfeiriad dyfodiad

y *Mimosa*. Dadorchuddiwyd hi ddydd Gŵyl y Glaniad, 28 Gorffennaf 1965, ganrif yn union wedi i'r Cymry lanio yma. Y cerflunydd oedd Luis Berlotti.

Ystyr Tehuelche yn iaith eu gorchfygwyr, y Mapuches, yw 'pobl ddewr'. Pobl grwydrol oeddent, yn gosod eu *toldos* (pebyll o grwyn) hwnt ac yma ar hyd godre'r Andes deheuol. Roedd y dynion yn farchogion a helwyr penigamp. Byddent yn hela guanacos ac estrys er mwyn eu crwyn, eu cig a'u plu. Roeddent yn bobl dal a chryf. Yn wir, roedd hyd yn oed y menywod yn chwe troedfedd o daldra.

Ffrwyth dychymyg yw'r cerflun, mewn gwirionedd, oherwydd nad oedd y brodorion hyn yn yr ardal pan laniodd y Cymry fore Gwener, 28 Gorffennaf 1865. Er bod y gwladfawyr yn disgwyl mewn ofn o ddydd i ddydd am eu golwg cyntaf ohonynt, ni wnaethant eu cyfarfod tan 19 Ebrill

1866, yn ystod gwledd ddathlu priodas ddwbl ar dir Plas Heddwch, fferm Edwyn Roberts. Cyfarfod heddychlon fu hwnnw (gweler Rhif 26).

Rhif 3: *Boleadoras*

Dianc rhag caethiwed ac erledigaeth fu hanes brodorion De'r Amerig yn dilyn dyfodiad y dyn gwyn. Wedi i drigolion Taleithiau Unedig Afon Arian ddatgan eu hannibyniaeth yn 1816, bwriad yr arweinyddion oedd creu un wlad unedig, gan ymestyn y ffiniau yn raddol i bob cyfeiriad, gyda'r nod o gael pawb yn ddarostyngedig i Lywodraeth Buenos Aires. I'r Llywodraeth, roedd y brodorion yn rhwystr mawr, yn enwedig oherwydd eu tuedd i ymosod yn aml ar y ffermydd a dwyn anifeiliaid, gwragedd a phlant. Yr ateb oedd *La conquista del desierto* – sef 'Concwest y diffeithwch', a gynhaliwyd rhwng 1879 a 1885. Cafodd y brodorion eu herlid, lladdwyd rhai miloedd a chaethiwyd cannoedd o rai eraill gan luoedd y Llywodraeth yn ystod y cyfnod hwn. Parai hyn ofid i'r gwladfawyr ac, ar gais Sayhueque, pennaeth ola'r Mapuche, anfonodd Lewis Jones lythyr at yr awdurdodau milwrol, yn eiriol dros hawliau'r brodorion, ond fe'i hanwybyddwyd.

Bu perthynas y brodorion â'r gwladfawyr yn gyfeillgar. O'r cyfarfod cyntaf, meithrinwyd agwedd o barch a chydweithrediad rhwng y ddwy genedl, a datblygodd cyfeillgarwch personol rhwng llawer ohonynt. Yn wir, roedd y gwladfawyr

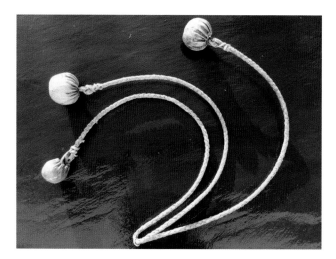

Boleadoras

Hela â *boleadoras*

yn argyhoeddedig na fyddent wedi goroesi blynyddoedd cynnar y Wladfa heb gymorth yr 'Indiaid'.

Dysgodd y Tehuelches ifainc eu cyfoedion gwladfaol i hela anifeiliaid gwyllt y paith, megis y gwanaco, y rhea (estrys Patagonia), a'r mara (ysgyfarnog fawr Patagonia) gan ddefnyddio dulliau ac arfau'r brodorion. Daeth y gwladfawyr ifainc yn fedrus iawn wrth ddefnyddio *boleadoras* a *lazo* i hela, a bu eu llwyddiannau o gymorth mawr mewn adegau o brinder bwyd.

Roedd y brodorion am weld y Wladfa yn llwyddo, er mwyn eu harbed hwy rhag wynebu'r twyll a'r lladrata a ddioddefent wrth fasnachu yn Patagones. O ganlyniad, pan welsant dlodi mawr cyfnod cynnar y sefydliad, roeddent yn cyfnewid plu, crwyn, matiau, gwaith lledr, a hyd yn oed geffylau, am nwyddau megis siwgwr a thorthau o fara, ar delerau ffafriol i'r Cymry (gweler Baled yr Indiaid Rhif 26). Wrth i'r Wladfa ddatblygu, medrodd y gwladfawyr fewnforio nwyddau o Buenos Aires, a daeth gwerth y fasnach yn broffidiol i'r ddwy ochr.

'Cristianos' (Cristnogion) oedd enw'r brodorion ar y dyn gwyn. Ond, yn ôl y llwythau Patagonaidd, doedd y Cymry ddim yn 'Cristianos' oherwydd, yn wahanol i fasnachwyr Patagones, roeddent yn masnachu yn onest!

Wrth gwrs, bu ambell wrthdaro, yn enwedig pan fyddai rhai o geffylau'r Cymry yn diflannu o bryd i'w gilydd, ond mae'n arwyddocaol na fu angen adeiladu amddiffynfeydd milwrol ar unrhyw adeg yn y Wladfa, er bod yr brodorion wedi arfer ymosod yn waedlyd ar sefydliadau mwy gogleddol, megis Bahía Blanca a Patagones.

Yn *Ar Lannau'r Gamwy*, cynigiai William Meloch Hughes bum reswm pan nad ymosododd y brodorion ar y gwladfawyr. Yn gyntaf, yn y blynyddoedd cynnar, roedd y Wladfa yn eithriadol o dlawd. Ychydig iawn o wartheg a cheffylau oedd ganddynt. Yn ail, llwyth y Tehuelches, pobl dawel a chadarn, oedd yr ymwelwyr amlaf i'r ardal. Yn drydydd, roedd daearyddiaeth y Wladfa yn rhwystr. I'r gogledd a'r de roedd milltiroedd o baith anial, ac i'r gorllewin, ymestynnai Hirdaith Edwyn dros drigain milltir o baith di-ddŵr a di-gysgod. Roedd y pellteroedd yn faith i geffylau i'w croesi, ac mi fyddent wedi blino cyn cael cyfle i ymosod ar y sefydliad ar ôl cyrraedd. Y pedwerydd rheswm oedd y manteision a ddelliai i'r brodorion o gael datblygu masnach gyda sefydliad agosach na Patagones, yn rhanbarth (heddiw talaith) Río Negro. A'r rheswm olaf oedd ymddygiad y gwladfawyr tuag atynt. Yn ôl Capten George Chaworth Musters (gweler Rhif 126), dywedodd y Tehuelches wrtho mai arfer y Cymry pan ddeuent ar draws aelod meddw o'u llwyth yn gorwedd ar lawr yn yr awyr agored, oedd ei gario i'r adeilad agosaf tan iddo sobri, a gofalu am ei geffyl. Ond yn Río Negro, byddent yn ei ysbeilio a'i drin fel ci.

Serch hynny, rhaid cydnabod bod ychydig unigolion o blith y gwladfawyr o bryd i'w gilydd wedi gweithredu yn erbyn rheolau'r Wladfa drwy werthu diod feddwol i'r brodorion – a dygwyd hwy o flaen eu gwell!

Rhif 4: Y Penrhyn

Teithiodd Edwyn Cynrig Roberts a Lewis Jones i'r Bae Newydd i baratoi ar gyfer glaniad y fintai gyntaf. Cyrhaeddodd y ddau ar y *Juno* ar 14 Mehefin 1865 gydag wyth gant o ddefaid, chwe deg iâr, chwe mochyn, chwe chi, chwe cheffyl gwedd, dau bâr o ychen, trol, dau ddwsin o erydr, tri chan sach o wenith, ugain sach o datws, chwe chan troedfedd o flancedi a phedwar magnel. Eu gorchwyl oedd paratoi gwersyll, dechrau agor ffyrdd a chasglu offer a nwyddau cyn i'r ymfudwyr gyrraedd.

Yn y Bae Newydd roedd y porthladd naturiol gorau, ac nid oedd modd glanio yn nes at afon Camwy, tua deugain milltir i'r de. Roedd tasg enfawr yn eu hwynebu i gael y safle'n barod ar gyfer croesawu'r fintai. Ar y pryd, roeddent yn disgwyl i honno ddod ar yr *Halton Castle* a fyddai, hyd y gwyddent, yn cyrraedd ymhen pythefnos (gweler Rhif 9).

Anfantais fawr Porth Madryn hyd heddiw yw nad oes yno ffynhonnell o ddŵr ffres. Yn 1865, dŵr glaw yn gorwedd mewn llynnoedd llonydd oedd yr unig ddŵr addas i'w yfed. Roedd un llyn mawr lle saif tref Madryn heddiw a symudwyd yr anifeiliaid yno. Galwyd y llecyn yn Fali Fawr.

Gadawodd Lewis Jones am Patagones ar y *Juno* ar 5 Gorffennaf i gasglu rhagor o anifeiliaid, nwyddau ac offer, gan adael Edwyn gyda'i weision, sef gŵr o'r enw Jerry (gweler Rhif 88) a thri arall, i barhau â'r gwaith.

Penrhyn yr Ogofâu

Edwyn Cynrig Roberts

Anfonwyd Jerry i chwilio am lynnoedd o ddŵr croyw ac aeth Edwyn a'r gweision eraill ymlaen â'r gwaith o geisio torri ffynnon. Teimlai'r Cymro yn bur anfodlon ag arafwch ei weision a neidiodd i lawr i waelod y pydew i gyflymu'r dasg ei hun. Gwelodd y gweision eu cyfle i ddianc rhag gwaith, a chael ysbaid i segura a diota. Codasant y rhaff a gadawsant Edwyn yn ei garchar heb fodd i ddianc. Er gwaeddi, bygwth ac ymbil, bu yno am ddwy noson, ac anobeithiodd am ei fywyd.

Pan ddychwelodd Jerry, dywedwyd wrtho fod Edwyn wedi mynd i chwilio am ddŵr ac aeth yntau i chwilio amdano, ond troes yn ôl yn sydyn. Gwelodd fod y gweision yn taflu pridd i'r pydew, a llwyddodd i achub y Cymro!

Pan ddychwelodd Lewis Jones, dychrynwyd y gweision wrth ddeall ei fod yn trafod sut i'w cosbi. Dadl Edwyn oedd mai'r gosb orau oedd eu gorfodi i weithio'n galetach! Serch hynny, alltudiwyd hwy i Patagones ar daith nesaf y *Juno*.

Rhif 5: Man Glanio'r *Mimosa*

Gadawodd y *Mimosa* borthladd Lerpwl fore Iau 25 Mai 1865, gyda'r fintai gyntaf o wladfawyr ar ei bwrdd. Ar ôl taith helbulus, cyrhaeddodd i'r Bae Newydd, bae naturiol 40 milltir o hyd ac 20 o led, nos Fercher, 26 Gorffennaf, yng ngolau'r lleuad.

Cododd pawb yn gynnar y bore canlynol, gan chwilio am arwydd o bresenoldeb Lewis Jones ac Edwyn Cynrig Roberts.

Yna, gwelsant long fechan ym mhen gorllewinol y bae. Wedi iddynt ddod at ei hymyl, gollyngwyd cwch. Munudau'n ddiweddarach, dychwelodd yn cludo Lewis Jones. Dringodd yntau ar fwrdd y *Mimosa*, ac anerchodd y fintai. Dywedodd ei fod ar fin cychwyn am Patagones ar y *Juno* i gasglu rhagor o nwyddau. Amlinellodd yr hyn yr oedd eisoes wedi'i gyflawni ar eu cyfer a'i gynlluniau ar gyfer y misoedd oedd i ddod. Ysbrydolwyd yr ymfudwyr gan ei anerchiad, llonnwyd eu calonnau a chodwyd eu gobeithion. Bu dathlu brwd, a chafodd yntau groeso twymgalon. Aeth y *Mimosa* yn ei blaen nes cyrraedd pen ei thaith mewn safle a ddewiswyd yn 1863 gan Parry Madryn, gyferbyn â'r gwersyll a fyddai'n gartref dros dro iddynt. Saethwyd ergyd o fagnel y *Mimosa* ac atebwyd hi gan ergydion o fagnelau o'r fan a adwaenir heddiw fel Penrhyn yr Ogofâu (gweler Rhif 4).

Safai Edwyn Cynrig Roberts a'i weision mewn rhes fel milwyr ar y penrhyn sydd uwchlaw'r lanfa, a baner y Ddraig Goch yn cyhwfan uwch eu pennau.

Syllai'r teithwyr ar y traeth digroeso, heb weld ond rhimyn o fryniau llwyd, a theimlo'r unigrwydd a'r distawrwydd mawr yn eu cofleidio. Syllent ar y traeth coch a'r llethrau caregog, y cwbl yn llonydd a marw, a heb weld dim bywyd ond yn yr awyr a'r môr. Daeth y nos yn gyflym, a hwythau yn dal i obeithio a breuddwydio am baradwys tu hwnt i'r bryncynnau noeth. (R Bryn Williams, *Y Wladfa*)

Y bore canlynol, ddydd Gwener 28 Gorffennaf

Llun stiwdio o laniad y *Mimosa*

1865, dechreuodd y broses o ddadlwytho'r dodrefn a'r offer. Yna, bob yn dipyn, disgynnodd aelodau'r fintai mewn proses a gymerodd dridiau.

Roedd hi'n fore oer a glawog ganol gaeaf. Doedd dim cysgod addas ar eu cyfer. Doedd y cabanau pren ddim yn barod oherwydd prinder coed i roi to arnynt.

Yn ôl Thomas Jones, a oedd yn fachgen 16 oed ar y *Mimosa,* roedd siom arall yn eu disgwyl:

Erbyn y prynhawn, roedd pawb ar y lan, a'r naill yn holi'r llall ble oedd y stôr! … teimlent awydd bwyd'. Daethant o hyd i'r stôr, ond – 'pan ei cawsant nid oedd amgen na thwll yn y *tosca* wedi ei doi â brwyn glan y môr a sach yn ddrws, ac oddi mewn bum sach o flawd, tair ham, ychydig siwgr, *currants, raisins,* ac ymenyn…a beth oedd hynny rhwng cynifer?' ('Hanes Cychwyniad y Wladfa ym Mhatagonia', *Y Drafod,* Mehefin – Hydref 1926)

Yr unig gysgod y noson gyntaf oedd sied goed hir, sef stordy a fwriadwyd ar gyfer cadw offer a dodrefn, ond a neilltuwyd ar gyfer rhai parau priod. Rhoddodd y Capten George Pepperell ganiatâd i'r mamau a'u babanod ddychwelyd i'r llong i gysgu. Treuliodd y dynion sengl a'r bechgyn ifainc noson yng nghysgod y cabanau anorffenedig yn yr awyr agored.

Cwblhawyd y cabanau yn ystod y dyddiau canlynol gan seiri'r fintai gyda choed a gludodd Lewis Jones o Patagones, ac ailgylchwyd y pren a ddefnyddiwyd i addasu'r *Mimosa,* a phren o long ddrylliedig a orweddai ar y traeth.

Anodd iawn fu'r diwrnodau cyntaf hynny yn y wlad newydd ac, erbyn noson olaf Gorffennaf, roedd yr arweinwyr yn barod i ddechrau symud pobl o'r Bae Newydd i ddyffryn afon Chupat, 40 milltir i'r de. Swyddogaeth dynion ifainc y garfan gyntaf hon fyddai agor y ffordd a thorri coed ar gyfer adeiladu. Hysbyswyd hwy y byddent yn cychwyn ar eu taith y bore canlynol.

Rhif 6: Offeryn y Diafol?

Wedi glanio'r *Mimosa* yn y Bae Newydd, aed ati i ddadlwytho eiddo'r ymfudwyr. Wrth i'r gwaith fynd yn ei flaen, roedd Robert Thomas, o Fangor, yn awyddus iawn i sicrhau'r gofal mwyaf wrth i'r dynion estyn am focs mawr o bren cryf o'i eiddo. Offer saer oedd ynddo, yn ôl a ddywedai, ond ni lwyddwyd o gwbwl i'w berswadio i'w agor ar ôl

cyrraedd y tir mawr. Roedd am gadw'r offer yn ddiogel hyd nes y byddai wedi cael cartref newydd yn y dyffryn.

Aeth dwy flynedd heibio cyn i'r bocs gael ei agor, gan ddatgelu mai harmoniwm oedd ynddo. Mae'n debyg na fentrai Robert ei ddangos ynghynt rhag ofn bod yn y fintai rai a fyddai'n ystyried yr organ fach yn offeryn y diafol ac am ei dinistrio.

Heddiw, mae'r offeryn yng nghartref disgynyddion Robert ar fferm ar gyrion Trelew.

Rhif 7: Y Traeth a'r Ogofâu

Yn wynebu allan i'r dwyrain ac i ddyfroedd y Bae Newydd gwelir ogofâu mawr yn y creigiau *tosca*. Bu sôn am flynyddoedd mai dyma oedd lleoliad cysgodfeydd cyntaf mintai'r *Mimosa*.

Erbyn heddiw, derbynnir bod hon yn

Organ Robert Thomas

Yr ogofâu mawr

19

ddamcaniaeth gyfeiliornus. Llenwir yr ogofâu gan lanw'r môr ddwywaith y dydd. Fel y tystiodd Thomas Jones (un o aelodau'r fintai gyntaf), yn ei ysgrifau 'Hanes Cychwyniad y Wladfa ym Mhatagonia' yn 1926:

> Lle cymwys i bysgod ddyfod am dro pan fydd y llanw i mewn [ydynt], bydd yno'r amser hwnnw tua mydr o ddwfr …

> Mae lle i gredu i'r ogofâu hyn gael eu defnyddio fel toiledau yn ystod y dyddiau cynnar – a'r llanw'n clirio'r carthion ddwywaith y dydd!

Y ceudyllau

Un ddamcaniaeth a gynigir am y tyllau a welir mewn rhes ar flaen y penrhyn yw bod y

Y ceudyllau

gwladfawyr, ar ôl glanio yn 1865, wedi llochesu ynddynt. Nid oes yr un ffynhonnell ysgrifenedig o eiddo aelodau'r fintai, ar y pryd nac yn eu hatgofion, yn cyfeirio at hyn. Yn hytrach, maent yn adrodd yn gyson am gabanau pren a adeiladwyd ar eu cyfer ac mai yno, er yn anorffenedig, y bu raid i'r teuluoedd dreulio'r wythnosau cyntaf.

Ers canol Mehefin 1865, roedd Edwyn Roberts a Lewis Jones wedi bod yn ceisio adeiladu cabanau i lochesu'r ymfudwyr. Meddai Edwyn ar 19 Mehefin: 'gosodwyd sylfaen y tŷ cyntaf yn y Wladychfa.' Dechreuwyd drwy ddefnyddio blociau *tosca* a dorrwyd o'r penrhyn, ond profodd y deunydd hwn yn rhy feddal a hollol anaddas at y pwrpas, a gorfu iddynt ddefnyddio pren yn ei le.

Defnyddiwyd un o'r tyllau fel stordy ar gyfer nwyddau. 'Yr oedd y bwyd a gludwyd o Patagones wedi ei storio mewn ogof a wnaed gan Natur,' meddai John Coslett Thomas, yn dyfynnu Edwyn.

Beth bynnag, wedi bod am ryw ddau fis ar y dŵr, dyma ni yn New Bay, Patagonia. Erbyn dyfod yno, cawsom Meistri L. Jones ac Edwyn Roberts yna, a llong ganddynt wedi dyfod â lluniaeth ac anifeiliaid ar ein cyfer. Yr oedd yma amryw fythod hefyd wedi eu codi ar y lan at ein gwasanaeth … Cododd L. Jones y bythod yn New Bay yn lle yn Chupat, yr hwn sydd ddeugain milltir dros y tir o New Bay. (Llythyr oddi wrth Abraham Matthews at y Parchedig W. Edwards, 2 Mawrth 1866; yn Mari Emlyn, *Llythyrau'r Wladfa 1865-1945*)

Buom yn *New Bay* am yn agos i ddau fis. Nid oedd dim dwfr i'w gael yno heb fyned dair neu bedair milltir gyda glan y Bay o'r fan lle yr oedd y tai coed, lle yr oedd dwfr gwlaw wedi cronni. (Joseph Seth Jones mewn llythyr at ei deulu, dyddiedig 1 Mawrth 1866; yn Mari Emlyn, *Llythyrau'r Wladfa 1865-1945*)

Angorasom mewn cilfach a elwid Port Harbour yng nghwr de-orllewinol y Bay. Yno yr oedd y *Mimosa* i fyned, ac yno yr oedd Lewis Jones, ac Edwyn Roberts, ac eraill, yn codi tai coed i dderbyn y Cymry ar eu glaniad yn eu gwlad newydd. (Llythyr Twmi Dimol at y bardd Ceiriog, 20 Mehefin 1866; yn Mari Emlyn, *Llythyrau'r Wladfa 1865-1945*)

Yn 1867, wedi cyfnod o galedi mawr yn y dyffryn, roedd y mwyafrif o'r gwladfawyr yn barod i roi'r ffidil yn y to a gadael Patagonia er mwyn sefydlu gwladfa newydd yn Santa Fe. Eu harweinydd oedd y Parchedig Abraham Matthews. Ceisiodd Edwyn Roberts ac R J Berwyn eu perswadio i aros. Serch hynny, ymadawodd y Cymry, gan gefnu ar eu ffermydd a symud yn ôl i Borth Madryn i ddisgwyl am long i'w cludo i wladfa newydd. Fe gymerodd hyd at dri mis i gludo pawb a phopeth i'r bae gan nad oedd yno ond tair neu bedair trol (gweler Rhif 35).

Dros y cyfnod hwnnw, fel yr oedd pob penteulu yn cyrraedd y bae, ei dasg gyntaf oedd adeiladu lloches i'w deulu. Tyllodd rhai yn y graig, a dyna yw llawer o geudyllau'r penrhyn. Yn y cyfamser, yn dilyn trafodaethau aflwyddiannus gyda'r awdurdodau yn Buenos Aires a Santa Fe, perswadiwyd Abraham Mathews i roi cynnig arall ar y Wladfa yn nyffryn Camwy (gweler Rhif 40).

Dychwelodd arweinwyr y ddwy garfan i Borth Madryn i adrodd yn ôl i Gyngor y Wladfa mewn cyfarfod stormus, a gynhaliwyd yn un o'r ogofâu. Ogof newydd a chymharol fawr a gerfiwyd gan Ffrancwr oedd hon ac roedd yn cynnig preifatrwydd ar gyfer y cyfarfod oherwydd ei bod hi gryn bellter oddi wrth y lleill. Aeth y bleidlais o blaid rhoi cynnig ar y dyffryn am flwyddyn arall. Dychwelodd y gwladfawyr i ailadeiladu eu cartrefi yno. Erbyn diwedd y flwyddyn ganlynol, cafwyd cynhaeaf llewyrchus ac achubwyd y Wladfa ym Mhatagonia. Ni fu sôn o hynny ymlaen (tan lifogydd difaol troad y ganrif) am gefnu ar ddyffryn afon Camwy.

Defnyddiwyd yr ogofâu dros dro yn 1886 ar gyfer cartrefu rhai o weithwyr y rheilffordd a gyrhaeddodd i Borth Madryn ar y *Vesta*, nes yr adeiladwyd cabanau pren newydd iddynt yn y Fali Fawr.

Pan ddychwelodd Lewis Jones i'r Wladfa yn 1870, gorfu iddo aros am rai diwrnodau ym Mhorth Madryn i gael trefn ar ei eiddo cyn mynd ymlaen i'r dyffryn. Ysgrifennodd lythyr tra oedd yn aros yno at ei fam a'i frawd yng Nghymru.

Pe gwelech y lle rwy'n ysgrifennu hyn fe welech mor anhawdd yw gyrru dim yn drefnus atoch. – mewn ogof fudr, ac oddeutu dwsin o bobl yn clebar ar draws ei gilydd. (Mari Emlyn, *Llythyrau'r Wladfa 1865-1945*)

Un o'r ogofâu naturiol oedd hon. Yn ystod y rhan gyntaf o'r ugeinfed ganrif, gorchuddiwyd y ceudyllau gan dywod. Daethant i'r golwg o'r newydd yn dilyn storm yn Rhagfyr 1931. Erbyn heddiw, maent yn cael eu gwarchod, yn gwbl haeddiannol, fel safle hanesyddol o bwysigrwydd yn hanes y Cymry a'r Ariannin, a rhoddwyd enw teilwng ar y safle, sef *Parque Histórico Punta Cuevas* (Parc Hanesyddol Penrhyn yr Ogofâu).

Y Gesail

Ymhle y codwyd y cabanau pren? Mae R J Berwyn yn cyfeirio at safle 'yng nghesail ddwyrain y gilfach rhwng traeth y penllanw a'r bryniau tywod'. Yno, meddai, y lleolwyd yr 16 caban a adeiladwyd gan Edwyn Roberts a'i weision cyn i'r *Mimosa* gyrraedd. Yn y cabanau anorffenedig hyn y cysgododd y mwyafrif o'r Cymry yn ystod y dyddiau cyntaf.

Yr unig adeilad â tho iddo oedd ystafell bren a fwriadwyd ar gyfer storio eiddo'r ymfudwyr. Yno y lletywyd rhai parau priod. Gorffennwyd yr adeiladau eraill gan seiri'r fintai, gyda phlanciau a ddefnyddiwyd yn Lerpwl i greu rhaniadau a dodrefn dros dro yn y *Mimosa*, ynghyd â llwyth o goed o Patagones, a choed o longddrylliad oedd yn gorwedd ar y traeth.

Rhif 8: Amgueddfa'r Glanio

Lleolir yr amgueddfa hon ar lethrau'r penrhyn, ychydig islaw cerflun yr Indiad ac yn edrych i lawr ar y traeth. 'Hanes yn y fan a'r lle' yw ystyr yr arwyddair. Fe'i hagorwyd ar 25 Mai 2001. Mae'n cyfeirio at ddigwyddiadau yn

Y gesail

Amgueddfa'r Glanio

hanes cynnar yr ymfudwyr ym Mhorth Madryn, ac yn arddangos creiriau, lluniau a dogfennau hanesyddol. Mae bodolaeth yr amgueddfa yn dystiolaeth o bwysigrwydd glaniad y Cymry yn hanes yr Ariannin, safbwynt y mae Cymdeithas Hanesyddol Penrhyn yr Ogofâu yn ei gydnabod gydag arddeliad. Dynodwyd yr ardal yn safle o bwysigrwydd hanesyddol, fel y mae ei enw yn cadarnhau: *Parque Histórico Punta Cuevas*.

Wedi cyfnod o adnewyddu, ailagorwyd yr Amgueddfa ddydd Llun, 31 Hydref 2016.

Rhif 9: Y *Mimosa* (yn Amgueddfa'r Glanio)

Gwelir y model hwn o'r *Mimosa* yn Amgueddfa'r Glanio, Porth Madryn. Gwnaethpwyd y model gan Héctor Martinoia de Longchamps. Enw un o sêr Croes y De a roddwyd ar y llong oherwydd mai'r bwriad gwreiddiol oedd ei defnyddio ar gyfer cludo cargo i Brasil.

Yn wreiddiol, llong o'r enw *Halton Castle* oedd wedi ei llogi ar gyfer cario'r ymfudwyr cyntaf i Batagonia, ond ni chyrhaeddodd yn ôl i borthladd Lerpwl erbyn y dyddiad penodedig, sef 25 Ebrill 1865. Erbyn hynny roedd tua 200 o deithwyr wedi cofrestru ar gyfer y daith a llawer ohonynt wedi trosglwyddo eu ffermydd yn ôl i'w tirfeddianwyr, a'r glowyr wedi cefnu ar eu swyddi – a phawb wedi cyrraedd Lerpwl. Digalonnwyd nifer sylweddol ohonynt gan nad oedd ganddynt, oherwydd yr

Model o'r *Mimosa*

oedi, ddigon o arian i dalu am eu costau bwyd a llety yn y ddinas fawr, a gorfu iddynt ddychwelyd adref. Cytunodd y Pwyllgor Gwladychfaol i dalu am gostau llety y rhai a arhosodd rhag eu colli hwythau hefyd. Yn ogystal, hysbysebwyd am ymfudwyr newydd.

Llwyddwyd i logi'r *Mimosa* – llong cario te a nwyddau cyffelyb – i wneud y siwrnai, ond roedd angen gwario swm sylweddol o arian i'w haddasu i gludo teithwyr. Michael D Jones a dalodd gostau'r fenter (bron i £3,000) gan ddefnyddio arian ei wraig, Anne. Erbyn hwyrnos 24 Mai roedd y cargo a'r mwyafrif o'r teithwyr ar y bwrdd. Fore 25 Mai, roedd y llong yn barod i godi angor.

Codwyd baner y Ddraig Goch ar yr hwylbren uchaf, gan gythruddo'r Saeson a wyliai'r digwyddiadau o'r cei. Tawelodd y dorf pan ddechreuodd y fintai, dan arweinyddiaeth Hugh

Hughes Cadfan, ganu geiriau Anthem y Wladfa ar y dôn *God Save The Queen*, heb ddeall ystyr y geiriau cenedlgarol canlynol, a ysgrifennwyd gan Edwyn Cynrig Roberts:

Ni gawsom wlad sydd well
Ym Mhatagonia bell,
Y Wladychfa yw.
Cawn yno fyw mewn hedd,
Heb ofni brad na chledd
A Chymro ar y sedd,
Boed mawl i Dduw.

Ni lwyddodd y *Mimosa* i adael afon Mersi tan 28 Mai, a hynny am ddau reswm. Yn gyntaf, nid oedd yn cludo meddyginiaethau, a gorfu iddynt aros nes iddynt gyrraedd. Yn ail, daeth swyddogion y porthladd ar y bwrdd i sicrhau bod pob ymfudwr yn gymwys ac yn iach i deithio. Heb yn wybod iddynt, cuddiwyd William Davies (a ddaeth maes o law yn ail Lywydd y Wladfa am dymor byr) oherwydd afiechyd, a John Humphreys, 'yr hwn a ddiangai o'r Milisia' (yn ôl R J Berwyn yn *Y Drafod,* 1 Ebrill 1910). Yn fuan profodd y teithwyr eu storm gyntaf ar y môr, ac fe'u hanfonwyd gan y capten i grombil y llong. Yn wyrthiol, arbedwyd hi a'i theithwyr rhag cael eu chwythu i'w difodiant ar greigiau glannau Ynys Môn.

Yn ystod y fordaith a barodd ddeufis, bu farw pedwar baban, a ganwyd dau. Ymdrechodd y llawfeddyg ifanc, Thomas Greene, i ofalu am rai oedolion a fu'n ddifrifol wael yn ystod y daith.

Bu cynnwrf mawr un diwrnod pan benderfynodd y capten, George Pepperell, yn enw iechyd a hylendid, y dylid torri gwallt y merched a golchi eu pennau gyda dŵr a sebon. Dynesodd aelod o'r criw at Jane Huws gyda gwellau yn ei law. Yn ei dychryn sgrechiodd y ferch yn uchel a rhuthrodd gweddill y teithwyr ati. Aeth nifer o'r rhieni at y capten i ofyn am esboniad, ond fe ddychrynodd yntau a'u bygwth â'i ddryll. Saethodd heibio i Cadfan a gadawodd hwnnw'r bwrdd uchaf, ond daliodd Rhydderch Huws, tad Jane, i ddadlau ei achos nes i'r capten orchymyn Downes (yr ail swyddog) i'w roi mewn gefynnau. O'r diwedd, llwyddwyd i ddatrys yr anghydfod a bodlonodd y capten i beidio â thorri gwallt y merched ar yr amod ei fod yntau a Thomas Greene yn cael eu harchwilio. Canfuwyd fod pob pen yn lân.

Fore'r 26 Gorffennaf 1865, bloeddiodd William Jenkins, Aberpennar, o ben uchaf y prif hwylbren fod tir i'w weld ar y gorwel, a llawenhaodd y fintai wrth weld fod pen y daith yn agosáu.

Rhif 10: Gweddillion Hen Longddrylliad (yn Amgueddfa'r Glanio)

Yn yr amgueddfa gwelir darnau o weddillion hen long, gweddillion a fu, hyd at ychydig flynyddoedd ynghynt, yn gorwedd ar y traeth. Adroddodd Henry Libanus Jones (gweler Rhif 24) am longau hela morfilod o Ogledd America a fyddai'n hwylio'r arfordir ac yn dod i'r lan i doddi'r olew.

Gweddillion hen longddrylliad

Modrwy briodas

Defnyddiwyd darnau o'r coed gan Lewis Jones ac Edwyn Roberts ym mis Mehefin 1865 i adeiladu cabanau pren ar gyfer mintai'r *Mimosa*. Defnyddiwyd darnau eraill hefyd i adeiladu llochesi yn 1867 pan ddychwelodd y gwladfawyr o'r dyffryn gan fwriadu symud i Santa Fe.

Rhif 11: Modrwy Briodas (yn Amgueddfa'r Glanio)

Darganfod Bedd ym Mhorth Madryn
Jornada, 25 Awst 1996
Ddoe ym Mhorth Madryn, darganfuwyd corff wedi ei gladdu yn y tywod. Ar y dechrau credid bod trosedd wedi ei chyflawni, ond yn fuan gwelwyd bod y corff hwn wedi bod yn y tywod am flynyddoedd lawer gan nad oedd dim ar ôl ond yr esgyrn. Wrth iddynt godi'r esgyrn i'w cludo ymaith, gwelwyd rhywbeth yn disgleirio yn y tywod. Beth oedd yno ond modrwy briodas aur. Aethpwyd â hi i siop gemydd yn y dref, ac roedd hwnnw'n gallu cadarnhau fod y fodrwy wedi ei gwneud ym Mhrydain yn y ganrif ddiwethaf, [hynny yw, yn y bedwaredd ganrif ar bymtheg], a'i bod, o bosibl, yn perthyn i un o'r Cymry cyntaf i ddod i'n gwlad. (cyfieithiad o erthygl yn *Jornada*, un o bapurau dyddiol Trelew)

Roedd lle i gredu ar y pryd mai bedd Catherine Davies a ddarganfuwyd. Bu hi farw ddyddiau ar ôl glaniad mintai'r *Mimosa* a chladdwyd hi yn y twyni tywod. Drwy waith ymchwil Dr. Fernando Coronato, CENPAT (sef Canolfan Astudiaethau Patagonia) daethpwyd o hyd i berthnasau iddi. Cynhaliwyd profion DNA ar un ohonynt, sef Nia Olwen Ritchie o Gerrig-y-drudion. Cadarhawyd yn

Catherine,
Er i ti gael dy anghofio a'th guddio, cefaist dy ddarganfod.
Datgelwyd y gyfrinach.
Gorwedd nawr yn hedd y Bae Newydd.

Catherine
Aunque estabas olvidada y escondida,
te descubrieron; se develó el secreto.
Descansa ahora en la paz del Golfo Nuevo.

Teulu Derwydd, Llanfihangel Glyn Myfyr.
Asociación Cultural Galesa de P. Madryn
Asociación Punta Cuevas

Bedd newydd Catherine Davies

2015 mai gweddillion Catherine oedd y rhain – ac fe'u hailddaearwyd yr un flwyddyn.

Yn fuan ar ôl cyrraedd y Bae Newydd, bu'n rhaid i'r gwladfawyr ddewis lle addas ar gyfer claddu gweddillion y rhai a fu farw yno, a chredir mai safle nid nepell o gerflun yr Indiad yw hwnnw. Nid oes olion eraill wedi eu darganfod ond dyma ddisgrifiad R J Berwyn o'r lle:

Yr oedd y llannerch mewn pant cysgodol yn y bryniau tywod. Yn ystod y ddwy flynedd ddilynol credav fod chwech wedi eu claddu yno. Cauwyd ou cwmpas a physt ac estyll. Mewn pedair blynedd darfu ir gwyntoedd gludo tywod ir pant hwnnw ai wneyd yn fryn gan lwyr guddio y gladdfa fechan ar cauad fel nas gwyr neb yn gywir eu lleoliad. (Cathrin Williams a May Williams de Hughes, *Er Serchog Gof*)

Rhif 12: Poteli Cwrw (yn Amgueddfa'r Glanio)

Yn fwy na thebyg, cludwyd y botel gwrw hon ar y *Vesta* yn 1886 ac fe'i darganfuwyd, ymhlith nifer o rai eraill, yn yr ogofâu.

Pan gyrhaeddodd Thomas Davies o Aberystwyth yn 1885, gwelodd yr angen am ffordd well o fewnforio ac allforio nwyddau ac, i'r perwyl hwnnw, awgrymodd adeiladu rheilffordd rhwng Porth Madryn a Dyffryn Camwy.

Roedd Parry Madryn eisoes wedi sôn am yr angen hwn. Dyma oedd ganddo i'w ddweud yn ei adroddiad i Bwyllgor y Wladychfa Gymreig yn

Lerpwl yn dilyn ei daith archwiliadol gyda Lewis Jones yn 1863:

> Os penderfynir ar afon Chupat fel man y sefydliad, rhaid i'r porthladd fod yn New Bay, 30 milltir [*sic*] i'r gogledd, a chymhellwn i ar fod i rheilffordd gael ei gosod rhwng y caincfor a'r afon, gan na all llongau yn tynnu mwy na 12 troedfedd o ddwfr fynd i mewn i'r afon. (Hugh Hughes Cadfan, *Llawlyfr y Wladychfa Gymreig*)

Galwodd Thomas Davies bwyllgor ynghyd i drafod y syniad a chytunwyd i ddanfon Lewis Jones i Buenos Aires i sicrhau cytundeb y Llywodraeth yno. Aeth yntau yn ei flaen i Brydain i geisio codi arian ar gyfer y gwaith. Methiant fu ei ymgais tan i Sais o'r enw Azahel P Bell ei glywed yn trafod y testun gyda'i ferch, Eluned Morgan (yn Sbaeneg, rhag i deithwyr eraill eu deall) cyn iddynt adael Lerpwl ar eu ffordd yn ôl i'r Wladfa. Cynigiodd weithio ar y cynllun fel peirianydd a ffurfiwyd cwmni *Ferrocaril Central Chubut* (FCC) yn 1886.

Hysbysebwyd yn y wasg Gymreig am weithwyr, ac ar 28 Gorffennaf 1886 (sef 21 mlynedd union i ddyddiad glanio mintai'r *Mimosa*) cyrhaeddodd 465 o deithwyr i Borth Madryn ar y *Vesta* (300 ohonynt yn weithwyr a hanner y rheiny yn ddynion sengl). Unwaith eto, fel yn 1865, roedd y paratoadau ar eu cyfer ymhell o fod yn gyflawn.

Cludwyd y mwyafrif o'r dynion priod a'u gwragedd mewn cerbydau i'r dyffryn, ond gorfu i'r gweddill dreulio rhai nosweithiau yn y bae

Potel gwrw

– rhai mewn cabanau pren a rhai yn y ceudyllau *tosca*. Wedi iddynt hwythau symud i'r dyffryn, defnyddiwyd y coed i adeiladu cabanau pren yn y Fali Fawr i'r cant a hanner o ddynion sengl a fyddai'n cychwyn ar y gwaith o adeiladu rhan ogleddol y rheilffordd yn agos i'r fan honno.

Gorchwyl y dynion priod oedd dechrau adeiladu o gyfeiriad y dyffryn. Roeddent yn gadael am y gwaith ar fore Llun, yn treulio'r wythnos yn gwersylla ar y paith, ac yn dychwelyd i'r Gaiman brynhawn Sadwrn. Soniai William Meloch Hughes am un o'r gweithwyr hyn oedd yn cychwyn gyda'r gweddill fore Llun ond yn esgus blino tua hanner ffordd. Byddai'n aros i gysgu dros nos o dan lwyn ac yn cyrraedd y gwaith fore Mawrth. Yn yr un ffordd, byddai'n diflannu oddi wrth ei

Gweithio ar y rheilffordd

gydweithwyr yn gynnar fore Gwener, yn cysgu dros nos ar y paith ac yn cyrraedd adref i'r Gaiman fore Sadwrn! 'Credaf yr adnabyddai hwn bob twmpath o bwys rhwng Gaiman a Llyn Aaron!' oedd sylw sych Hughes.

Er mor galed oedd yr amodau hyn i'r dynion priod, roedd profiadau'r dynion sengl ym Madryn yn fwy diflas ac unig a, thros amser, dihangodd nifer ohonynt ar longau a ddaeth i'r porthladd yn cario defnyddiau i'r rheilffordd. Roedd carfan gref yn eu plith yn ddynion o dde Cymru, ac roedd y rhain yn gyfarwydd â'r syniadau sosialaidd a milwriaethus oedd yn datblygu ymhlith gweithwyr diwydiannau trwm y cymoedd.

Teimlai'r garfan hon yn bur anfodlon gyda'r amodau byw a gweithio ym Mhorth Madryn. Bu iddynt fygwth streic pan wnaethant sylweddoli nad oedd eu cytundebau yn cyfeirio at yr addewid a wnaed iddynt am 200 erw o dir i'w ffermio wedi i'r gwaith ar y rheilffordd ddod i ben. Roeddent wedi derbyn tâl o bum swllt y dydd ac yr oeddent yn sicr bod addewid o dyddyn a thir yn rhan o'r cytundeb a wnaed ar lafar gyda threfnwyr y daith cyn iddynt adael Cymru. Fe'u cythruddwyd ymhellach gan sylw pigog Lewis Jones: 'Dyna fel yr ydach chi, pobl y Sowth, os na fydd popeth wrth eich bodd, byddwch yn gweiddi am streic, myn uffern i!' (R Bryn Williams, *Y Wladfa*)

Teithwyr yn cael hoe yn ystod dathliad taith gyntaf y trên

Er mwyn sicrhau na fyddai'r gwaith yn arafu neu yn dod i ben, anfonwyd am 40 o Eidalwyr o Buenos Aires i ddod i'w gwblhau. Ar 12 Mehefin 1889 agorwyd y rheilffordd o Borth Madryn i'r rhan o'r dyffryn lle tyfodd treflan fechan a alwyd maes o law yn Trelew.

Rhif 13: Baner y Ddraig Goch ar gefndir glas a gwyn baner yr Ariannin

Dywed brawddeg olaf yr hysbysfwrdd sydd y tu allan i'r Amgueddfa mai hon oedd y faner Archentaidd gyntaf i gyhwfan ym Mhorth Madryn. Yn ei chanol gwelir delwedd anarferol o ddraig goch heb adenydd. Eithr pa faneri a ddefnyddiwyd mewn gwirionedd yn nyddiau cynnar y Wladfa?

Cyhoeddwyd poster sy'n hysbysu Cyfarfod Mawr y Wladychfa Gymreig, a oedd i'w gynnal ar y Morfa yn Aberystwyth ar 1 Mai 1862. Dywed y frawddeg olaf fel a ganlyn:

Dymunir ar y gwahanol Gymdeithasau ddyfod i mewn i'r Dref â Baner y Wladychfa o'u blaen.

Ond nid oes delwedd ohoni na disgrifiad chwaith. Tybed a oedd y Ddraig Goch yn rhan ohoni?

Ceir llawer o dystiolaeth gan y gwladfawyr mai baner y Ddraig Goch a chwifiai ar hwylbren y *Mimosa*. Dyma ddisgrifiad Joseff Seth Jones mewn llythyr at ei deulu yn 1866:

Roedd y *Mimosa* wedi ei chychwyn hi trwy y docks tua'r afon, ac ar ganol eu hymdrechion yn ei hwylio o'r naill ddoc i'r llall, dacw y Ddraig Goch yn gwneud ei ymddangosiad ar ben yr hwylbren uchaf, gan syllu, mae'n debyg ar y tyrfaoedd mawrion oedd ar bob llaw yn gwylied ein hymadawiad. (Mari Emlyn, *Llythyrau'r Wladfa 1865-1945*)

Mewn llythyr at y Parchedig D Ll Jones (a gyhoeddwyd yn *Baner ac Amserau Cymru*, 4 Tachwedd 1865) soniai Lewis Jones am y croeso a dderbyniodd wrth rwyfo draw i groesawu'r *Mimosa* wedi iddi gyrraedd y Bae Newydd:

Yr oedd yn brydnawn cyn i ni ddyfod at ein gilydd, ac y gwelwn faner y Ddraig Goch ar ben yr hwylbren. (Mari Emlyn, *Llythyrau'r Wladfa 1865-1945*)

Mewn ysgrif a luniodd yn seiliedig ar y dyddiadur a gadwodd yn ystod y cyfnod y bu yn disgwyl i'r fintai gyntaf gyrraedd y Bae Newydd, ysgrifennodd Edwyn Roberts am ei arfer o gynnal seremoni bob bore i godi baner y Ddraig Goch ar bolyn uwch y penrhyn, a seremoni gyfatebol ar gyfer ei gostwng gyda'r hwyr. Byddai yn ei phlygu yn ofalus ac yn ei defnyddio fel gobennydd ar ei wely a phwysai ei ben arni wrth fynd i gysgu. Yno, yn sefyll ar y penrhyn, o dan y faner, y gwelodd mintai'r *Mimosa* Edwyn a'r gweision yn sefyll yn syth ac yn ffurfiol i'w croesawu. Yn ei eiriau ef:

Rhoes dro ar fy nhroed a chwifiais yn glir
Yr hen 'Ddraig Goch' ar le uchaf y tir!

Ac yntau bellach yn hen ŵr, cyhoeddodd R J Berwyn ddyddiadur Lewis Humphries (a oedd wedi marw ddiwedd y 19fed ganrif) yn rhifyn

Hysbysfwrdd baner 'y ddraig goch'

Poster Cyfarfod Mawr y Wladychfa Gymreig

15 Ebrill 1910 o *Y Drafod*. Ychwanegodd bytiau at y dyddiadur i'w gyfoethogi, ac yn un ohonynt ysgrifennodd:

> Yr oedd y faner Ariannin gyda'r Ddraig Goch yn ei chanol yn chwifio ar ben y clogwyn sydd uwch yr ogofeydd.

Does dim un o'r adroddiadau cynnar, gan gynnwys rhai Berwyn ei hun, yn cadarnhau'r gosodiad hwn.

Daw'r ddelwedd o'r ddraig hir, denau a di-adain, o bapur pennawd a ddefnyddiai Lewis Jones, ond nid oes tystiolaeth ysgrifenedig bod y ddelwedd hon wedi ei defnyddio erioed ar faner yn y Wladfa.

Cofeb y Fintai Gyntaf

Rhif 14: Cofeb y Fintai Gyntaf

Pwy oedd ar y *Mimosa*?

Yn ôl Richard Jones Glyn Du, un o'r ymfudwyr:

> Ceid yno'r amaethwr, y glöwr, chwarelwr, gof, seiri coed a maen, gwneuthurwyr priddfeini, groser, dilledydd, crydd a theiliwr, llenor ac argraffydd, bugail defaid a bugail eneidiau, meddyg a fferyllydd, hen ac ieuanc, crefyddol a rhai heb falio dim mewn na chapel na llan, yr Annibynwyr, Methodist, Bedyddiwr, Wesley, Undodwr ac Eglwyswr, a'r oll yn gredwyr cadarn yn y syniad o Wladfa Gymraeg. (Richard Jones, Glyn Du, Y Wladfa Gymreig, yn *Y Drafod* 24 Hydref 1919)

Y rhesymau pennaf dros iddynt adael Cymru oedd tlodi ac amodau gwaith caled. Roedd rhenti uchel a gorthrwm y meistri tir yn pwyso'n drwm ar denantiaid y tyddynnod, ynghyd â'r bygythiad parhaus o golli eu cartrefi oherwydd iddynt fethu talu rhent neu bleidleisio yn erbyn ymgeiswyr eu landlordiaid. Roedd glowyr yn gweithio oriau hir mewn amgylchiadau peryglus a hynny am gyflogau bychain. Roedd yna anniddigrwydd cyffredinol hefyd oherwydd yr orfodaeth i dalu'r degwm, ac oherwydd Seisnigrwydd yr ysgolion a'r gwaharddiad i ddisgyblion arfer eu mamiaith.

Ar y gofeb (sydd i'w gweld nid nepell o'r Amgueddfa) rhestrir enwau'r fintai gyntaf, tua 164 ohonynt (er bod dod at ffigwr terfynol bron yn

amhosib erbyn hyn). Does dim rhestr swyddogol
o'r teithwyr ar gael ac mae'r ddwy a luniwyd wedi
dibynnu ar gof eu hawduron, sef Richard Jones
Berwyn (1867) ac Abraham Matthews (1894).
Daethant o Aberpennar, Aberdâr, Pen-y-bont ar
Ogwr, Ynys Môn, Bangor, Bethesda, Llanfairfechan,
Caernarfon, Y Bala, Ganllwyd, Llandrillo,
Ffestiniog, Dinbych, Abergele, Rhosllannerchrugog,
Llanfechain, Aberystwyth, Efrog Newydd, Lerpwl,
Penbedw, Seacombe a Manceinion, i gyd yn llawn
gobaith am fywyd gwell.

> I ddyn a dalai rent uchel am dyddyn bach creigiog,
> yr oedd y syniad o gael perchnogi fferm yn rhywbeth
> godidog iawn. (R Bryn Williams, *Y Wladfa*)

Rhif 15: Y Gymraes

Gwelir y cerflun hwn ar bromenâd Porth Madryn.
Fe'i dadorchuddiwyd ar 28 Gorffennaf 1965
fel teyrnged i ferched y Wladfa ac i ddathlu'r
canmlwyddiant. Y cerflunydd oedd Luis Berlotti.
Portreadwyd y Gymraes a'i chefn at y bae, yn
edrych i mewn tua'r tir newydd. Mae hi'n sefyll
ar lwyfan a luniwyd ar ffurf llong ac arno ddau
ddarlun mewn efydd – un yn dangos y Cymry
yn cwrdd â'r brodorion, a'r llall yn eu dangos yn
glanio.

Bu sawl ymgais cyn 1865 gan Lywodraeth
Buenos Aires i wladychu'r tiroedd i'r de o Afon
Ddu, yn San José ar benrhyn Valdés er enghraifft.
Ond methiant fu pob un. Un rheswm pwysig

Cofgolofn Y Gymraes

am hyn oedd natur milwrol y sefydliadau. Dinistriwyd San José yn llwyr gan luoedd y brodorion yn 1810.

Ffactor hanfodol yng ngoroesiad y Wladfa Gymreig oedd presenoldeb y gwragedd. Ceir hanesion di-ri yn adrodd am eu dewrder, eu dyfalbarhad a'u hymarferoldeb yn ystod y dyddiau blin cynnar.

Un o'r gwragedd glew hyn oedd Eleanor Davies o Aberdâr – ond o Geredigion yn wreiddiol (gweler Rhif 48). Pan redodd Thomas Davies, ei gŵr, allan o'r tŷ mewn anobaith wrth weld dim byd ond torth o fara ar y bwrdd i fwydo'i deulu mawr un amser cinio ('Ai i lwgu ein plant y daethom yma?', gofynnodd), roedd hi'n barod i'w gysuro ac i'w annog yn ôl i mewn i rannu'r bwyd prin. Roedd Eleanor yn adnabyddus fel gwraig hael a chymwynasgar, ac yn barod i rannu'r ychydig oedd ganddi â'i chymdogion a newydd-ddyfodiaid. Ceir tystiolaeth am hyn mewn ysgrifau gan R J Berwyn, D S Davies a T G Pritchard, ymhlith eraill.

Ar ei ddiwrnod cyntaf wedi glanio yn y Wladfa, dyma a ddywed Pritchard,

… es innau ymlaen tua thref Rawson; galwyd fi i fewn i'r Dyffryn Dreiniog (cartref Eleanor a Thomas Davies); cefais de a bara, ymenyn a phytatws.

Ac fel hyn yr ysgrifennodd y morwr ifanc David Jones amdani:

Hi ydyw'r unig berson sydd wedi gofalu rhyw dipyn amdanaf fi er pan adewais fy nghartref. Yn wir, y mae hi yn ymddwyn tuag ataf fel tuag at un o'i phlant ei hun…gwraig garedig dros ben ydyw…Mewn gair, hi yw'r hen wraig orau sydd yma.

Merched fel hyn oedd asgwrn cefn y Wladfa, ac iddynt hwy y mae llawer o'r clod am barhad a llwyddiant y fenter.

Rhif 16: Y Pier

Goruchwiliwyd y gwaith o adeiladu pier cyntaf Porth Madryn gan Griffith Griffiths neu Gutyn Ebrill (a rhoi iddo ei enw barddol) rhwng 1886 a 1888.

Ymfudodd y saer coed o ardal y Brithdir, Dolgellau i'r Wladfa yn 1882. Cyn hynny bu'n arolygwr chwarel llechi. Roedd yn fardd, yn llenor ac yn Eisteddfodwr brwd. Ef oedd Archdderwydd cyntaf y Wladfa – 'bardd coeth a pharod-ddawn',

Y pier

Y pier (heddiw)

meddai William Meloch Hughes amdano. Bu'n ohebwr cyson i *Y Faner* a'r *Herald Cymraeg*.

Pan adawodd rhai teuluoedd y Wladfa er mwyn ymsefydlu yn Sauce Corto – Coronel Suarez heddiw (gweler Rhif 144) – yn nhalaith Buenos Aires, derbyniodd Gutyn Ebrill gais i fynd yno i adeiladu tai iddynt. Bu hefyd yn gyfrifol am adeiladu pont yr Hendre, pontydd cyntaf Rawson a Gaiman a gorsafoedd trenau cyntaf Porth Madryn a Threlew.

Rhif 17: Punta Tombo

Heddiw, Punta Tombo yw safle'r warchodfa gyfandirol fwyaf yn y byd i bengwiniaid. Rhwng misoedd Medi ac Ebrill daw miloedd o bengwiniaid Magellan o dde Brasil i ddeor eu hwyau yn y llecyn hwn ac i baratoi'r rhai bach ar gyfer mudo. Mae ardal y Warchodfa Daleithiol wedi'i diogelu er 1979. A beth yw'r cysylliad gwladfaol?

Er mwyn hyrwyddo masnach rhwng y Wladfa a Buenos Aires yn y cyfnod cynnar, darparodd rhai o fasnachwyr y brifddinas long fechan at ddefnydd y gwladfawyr. Nid llong newydd oedd y *Denby*, a enwyd ar ôl y masnachwr J H Denby. Doedd ei chyflwr ddim yn arbennig o dda ond, er hynny, gwnaeth amryw o deithiau rhwng y Wladfa, Patagones a Buenos Aires.

Pan gyrhaeddodd y *Denby* geg afon Camwy yn Nhachwedd 1867, ar ei ffordd nôl o Patagones yn cludo nwyddau, aeth ar draws creigiau yr aber

Gutyn Ebrill

Pengwiniaid Punta Tombo

Cyrhaeddodd y *Denby* dref Patagones a llwythwyd bwyd, anifeiliaid ac offer ar ei bwrdd. Hwyliodd oddi yno ar 16 Chwefror 1868, ac ni welwyd mohoni fyth eto.

Ymhen rhai blynyddoedd daeth llong bysgota ar draws bedd a gweddillion dynol yn Punta Tombo, llecyn a oedd filltiroedd allan o lwybr y *Denby*. Darganfuwyd oriawr a roddwyd yng ngofal Cadivor Wood, un o'r teithwyr, ar gyfer ei thrwsio yn Patagones; hefyd, cyllell boced gyda'r llythrennau DD, eiddo David Davies (mab Thomas Davies, Dyffryn Dreiniog), a botwm lifrai Twmi Dimol – y ddau yn aelodau o'r criw.

Daeth yn amlwg bod y llong wedi ei dryllio, a bod y rhai a oroesodd i gladdu eu cyd-deithwyr wedi marw wedyn o newyn.

Brodor o Bennant Melangell, Maldwyn oedd Thomas Pennant Dimol a gyrhaeddodd ar y *Mimosa*. Roedd yn llongwr profiadol. Gadawodd weddw a dau o blant. Yn ôl ei wyres, Elisa Dimol de Davies:

… ef oedd un o'r rhai cyntaf yn y Wladfa i sefydlu ar ei dyddyn ei hun (yn ardal Moriah). Ymddiddorai mewn coed ffrwythau, llysiau a blodau, a chafodd yr hyfrydwch o fod yr un cyntaf i blannu perllan yn y Dyffryn. (R Bryn Williams, *Atgofion o Batagonia*)

Ailbriododd Elizabeth Pritchard, ei weddw, â Richard J Berwyn a chawsant ddeuddeg o blant.

beryglus a chafodd ei difrodi. Aed ati ar frys i'w thrwsio gan fod gwir angen rhagor o fwyd ac offer ar y gwladfawyr. Defnyddiwyd darnau o goed o long-ddrylliad ar y traeth. Gorffennwyd y gwaith yn Ionawr 1868 a bu dathlu mawr ar ei bwrdd. Bwriedid iddi adael eto am Buenos Aires y diwrnod canlynol i gasglu llwyth arall.

Arhosodd Edwyn Cynrig Roberts ar ei bwrdd ar ei ben ei hun y noson honno. Mae'n siŵr iddo deimlo ansadrwydd y llong ac mai hynny a barodd iddo freuddwydio bod y *Denby* yn cael ei malu mewn storm ac yn suddo. Clywodd lais yn dweud wrtho am beidio â hwylio y diwrnod canlynol. Pan ddaeth y bore, gwrthododd Edwyn fynd ar y daith, ac erfyniodd ar y lleill i ddilyn ei esiampl. Ond roedd pawb yn meddwl ei fod yn ofergoelus.

Rhif 18: Península (Penrhyn) Valdés

Rhoddwyd staws Safle Treftadaeth y Byd Unesco i Península Valdés yn 1999. Mae'n warchodfa natur bwysig ac yn hafan i forfilod, pengwiniaid, dolffiniaid, morloi, armadilos, gwanacos, maras (ysgyfarnogod mawr Patagonia), rheas (yn perthyn i'r estrys), llwynogod ac adar o bob math. Ceir cyfle yma i ymwelwyr fordeithio ar ddyfroedd y bae i weld y bywyd gwyllt yn agos.

Cysylltir y penrhyn â'r tir mawr gan guldir sydd, mewn mannau, yn caniatáu i ymwelwyr weld y ddau fae sydd o bobtu iddo (y Bae Newydd a Bae Sant Joseff).

Yn ystod blynyddoedd cynnar y Wladfa, ymsefydlodd Owen Jones yn ymyl Dôl y Plu i ddechrau ffermio. Ymhen peth amser daeth dieithryn heibio gan honni mai ef oedd gwir berchennog y tir, ac roedd ganddo ddogfennau yn 'profi' hynny. Gorfu i Owen Jones adael ei gartref.

Daeth y Cymro o hyd i dir arall yn Península Valdés ac yno y datblygodd ei fferm newydd. Ond dyma hanes yn ailadrodd ei hun. Daeth rhywun arall heibio, heb fod o'r gymuned wladfaol, gyda dogfennau yn 'profi' mai ef oedd y perchennog. Doedd gan Owen Jones ddim papurau mewn trefn i'w wrthbrofi, a chollodd ei afael ar y tir hwn hefyd.

Yn bur ddigalon, aeth ymlaen i symud ei ddefaid o'r fferm yn ôl i'r dyffryn. Wrth gael eu hel ar draws y culdir, aroglodd y defaid sychedig ddŵr a dechreuasant redeg tuag ato, gan ddisgyn dros y

Un o forfilod Península Valdés

clogwyni i'r môr. Collodd Owen Jones y mwyafrif o'i braidd, tua 12,000 ohonynt. Dim ond ychydig gannoedd a oroesodd. Gyrrodd ymlaen i'r dyffryn lle gwerthodd y defaid oedd yn weddill, gan nad oeddynt yn ddigon iddo fedru ailgydio yn ei yrfa fel ffermwr.

Bu'r tro creulon olaf hwn yn ddigon i dorri ei ysbryd, a bu farw Owen Jones yn ddyn tlawd. Yn anffodus roedd twyll a llwgrwobrwyo swyddogion y Llywodraeth yn ddigwyddiad cyffredin yn ystod y blynyddoedd cynnar, a chafwyd achosion eraill lle ceisiodd newydd-ddyfodiaid fanteisio ar lafur caled y gwladfawyr.

Pennod 2

O'r Bae Newydd i Gaer Antur

Rhif 19: Y Paith

Nid oedd y gwladfawyr wedi bwriadu ymsefydlu yn y Bae Newydd. Dyffryn afon Chupat (Camwy), tua 40 milltir i'r de, oedd eu nod. Er mwyn cyrraedd y safle hwnnw, rhaid oedd croesi paith sych, caregog a graeanog mewn mannau, ac wedi'i orchuddio â drain pigog uchel mewn eraill. Trigai anifeiliaid gwyllt arno hefyd. Testun arall a frawychai'r gwladfawyr oedd y posibilrwydd o ddod ar draws 'Indiaid', sef y brodorion nad oedd neb yn sicr iawn ble roeddent! Does dim cofnod bod yr un Ewropead wedi cerdded y daith hon o'r blaen ac nid oedd Edwyn Roberts a'i weision wedi cael amser i agor dim ond y pum milltir cyntaf o'r ffordd. Credai'r arweinwyr mai taith tua diwrnod o hyd oedd o'u blaenau.

Penderfynwyd anfon tair mintai o ddynion i baratoi'r lle ar gyfer y teuluoedd a fyddai'n dilyn yn nes ymlaen. Byddai'r gwragedd a'r plant yn teithio dros y môr. Edwyn Roberts fyddai arweinydd y fintai gyntaf a'u tasg hwy oedd agor y ffordd, sicrhau diogelwch yr hen gaer a adeiladwyd gan y Cymro Henry Libanus Jones (gweler Rhif 24) ychydig dros ddegawd ynghynt ar lan yr afon, a thorri coed ar gyfer y seiri coed a maen a fyddai'n dilyn ddeuddydd yn ddiweddarach. Yna, ddau ddiwrnod yn hwyrach byddai'r drydedd fintai yn gadael y Bae Newydd, gan arwain diadell o chwe chant o ddefaid. Wedi cyrraedd y dyffryn, eu gwaith hwy fyddai braenaru'r tir ar gyfer amaethu.

Cludai pob aelod ei wely, caib, rhaw, ychydig o ddŵr a 10 pwys o fisgedi sych, ynghyd â gwn. Roedd ganddynt geffyl eiddil i gario'r offer trymaf a chyflenwad ychwanegol o ddŵr.

Cychwynnodd y garfan gyntaf yn hwyr y prynhawn ar 1 Awst 1865 ac wedi cerdded am ychydig oriau, gorweddodd y dynion ar eu gwelyau i dreulio eu noson gyntaf ar y paith. Oherwydd eu pryder am y brodorion a'r pwmas, roedd eu cwsg yn anesmwyth, a chawsant eu deffro droeon gan wahanol symudiadau a synau, megis ymweliadau gwanacos a llwynogod chwilfrydig.

Yn y bore, siom enfawr oedd darganfod bod twll yng ngwaelod y gostrel ddŵr a'u bod wedi colli'r rhan fwyaf o'r cyflenwad oedd i fod wrth gefn.

Y paith ar y ffordd o'r Bae Newydd i afon Camwy

Cerddasant drwy'r dydd gan ddringo y naill fryn ar ôl y llall, heb gyrraedd y dyffryn. Nid oedd ond anialwch eang yn ymestyn tuag at y gorwel. Rhaid oedd iddynt dreulio ail noson ar y paith. Erbyn y trydydd dydd roedd y dynion yn lluddedig ac yn dioddef yn enbyd o syched – cymaint felly nes i R J Berwyn gofnodi'n ddiweddarach bod rhai ohonynt wedi 'yfed dŵr a fuasai drwyddynt o'r blaen.' Yfodd eraill o ddŵr y môr. Y canlyniad yn y ddau achos oedd dwysáu eu syched i'r graddau bod eu gwefusau yn chwyddo.

Roedd un o'r cerddwyr, William Roberts (17 mlwydd oed), wedi ymlâdd yn llwyr a gwrthododd fynd ymhellach. Gorfu i'r gweddill ei adael yn gorwedd ar ei wely ar y paith o dan un o'r llwyni.

O un i un, diffygiodd y cerddwyr, gan aros i orwedd ar y tir sych. Dim ond Edwyn Roberts a dau o'r dynion, sef Defi John a William Jenkins (a'r hogyn ifanc Tomos Tegai Awstin, yn ôl un adroddiad) a lwyddodd i barhau ar y daith, gan gyrraedd glan yr afon fel yr oedd yn nosi.

Wedi iddynt ddiwallu eu syched yn yr afon a chynnau tân, dychwelodd Edwyn Roberts yng ngolau'r lleuad i chwilio am weddill y fintai. Cariai

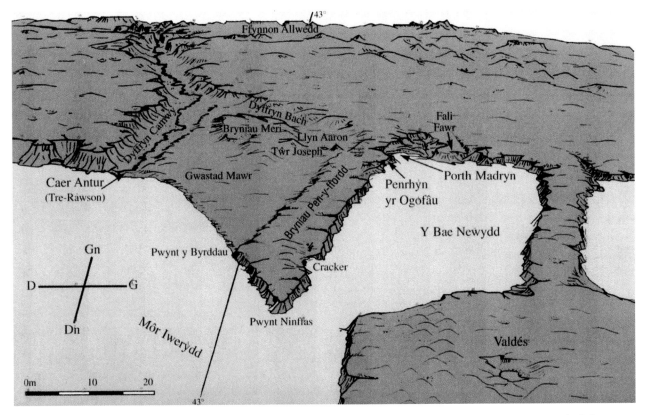

Map: Fernando R Coronato

Yr hen ffordd o'r Bae Newydd i Rawson

gyflenwad o ddŵr ar eu cyfer. O un i un daeth o hyd i bawb ac eithrio William Roberts. Wedi iddynt atgyfnerthu, aethant ymlaen at y gwersyll ar lan yr afon. Trofa Unnos oedd yr enw a roddwyd gan y fintai ar y safle hwn, sef gwersyll cyntaf y gwladfawyr ar lannau afon Camwy.

Tra oeddent yn mwynhau eu brecwast gyda'r wawr, mawr oedd rhyddhad pawb pan welsant eu cyfaill coll yn ymlwybro tuag atynt. Roedd William wedi dod o hyd i bwll o ddŵr glaw ac wedi cryfhau digon i barhau ar ei daith. Yn ffodus iawn, roedd wedi llwyddo i gyrraedd y safle cywir yn hytrach na chrwydro yn ddi-amcan ar hyd ehangder y paith fel y digwyddodd i nifer o wladfawyr yn y misoedd i ddilyn.

Mae'r hen heol o Borth Madryn i Rawson yn dilyn trywydd lled agos i'r ffordd a ddilynodd Edwyn Roberts a'i gymdeithion. Yn deilwng iawn, pan ddaeth yr adeg i rifo heolydd y dalaith, anrhydeddwyd hon â'r rhif 1.

Rhif 20: Tŵr Joseff

Gwelir y bryncyn unig hwn ger y ffordd fawr rhwng Porth Madryn a Threlew.

Yn nyddiau cynnar y Wladfa, bu llawer o deithio yn ôl ac ymlaen rhwng y Bae Newydd a Chaer Antur. Roedd croesi'r paith eang, heb unrhyw lwybrau, yn daith beryglus ac anodd.

Un tro, ar ei ffordd o'r dyffryn, collodd Joseph Seth Jones, cyn aelod o staff Gwasg Gee, ei ffordd

Tŵr Joseff

a'i synnwyr cyfeiriad. Heb gyflenwad digonol o fwyd a dŵr, roedd y gŵr ifanc mewn trafferthion enbyd. Er ei flinder, llwyddodd i ddringo i gopa'r bryn bach ac yno darganfu gorff barcud a oedd newydd farw. Nid oedd ganddo ddewis ond bwyta hanner y corff yn amrwd a chadw'r hanner arall ar gyfer gweddill y daith. Er iddo fethu cael cipolwg o'r môr, sylweddolodd i ba gyfeiriad y dylai fynd, a dychwelodd yn ddiogel yn ôl i'r gwersyll yn y bae. O hynny ymlaen, adwaenid y bryncyn fel Tŵr Joseff.

Rhif 21: Siswrn Dafydd Williams

Yn ystod taith ddeufis y *Mimosa* o Lerpwl i Batagonia, diddanwyd y fintai gan grydd 36 oed o Aberystwyth o'r enw Dafydd Williams, ymhlith eraill. Yn ôl Thomas Jones, llanc 16 oed oedd ar y fordaith, roedd y fintai'n ymgasglu yn aml ar fwrdd y llong i wrando ar Dafydd yn eu diddanu gyda'i

Siswrn Dafydd Williams

'Holwyddoreg Wladfaol' a'i 'Ddeg Gorchymyn i Gymro', yr olaf yn dychanu'r Sais.

Cyrhaeddodd y *Mimosa* i gornel dde-orllewinol y Bae Newydd brynhawn dydd Iau 27 Gorffennaf 1865 ychydig cyn iddi nosi. Ni fyddai'r fintai'n dechrau glanio tan y bore trannoeth a bu'n rhaid i'r mwyafrif aros tan y dydd Gwener – diwrnod oer a glawog. Gorfu i'r mamau a'u plant aros tan y dydd Llun i'r seiri orffen gosod toeau ar y cabanau, a'r diwrnod hwnnw hefyd y disgynnodd R J Berwyn (prif stiward), Amos Williams (cogydd y teithwyr) a Robert Nagle (stiward), pan ddaeth eu cytundebau ar fwrdd y *Mimosa* i ben. Yn ôl Berwyn roedd y dydd Llun hwn 'yn ddiwrnod hafaidd, ni chafodd neb anwyd'.

Serch hynny, mynnodd rhai o'r dynion osod eu traed ar dir y Wladfa newydd yn syth. Cytunwyd rhoi'r fraint o fod y cyntaf i wneud hynny i arweinydd y fintai, sef Cadfan Gwynedd. Ychydig cyn machlud un o'r nosweithiau cyntaf, cerddodd criw o fechgyn ar draws y traeth ac i fyny'r bryniau cyfagos. Fel yr oedd yr haul yn machlud, dychwelasant i'r gwersyll. Sylweddolwyd yn fuan nad oedd Dafydd yn eu plith a'i fod wedi mentro ymhellach nag y gwnaethant hwy.

Ffurfiwyd grwpiau ar frys i chwilio amdano a chynnwyd coelcerthi ger y gwersyll gan obeithio y byddai golau'r tân yn arwain y crydd yn ôl atynt. Ond ofer fu pob ymgais.

Ddwy flynedd a hanner yn ddiweddarach, daethpwyd o hyd i weddillion dynol lathenni yn unig o bwll dŵr croyw a allasai fod wedi achub ei fywyd. Adwaenid y corff oherwydd, gyda'r gweddillion, roedd yr 'Holwyddoreg', modrwy, siswrn a gwniadur crydd yn profi mai esgyrn Dafydd Williams oeddynt. Gelwir y lle hwn yn Pant yr Esgyrn (*Bajo de los Huesos*).

Gwelir y siswrn heddiw yn Amgueddfa Urdd y Salesiaid, Rawson (gweler Rhif 34).

Rhif 22: Bryniau Meri

Yn fuan wedi cyrraedd Caer Antur, treflan gyntaf y sefydliad newydd, dechreuodd rhai o'r bechgyn ifainc newynog hiraethu am eu teuluoedd a oedd heb adael y Bae Newydd. Penderfynasant fentro teithio'n ôl ar hyd y paith, a gadawsant

Mary Humphreys

Arwydd Bryniau Meri

Gaer Antur gyda dim ond ychydig o ddŵr yn eu meddiant.

Wedi cyrraedd gwastadedd hir, roeddent wedi blino'n lân ac yn methu symud cam ymhellach. Gofynnwyd i Richard Jones Glyn Du, y mwyaf crefyddol yn eu plith, i'w harwain mewn gweddi. Caewyd pob llygad a gostyngwyd pob pen, ac eithrio un William Jenkins. Safodd yntau ar ei draed a gwelodd farcud yn hofran uwchben. Anelodd ei wn a'i danio, gan lwyddo i saethu'r aderyn. Rhedodd ato, rhwygodd ei ben a sugnodd ei waed. Rhedodd y lleill ato i wneud yr un peth. (Flynyddoedd yn ddiweddarach, edliwiodd Richard Jones Glyn Du mai dim ond tri o'r bechgyn a ddiolchodd 'am y waredigaeth ryfeddol a gawsom'.)

Yna, clywsant sŵn ergyd o wn yn y pellter. Roedd tri dyn wedi cychwyn o'r bae tuag at Gaer Antur y diwrnod hwnnw – ac wedi clywed sŵn ergyd gwn William Jenkins. Y bore canlynol daeth y dynion, sef R J Berwyn, Maurice Humphreys a Thomas Ellis, o hyd i'r llanciau a'u harwain yn ôl i ddiogelwch y bae cyn ailgydio yn eu taith i Gaer Antur.

Dyddiau yn ddiweddarach, roedd Edwyn Roberts yn dychwelyd o'r Bae Newydd yn cludo ymborth i'r dyffryn a daeth ar draws y tri gŵr uchod oedd bellach ar eu ffordd yn ôl i'r bae. Yno, cafodd y fraint o dorri'r newydd i Maurice Humphreys bod ei wraig Elizabeth wedi rhoi genedigaeth i ferch fach ddeuddydd ynghynt, sef 10 Awst. Ei henw, meddai, oedd Mary. Yna, cyhoeddodd mai Bryniau Meri fyddai enw'r bryniau cyfagos o hynny ymlaen, i gofio am gyntafanedig y Wladfa newydd. Adweinir hwy wrth yr enw hwnnw hyd heddiw.

Rhif 23: Tair Helygen

Ychydig iawn o luniau sydd ar gael o'r capel hwn. Mae'r adeilad ei hun wedi hen ddiflannu.

Oherwydd y trafferthion a fu ar daith gyntaf y *Mary Helen* o'r Bae Newydd i geg afon Camwy ym mis Medi 1865 (gweler Rhif 28), gwrthododd dwy o'r gwragedd fentro ar y fordaith nesaf. Roedd Elizabeth (Betsan) Jones yn 53 oed ac yn benderfynol ei bod yn ddiogelach iddi hi groesi'r paith ar droed yng nghwmni ei gŵr, John Jones. Ymunodd ei merched, Ann a Mary, gyda hi, yn ogystal â gŵr Mary, sef Daniel Evans. Yn cerdded hefyd yr oedd Richard, un o'i meibion, a dau laslanc, William a Thomas Tegai Awstin a oedd wedi dod i'r Wladfa yng ngofal y teulu. Ymunodd Eleanor Davies, a'i merch o'i phriodas gyntaf, sef Elizabeth (Lisa), ei llysferch Hannah, a Cecilia Davies â'r fintai fechan hefyd. Rhoddwyd plant bach Mary a Daniel, Elizabeth (5 oed) a John Daniel (3 oed), a ddaeth yn enwog yn ddiweddarach fel y *Baqueano*, sef gŵr sy'n gyfarwydd â'r paith a'i lwybrau (gweler Rhif 134), mewn dau fag cyfrwy mawr bob ochr i geffyl ar gyfer y daith. Gyrrwyd gyr o wartheg a thri mochyn o'u blaenau.

Hen gapel Tair Helygen

Ychydig ddiwrnodau cyn iddynt gychwyn ar eu taith, gadawodd John Hughes, William Richards a Thomas Jones am y dyffryn gyda diadell o ddefaid. Yn ystod eu siwrnai, oherwydd anffawd wrth gynnau tân ar y paith, llosgwyd dwylo William Richards yn ddifrifol a gorfu i Thomas Jones ei hebrwng ar ei union i Gaer Antur. Wrth geisio eu dilyn yn nes ymlaen, collodd John Hughes ei geffyl, a dilynodd olion y lleill yr holl ffordd i'r dyffryn, gan adael y defaid yn rhydd ar y paith.

Yn ffodus daeth mintai Betsan ac Eleanor o hyd i'r praidd ac fe arweiniwyd y defaid a'r anifeiliaid eraill yn ddiogel i'r sefydliad.

Ar ôl cyrraedd llawr y dyffryn, cysgodd y fintai o dan gysgod tair helygen. Gelwid y rhan o'r ffordd oedd yn arwain o ben y bryniau i'r fan honno yn Ffordd John Jones. Roeddent mewn cyflwr corfforol truenus wedi cerdded ar dir caregog a thrwy ddrain pigog y paith. Bu Ann a Richard yn wael iawn eu hiechyd o effeithiau'r daith am gyfnod wedi hynny.

Daeth Tair Helygen (dyna'r enw ar y safle hwn hyd heddiw er bod y coed wedi diflannu o'r tir) yn nodwedd ddaearyddol bwysig i'r gwladfawyr wrth gyrraedd at gyrion y dyffryn ac yn fan i anelu ati ar y ffordd i Gaer Antur.

Yn 1883, adeiladwyd capel ar y safle (rhwng Rawson a Threlew) i wasanaethu ardal Glyn Du, ond fe'i dinistriwyd gan lifogydd mawr 1899. Ailadeiladwyd y capel yn 1900 ond dirywiodd yr adeilad ac, erbyn heddiw, does dim olion ar ôl i'w gweld. Ond coffeir yr hen gapel yng ngherdd y bardd gwladfaol, Irma Hughes de Jones.

Y CAPEL UNIG

Mae'n sefyll wrth fin y briffordd
Yn unig a llwm,
Rhwng tyfiant dilewych y paith
Mewn mudandod trwm.

Pob ffenestr ynghudd dan ddirgel
Gaeadau pren;
Neb yn y golwg yn unman,
Dim chwa uwchben.

Edrychais yn ôl arno eto,
Mor unig ei lun,
A synnais mor bell y daw'r Arglwydd
I gwrdd â dyn.

(Irma Hughes de Jones, *Edau Gyfrodedd*, gol. Cathrin Williams)

Pennod 3

Rawson

Prifddinas Talaith Chubut
Gefeilliwyd â Blaenau Ffestiniog

Rhif 24: Caer Antur

Tynnwyd llun o nifer o aelodau'r fintai gyntaf pan oeddynt yn dathlu 25 mlwyddiant y Wladfa ger Caer Antur. Erbyn hyn roedd llawer wedi marw a nifer hefyd yn absennol. Hwn hefyd yw'r unig lun o adfeilion y gaer sy'n dal i fod ar gael a'r llun cynharaf o'r fintai – o bosib yr unig un – sydd wedi goroesi.

Lleolwyd Caer Antur (sy'n cael ei hadnabod hefyd wrth yr enw Yr Hen Amddiffynfa) ger afon Camwy, nid nepell o'r safle lle'r adeiladwyd capel Berwyn. Nid oes dim ar ôl ohoni erbyn hyn. Yn sefyll yn y cefndir gwelir y Parchedig David Lloyd Jones a oedd yn aelod blaenllaw o'r Pwyllgor Gwladychfaol yng Nghymru ond a fethodd ymuno â'r fintai yn 1865 oherwydd iddo gymryd y cyfrifoldeb o olynu Edwyn Cynrig

Roberts fel Ysgrifennydd Teithiol. Cyrhaeddodd y Wladfa naw mlynedd yn ddiweddarach. Roedd yn dra awyddus i gael ei gynnwys yn y llun, ond ni chaniataodd Lewis Jones iddo ymuno â'r grŵp, er i Rhys ac Elizabeth Williams (nad oeddynt ychwaith yn aelodau o'r fintai gyntaf) gael yr hawl i fod ynddo. Efallai i'r ffaith fod D Ll Jones wedi croesi cleddyfau gyda Lewis Jones ar faterion cyfansoddiadol wedi dylanwadu ar y penderfyniad.

Adeiladwyd y gaer fechan yn 1855 gan Gymro o'r enw Henry Libanus Jones a ddaeth drosodd i Buenos Aires yn fachgen ifanc gan dyfu yn ddyn busnes llewyrchus. Yn 1853 ceisiodd sefydlu busnes ar lan afon Camwy i werthu crwyn gwartheg gwylltion. Clywodd y brodorion am ei fwriad, ac erbyn iddo gyrraedd y dyffryn roedd

Rhan o fintai'r *Mimosa* ger gweddillion Caer Antur

y mwyafrif o'r gwartheg wedi eu dwyn tua'r gorllewin pell, a dim ond ychydig oedd ar ôl. Methodd y fenter a dychwelodd Jones i Buenos Aires.

Bu'r gaer yn bwysig iawn yn nyddiau cynnar y Wladfa. Wedi gadael y man glanio yn y Bae Newydd (Porth Madryn), dyma lle ymgartrefodd y gwladfawyr gan adeiladu bythynnod o fwd a gwiail o'i mewn ac o gwmpas ei muriau. Adeiladwyd stordy ar gyfer y bwyd.

> Daeth bore Sul, ac ymgasglodd y cwbl i'r ystordy i gynnal y gwasanaeth crefyddol Cymraeg cyntaf a fu ym Mhatagonia. Cafwyd bocs mawr yn bulpud, ac arno feibl a llyfr emynau. Eisteddai'r gwragedd a'r plant ar blanciau a osodwyd ar draws y llawr,

a'r gwŷr yn eistedd ar y sachau gwenith yn y cefn. Rhoddwyd emyn i'w ganu, a gwelid Aaron Jenkins yn cyfrif ei fysedd er mwyn cael tôn ar y mesur iawn, ond wrth godi ar ei draed tarawodd ei ben yn y to isel. Testun awgrymiadol pregeth y Parchedig Abraham Matthews oedd 'Israel yn yr anialwch'. (R Bryn Williams, *Y Wladfa*)

Rhif 25: Gwarchodlu'r Wladfa

Syrffedodd Edwyn Cynrig Roberts (gweler Rhif 51) ar y trafod diddiwedd a welodd yng nghyfarfodydd y pwyllgorau ymfudo wedi iddo gyrraedd Cymru o Wisconsin yn niwedd 1860. Teimlai ei fod yn ail-fyw y rhwystredigaeth a'i llethodd yn y

Edwyn Cynrig Roberts yn lifrai'r *Lancashire Rifle Volunteers*

Taleithiau Unedig. Penderfynodd wneud rhywbeth mwy ymarferol â'i amser ac aeth i fyw gyda'i ewythr, Robert James, perchennog glofa Ince Hall yn Wigan. Yno ymunodd â'r *Lancashire Rifle Volunteers* 'i ddysgu milwra erbyn y byddai angen ar y Wladychfa'. Cyn iddo adael Lerpwl gyda Lewis Jones, penodwyd ef yn Bennaeth y Gwarchodlu a fyddai'n amddiffyn y sefydliad rhag ymosodiadau. Cyfeiriwyd ato droeon mewn llythyrau fel y Capten Edwyn Cynrig Roberts.

Dywed R J Berwyn fod Roberts yn sefyll ar ben uchaf Penrhyn yr Ogofâu i groesawu mintai'r *Mimosa*, a'i weision fel milwyr yn ffurfio rhes ac yn gwisgo penwisgoedd o groen cwningen! Wedi symud i Gaer Antur, trefnodd hyfforddiant milwrol bob nos Fercher i bob dyn rhwng 18 a 30 oed – yn filwyr traed ac yn farchogion. Er bod arfau ac adnoddau'n brin, pwysleisiodd Edwyn bwysigrwydd y gwaith a mynnodd fod y dynion yn brydlon ac yn drefnus. Oherwydd ei frwdfrydedd amlwg, enillodd barch ac edmygedd ei 'filwyr' ac roedd yntau'n mwynhau treulio amser yn eu cwmni.

Wedi'r hyfforddiant,

byddai dau yn cael eu nodi i fod ar wyliadwriaeth gydag arfau, sef gwn a chleddyf ac yn cerdded ôl a blaen, os byddai perigl [*sic*] yr oeddynt i roddi arwydd trwy daro hen danc dwfr oedd wedi ei osod i'r pwrpas, nid oedd neb yn cyffwrdd â hwn ond y gwylwyr.

Danfonodd Llywodraeth yr Ariannin

arfau a bwledi, a chafwyd yr hen ynau mawr rheiny gyda bidogau ar eu blaen yn cael eu llwytho trwy'r genau. (Thomas Jones, *Y Drafod* 1 Hydref 1926)

Gwelwyd ffrwyth yr hyfforddiant yn y seremoni i enwi Tre Rawson (gweler Rhif 29).

Ym mhriodas Edwyn Roberts ag Ann Jones 19 Ebrill 1866, ffurfiodd ei 'filwyr' osgordd i hebrwng y pâr i'r tŷ. Gwisgent gapiau o grwyn estrys gyda llinyn coch yn eu dal o dan eu genau. Roedd pob un yn cario cleddyf ar ei ochr chwith a dryll yn ei law dde 'a phob creadur yn synnu at yr olygfa fawreddog', meddai Thomas Jones.

Ni fu'r llu bychan hwn erioed mewn gwrthdrawiad gwaedlyd â'r brodorion, ond ymyrrodd ei aelodau mewn achosion o ddwyn ceffylau.

Drilio ar y Sul

Yn 1896 daeth gorchymyn oddi wrth Lywodraeth y wlad yn gorfodi pob dyn rhwng 18 a 40 oed i ymuno mewn ymarferion drilio milwrol bob dydd Sul, fel rhan o hyfforddiant byddin yr Ariannin. Ymateb chwyrn a dderbyniodd y gorchymyn ymysg dynion ifainc y Wladfa a'u rhieni. Gwrthododd 60 ohonynt gydymffurfio a charcharwyd hwynt. Doedden nhw ddim yn erbyn drilio ond gwrthwynebent wneud hynny ar y Sul.

Ni fedrai Llywodraeth yr Ariannin ddeall cymhellion y gwrthwynebwyr. Roedd ymarfer milwrol ar y Sul yn hollol dderbyniol gan aelodau'r Eglwys Gatholig. Roedd gwasg Buenos Aires yn feirniadol iawn ohonynt, ac yn eu galw'n wrthryfelwyr.

Cafodd y gwladfawyr ifainc eu rhyddhau yn fuan, oherwydd mai am dri mis yn unig roedd y gorchymyn yn weithredol. Ond roedd ofn yn y Wladfa y medrai'r sefyllfa godi eto yn flynyddol. Cynhaliwyd cyfarfodydd i drafod y broblem ac anfonwyd deiseb at y Llywodraeth yn erfyn arnynt i newid y drilio o'r Sul i unrhyw ddiwrnod arall.

Yn 1897 cyhoeddwyd gorchymyn eto i ddynion ifainc ddod ynghyd i ddrilio ar y Sul, ac yr un fu ymateb y gwladfawyr – gwrthod, a chael eu carcharu.

Anfonwyd Thomas Tegai Awstin a John Murray Thomas, ac yna Lewis Jones, i Buenos Aires i drafod â'r Llywodraeth. Newidiwyd y gorchymyn gan roi'r hawl i awdurdodau lleol drwy'r wlad newid dydd y drilio pe gwelent yr angen am hynny. Yn anffodus gwrthododd cynrychiolwyr lleol Llywodraeth yr Ariannin gydymffurfio. Yn 1898 penodwyd y Cadfridog O'Donnell yn Rhaglaw Chubut a doedd hi ddim yn fwriad ganddo i wrando ar achwynion y gwladfawyr.

Cynhaliwyd cyfarfod cyhoeddus mawr yn y Gaiman ym mis Awst a chytunwyd i anfon Llwyd ap Iwan a T Benbow Phillips i drafod yn Buenos Aires, a'r tro hwn cawsant addewid yr ystyrid eu cais. Oherwydd yr oedi di-ben-draw, aeth y ddau i weld Llysgennad Prydain. Ei ateb yntau oedd y byddai'n anodd iddo ymyrryd oherwydd bod y gwladfawyr ifainc yn ddinasyddion yr Ariannin.

Hwyliodd Llwyd a Philips i Brydain a chafodd y wasg Seisnig afael yn y stori a'i chwyddo'n fawr, gan wylltio'r wasg yn yr Ariannin. Roedd O'Donnell yn ddig hefyd a gorchmynnodd i gofnodion Cyngor y Gaiman gael eu harchwilio, ac i gloi drws y Siambr. Anfonwyd y plismon lleol i arestio Cadeirydd y Cyngor a'i gydaelodau, llawer ohonynt mewn cwrdd gweddi yn y capel ar y pryd, a'u gorfodi i ymddangos o flaen y llys yn Rawson y bore canlynol (er nad oedd a wnelent hwy ddim â gweithredoedd y ddirprwyaeth i Brydain).

Yn 1899, dilynwyd yr Arlywydd Uriburu gan Roca, a phenderfynodd yntau ymweld â'r Wladfa yn ystod un o'i deithiau. Bu yn Nhrelew, y Gaiman a Rawson a derbyniodd groeso cynnes gan y gwladfawyr. Yn Ebrill y flwyddyn honno, daeth gorchymyn arall oddi wrth y Llywodraeth yn eithrio dynion ifainc drwy'r wlad rhag gorfod drilio ar ddiwrnod penodol o'r wythnos, er mawr ryddhad i'r Wladfa.

Rhif 26: 'Mae'r Indiaid wedi dod!'

Mewn llythyr at y bardd Ceiriog ym mis Mehefin 1866, disgrifiodd Twmi Dimol brofiad cyntaf y Cymry o gyfarfod ag un o frodorion y wlad. Ymhlith gweithwyr Edwyn Roberts yn y Bae Newydd, yn paratoi llochesi i fintai'r *Mimosa*, roedd brodor o Batagones.

> Yr oedd hwn yn ddyn corfforol, canol oed, gwallt du, lliw ei groen melyn-ddu.

> Roedd llawer o'r gwladfawyr yn amheus ohono, yn enwedig y merched.

> Ond er syndod, daeth yr Indiad i'w cyfarfod i'r dŵr i'w cario yn droedsych i'r lan, ac ymddangosai yn falch iawn o'r gwaith hefyd. (Mari Emlyn, *Llythyrau'r Wladfa 1865–1945*).

> Fe'i gelwid gan y Cymry yn 'Patagoniad Dof'!

* * *

Digwyddodd y cyfarfod cyntaf rhwng y Cymry a brodorion teithiol Patagonia ddydd Iau 19 Ebrill 1866. Y bore hwnnw, cynhaliwyd priodas ddwbwl yng Nghaer Antur. Y ddau bâr oedd Edwyn Cynrig Roberts (28 oed) ac Ann Jones (19 oed), a Richard Jones (brawd Ann oedd yn 21 oed) a Hannah Davies (16 oed).

R J Berwyn oedd y cofrestrydd ac Abraham Matthews oedd yn gofalu am y ddefod briodasol. Wedi'r seremoni (gweler Rhif 25), paratowyd neithior ym Mhlas Hedd, tyddyn cyntaf Edwyn Cynrig Roberts. Yn ystod y wledd, gwelwyd marchogion yn agosáu a sylweddolwyd mai brodorion oeddent. Anfonwyd gŵr ifanc yn syth i rybuddio trigolion Caer Antur a chyrhaeddodd hwnnw, gyda'i wynt yn ei ddwrn, gan weiddi 'Mae'r Indiaid wedi dod!' gan achosi cynnwrf a dychryn mawr.

Dim ond pâr oedd yno, sef y Pennaeth Francisco a'i wraig. Er bod cryn bryder yng nghalonnau'r gwladfawyr, camodd William Davies, y Llywydd, ymlaen i ysgwyd llaw y pennaeth. Estynnodd Eleanor Davies ddarn o fara iddynt, ond roeddent yn amheus ohono, a gwrthodasant ei brofi tan i Hugh Hughes Cadfan fwyta darn yn gyntaf. (Daeth bara'r Cymry yn bwysig iawn i'r brodorion wedi hynny ac yn gyson fe'u clywyd yn gofyn am 'Poco bara?').

Cyfansoddodd R J Berwyn faled i goffáu'r digwyddiad.

Baled yr Indiaid

Gyrrai gŵr i lawr y dyffryn
Gan ddangos ddirfawr frys;
Gymaint oedd ei ddwys deimladau
Nes gwelwai dan ei chwys.
Pobl redent i'w gyfarfod
Gan holi: 'Beth sy'n bod?'
Yntau'n ofnus a'i hatebai
'Mae'r Indiaid wedi dod!'

Byrdwn:
Roedd llawer un yn crynu
Gan ofn oherwydd fod
Yr Indiaid – Cewri Cedyrn Patagonia
O'r diwedd wedi dod!

49

Nid oedd neb yn disgwyl gweled
Brodorion yn ein plith,
Gan i wyth o deithwyr enwog
Ein sicrhau heb rith
Na ddôi brodor i Dre-Rawson
Nes byddai'r bryniau mawr
Sydd tu hwnt i'r dyffryn uchaf
Yn wastad gyda'r llawr.

Nid oedd neb ag awydd holi,
Aeth pawb yn eithaf mud;
Oll yn disgwyl gweld yr Indiaid
Yn dyfod gyda'u clud.
Gyda hynny ymddangosent
Gan beri dirfawr fraw,
Ond yn lle cyhoeddi rhyfel
Yn rhydd ysgydwent law!

Trechwyd ofnau gan chwilfrydedd,
Aeth pawb yn ddigon hy',
Chwilient wisg a dull ac agwedd
'R ymwelwyr melyn-ddu;
Cyn bo hir fe aed i'w cyfrif,
Ond nid oedd eisiau 'sg'laig.
Dau yn unig oedd ohonynt,
Sef un hen ŵr a gwraig.

Cyn bo hir daeth llu o Tweltiaid,
A'r Pampas mawr eu sŵn,
A minteioedd o geffylau
A heidiau mawr o gŵn;
Gwerthent gig am dorth o fara,
A cheffyl braf am dair,
Nid oedd neb o'r fintai'n cofio
Y fath gyfnewid mewn un ffair.

Roedd Francisco yn aelod o'r ddirprwyaeth o chwech o frodorion a aeth gyda Lewis Jones i

Lewis Jones a phenaethiaid brodorol

Buenos Aires ym mis Awst 1867 er mwyn trafod gyda'r Gweinidog Rawson. Bu farw yno yn ystod yr ymweliad. Dywedir iddo ddweud ar ei wely angau,

'Rwy'n mynd i nefoedd y Cymry, oherwydd mae'n rhaid bod y lle y mae'r bobl dda yna yn mynd iddo yn fangre dedwydd!' (David Williams, *Entretelones y Tolderías*)

Yn ôl yr hanesydd Marcelo Gavirati, Francisco yw'r brodor yng nghanol rhes gefn y llun, y tu ôl i Lewis Jones.

* * *

Ar brynhawn Sul, 3 Gorffennaf 1866, yn ystod gwasanaeth yng nghartref Maurice Humphreys, tua naw milltir o Gaer Antur, amgylchynwyd y tŷ gan oddeutu 70 o frodorion, yn wŷr, gwragedd a phlant. Mae'n debyg iddynt gael eu denu gan sŵn y canu emynau! Dywedir nad oes sail hanesyddol i'r chwedl fod Elizabeth Humphreys wedi camu ymlaen ac estyn ei baban, Mary, i un o'r gwragedd brodorol ac i'r weithred honno hybu ymddiriedaeth rhwng y ddwy genedl. Serch hynny, fel llawer o chwedlau'r Wladfa, mae hi'n stori dda ac yn werth ei hadrodd.

Byddai llwythau Tehuelche yn gwersylla ger yr afon dros fisoedd y gaeaf. Er bod llawer o gymdeithasu rhwng bechgyn ifainc y Cymry a'r llanciau brodorol, roedd gwragedd y gwladfawyr yn anesmwyth gydag arfer yr Indiaid o gerdded i mewn i'w tai yn ddirybudd, gan ddal ac astudio unrhyw declyn oedd yn denu eu sylw!

Yn 1883, ceisiodd penaethiaid llwyth y Mapuche berswadio'r pennaeth Tehuelche, Sacamata, i ymuno â nhw i ymosod ar y gwladfawyr. Gwrthododd yntau a rhybuddiodd ei ffrind, Lewis Jones, o'r bygythiad. Achosodd y newyddion banig llwyr yn y Wladfa!

Penderfynwyd yn syth i gynnull y gwarchodlu a gosod rhes o goelcerthi ar ben y bryniau o fewn golwg i'w gilydd. Rhoddwyd gwyliwr i ofalu am bob un gyda gorchymyn i'w tanio fel rhybudd pe byddai brodorion yn ymosod. Yn anffodus, drwy esgeulustod, taniodd un gwyliwr ei goelcerth gyda'i bibell ac, yn dilyn, fe daniwyd pob coelcerth arall yn ei thro gan oleuo'r bryniau. Achosodd

hyn fraw mawr yn y dyffryn. Aed ati yn syth i gasglu'r gwragedd a'r plant i le diogel. Mae R Bryn Williams yn *Y Wladfa* yn adrodd hanesyn am un gwladfawr yn croesi'r afon ger Pentre Sydyn (y Gaiman heddiw), yn cludo ei deulu i ddiogelwch. Yn ei ddychryn, yng nghanol yr afon, trodd at ei wraig gan ddweud,

> Mae arnai want dy foddi di, Jane. Mi fuasai hynny'n llawer gwell nag iti syrthio i ddwylo'r Indiaid.

Nid oes cofnod o'i hateb hithau! Er holl ddychryn y noson honno, ni fu unrhyw ymosodiad erioed gan y brodorion a phylodd y bygythiad dros yr wythnosau canlynol.

Rhif 27: Arian y Wladfa

Cyn i'r *Mimosa* gychwyn ar ei thaith, argraffwyd arian papur (papurau punt, deg swllt a phum swllt) yn Lerpwl ar gyfer eu defnyddio yn y wlad newydd. Enw Thomas Ellis, Trysorydd y Wladfa, oedd ar y papurau punt a Lewis Jones ar y rhai deg a phum swllt.

Wedi cyrraedd y Wladfa, roedd y gwladfawyr yn siopa yn y stordai lle cedwid y nwyddau. Gwnaed cofnod o'u gwariant, ac wedi iddynt dderbyn eu cyflogau, roeddent yn setlo eu dyled.

Ni pharhaodd y drefn yn hir. Roedd rhai ohonynt yn methu talu eu dyledion, a chyn diwedd y flwyddyn gorfu i'r Cyngor gyhoeddi nad oedd y Wladfa wedi gwneud elw ac nad oedd gwerth, bellach, i'r arian papur hwn.

51

Arian y Wladfa

Rhif 28: Ceg yr Afon

'Ond un peth yw gweld aber y Gamwy, peth arall a hollol wahanol yw mynd mewn iddi. Oblegid aber drofâog, beryglus sydd i'r Gamwy ar y gorau. Felly gorfu arnom aros wrth angor gyferbyn â hi am ddeuddydd, nes y llonyddai'r tonnau geirwon dorrent ar y Bar rêd ar draws aber yr afon.' Dyma ddisgrifiad William Meloch Hughes o geg yr afon pan gyrhaeddodd y Wladfa yn 1881.

Lleolir ceg yr afon rhwng Playa Unión (ar y lan ogleddol) a Playa Galesa (ar y lan ddeheuol). Heddiw mae yna borthladd gerllaw ar gyfer llongau pysgota.

Erbyn mis Medi 1865 roedd y dynion wedi cyrraedd Caer Antur ac roedd yn amser cludo'r gwragedd a'r plant o'r Bae Newydd i'r dyffryn. Penderfynwyd eu hanfon ar y sgwner *Mary Helen* o dan gapteniaeth John Woods – taith diwrnod.

Ond er mawr ofid a dryswch i'r gwŷr, aeth diwrnodau heibio heb sôn am y *Mary Helen*. Ofnent fod y llong wedi ei cholli ar y môr. Cerddai'r dynion yn ddyddiol at y traeth gan ddyheu am ei gweld yn dod i'r golwg.

O'r diwedd, ganol dydd ar 20 Medi, gwelwyd y *Mary Helen* yn agosáu – dros bythefnos yn hwyr. Oherwydd ei maint angorodd y llong allan ar y môr. Rhwyfodd Lewis Jones ati mewn cwch bach, a darganfu fod llawer o'r gwragedd yn sâl iawn. Er hyn, pan ddaethpwyd â hwy i'r lan, bu'n rhaid iddynt gerdded chwe milltir at y Gaer.

Stori Capten Woods oedd bod storm wedi

Ceg yr afon

chwythu'r llong tuag at ynysoedd y *guano* (baw adar), ryw gan milltir tua'r de, a bu'n rhaid iddynt gysgodi yno tan iddi ostegu. Eithr dywed Cadfan fod cytundeb rhwng Woods a Lewis Jones i fasnachu *guano* a thybiwyd bod hyn wedi achosi i'r Capten newid cyfeiriad y llong yn fwriadol. Roedd casglu a gwerthu'r adnodd hwnnw yn fusnes proffidiol ar y pryd.

Dywedodd y gwragedd i'r Capten eu gorfodi i aros o dan y dec am wyth niwrnod heb ddim braidd i'w fwyta nac yfed. Rhoddwyd dŵr iddynt ar ôl cyrraedd yr ynysoedd ac roeddent wedi darganfod bisgedi sych yn storfa'r llong. Parhaodd effeithiau caledi'r fordaith am gyfnod hir wedi hynny gan amharu ar iechyd llawer ohonynt. O ganlyniad, bu farw rai o'r plant yn ddiweddarach.

Roedd y dynion ar y lan hefyd yn wan oherwydd prinder bwyd ac, wrth ddadlwytho'r *Mary Helen*, roedd y demtasiwn i agor un o'r sachau reis yn ormod iddynt. Pan welodd un o swyddogion y llong fod y gwladfawyr yn barod i ferwi'r reis ar gyfer pryd o fwyd, rhuthrodd atynt gan ddweud nad oedd ganddynt ganiatâd i wneud hynny. Ar unwaith, cododd Cadfan ar ei draed, gan gau ei ddyrnau a gweiddi,

Sefwch draw, ddyn, neu fe'ch trawaf i'r ochr draw i'r wal ddiadlam!

Cawsant fwyta eu pryd o reis mewn tawelwch!

Rhif 29: Guillermo Rawson

Ar orchymyn Dr. Guillermo Rawson, Gweinidog y Fewnwlad, hwyliodd y swyddog milwrol Julián Murga, pennaeth gwersyll milwrol Patagones, a'r tir-fesurydd, Julio Díaz, gyda gosgordd o 16 milwr i'r Bae Newydd, a marchogaeth oddi yno i lan afon Camwy i godi baner yr Ariannin ar dir y Wladfa a'i hawlio i'r Weriniaeth. Cynhaliwyd y seremoni fore'r 15 Medi 1865 gerllaw Caer Antur.

Darllenodd Murga'r cytundeb rhwng y Llywodraeth a'r gwladfawyr ac fe'i harwyddwyd, yn bur anfoddog, gan 63 o'r dynion oedd yn bresennol. Doedd y mwyafrif o'r gwragedd ddim wedi cyrraedd y dyffryn ar y pryd. Yna codwyd baner las a gwyn yr Ariannin am y tro cyntaf ym Mhatagonia. Cyfarchwyd y faner gan filwyr Murga drwy saethu i'r awyr, yn flêr ac annisgybledig. Yna, daeth tro y bechgyn a hyfforddwyd gan Edwyn Roberts (gweler Rhif 25), a gwnaethant hynny fel un. Nid oedd modd argyhoeddi Murga nad

Guillermo
Rawson

aelodau byddin broffesiynol oeddent.

Cyhoeddwyd mai Pueblo de Rawson fyddai enw'r dref, fel teyrnged i'r Gweinidog, ac nid Caer Antur, a gwnaed ymgais gan y gwladfawyr i Gymreigio'r enw i Drerawson. Meddyg a gwleidydd oedd Rawson a chanddo ddiddordeb mawr mewn Iechyd Cyhoeddus. Ef oedd sylfaenydd y Groes Goch yn yr Ariannin. Bu'n gymorth mawr i arweinwyr y Wladfa yn eu trafodaethau gyda Llywodraeth Buenos Aires.

Dyma ddisgrifiad o Drerawson yn 1881:

Tref fechan wasgarog a llwydaidd yr olwg arni, adeiladau o bobtu'r afon … cynhwysai rhwng tri a phedwar deg o dai – rhai o glai, rhai o briddfeini amrwd neu losg – ac ychydig faeldai (siopau). Er croesi o un ran o'r dref i'r llall, roedd cwch hynafol a chychwr grymus at wasanaeth y dref a'r cyhoedd, trwy dalu. (W Meloch Hughes, *Ar Lannau'r Gamwy*).

Rhif 30: Tŷ'r Llywodraeth a Chartref y Llywodraethwr

Rawson yw prifddinas Talaith Chubut ac yno mae Swyddfa'r Llywodraethwr a hefyd Senedd y Dalaith, yn ogystal â phencadlysoedd nifer o weinyddiaethau.

* * *

Gwlad ffederal yw'r Ariannin ac mae ynddi 23 o daleithiau, a phrifddinas ffederal, sef dinas Buenos Aires. Yn yr olaf mae swyddfeydd y Llywodraeth Genedlaethol (yn cynnwys swyddfeydd yr Arlywydd, sef y Casa Rosada), ac adeiladau'r Gyngres. Rhennir y system lywodraethol yn dair rhan.

1. Y Pŵer Gweithredol: yr Arlywydd a'r gweinidogion;
2. Y Gyfundrefn Ddeddfwriaethol: y Gyngres, sy'n cynnwys dau dŷ, sef Tŷ'r Cynrychiolwyr (y tŷ isaf) a'r Senedd (y tŷ uchaf);
3. Y Drefn Gyfreithiol: y Goruchaf Lys, a llysoedd llai.

Ailadroddir y drefn ar lefel daleithiol. Mae gan bob talaith ei Llywodraethwr, ei Senedd a'i threfn gweinyddu cyfiawnder ei hun. Ar lefel drefol, ceir Maer etholedig, Cyngor etholedig a Llys Cyfraith sy'n delio â materion lleol.

O'i dechrau bu tref Rawson o dan ddylanwad trwm swyddogion llywodraethol Buenos Aires, ac ymsefydlodd llawer ohonynt yno. Cwynodd Guillermo Rawson ei hun fod Llywodraeth yr

Tŷ Llywodraeth Chubut

Cartref y Llywodraethwr

Ariannin wedi anfon *mandones* (bwlis) i lawr i'r dyffryn i ddelio â'r gwladfawyr. Yn ôl Lewis Jones, yn y flwyddyn 1874 dechreuodd 'yr ormes vilwrol vu yn hunlle hir ar y Wladfa'. Mewn un digwyddiad, wrth i swyddogion y porthladd ymarfer gyda'u drylliau, taniodd rhai ohonynt yn wyllt drwy ffenestri'r ysgoldy a'r tai, gan anafu un o'u carcharorion yn ddrwg. Anfonodd y gwladfawyr gwynion am ymddygiad Capten y Porth, Cándido F Charneton, ac yn y pen draw dyrchafwyd ef i swydd yn La Plata, prifddinas talaith Buenos Aires.

Nid oedd y swyddogion a anfonwyd i'r Wladfa i gadw trefn yn deall ysbryd annibynnol y gwladfawyr o gwbl, ac anfonwyd sawl adroddiad i'r Llywodraeth yn cwyno am eu diffyg ufudd-dod.

Nid oes gan sevydlwyr Chubut barch yn y byd i'r awdurdodau Ariannin. Datganai y Prwyad Oneto ei lwyr anallu i lethu nac atal yr anrhevn sydd yno, a dywed yr awdurdodau llyngesol nad oes ond grym arvau yn eu cadw rhag tori allan mewn gwrthryvel. (cyfieithiad o ddyfyniad allan o un o bapurau newydd Buenos Aires yn Lewis Jones: *Y Wladva Gymreig*)

O ganlyniad gadawodd y mwyafrif o'r gwladfawyr y dref i ymsefydlu mewn ardaloedd eraill yn Nyffryn Camwy. Cafodd hyn effaith andwyol ar Gymreictod y dref, a phrin fu siaradwyr y Gymraeg yno hyd at heddiw. Erbyn hyn, mae dylanwad Cynllun yr Iaith Gymraeg (gweler Rhif 78) wedi cael effaith gadarnhaol yno ac mae nifer y dysgwyr yn cynyddu.

Rhif 31: Eiddo'r Bobl

Nid nepell o Gartref y Llywodraethwr, gwelir murlun trawiadol, 125 metr sgwâr, 40 metr o hyd a 3.10 metr o uchder. Fe'i dadorchuddiwyd ar 28 Tachwedd 2010.

Mae'r murlun gan Román Cura yn darlunio golygfeydd o hanes Chubut ac mae rhan ganolog ohono yn cynnwys portread o ddyfodiad y gwladfawyr, eu gwaith caled yn clirio'r tir, eu perthynas â'r Tehuelches a'r Pampas, y capeli a adeiladwyd ganddynt, eu llwyddiant wrth gynhyrchu gwenith a dyfrhau'r tir, y llifogydd a ddinistriodd llawer o'u tai a'u ffermydd, a'r diwylliant a ddaeth gyda nhw o Gymru.

Murlun gan Román Cura

Rhif 32: Y *Gwenllïan*

Erbyn 1874 roedd aber afon Camwy yn lle prysur. Cynyddodd y fasnach rhwng y Wladfa a Buenos Aires. Gwerthai'r gwladfawyr gynnyrch eu ffermydd: eu gwenith ardderchog yn bennaf, ond hefyd caws a menyn – yn ogystal â'r plu, y crwyn, y mentyll a'r *ponchos* a brynent oddi wrth y brodorion. Yn dilyn ei ymweliad â Buenos Aires, lle llwyddodd i feithrin cysylltiadau masnachol hynod fuddiol, agorodd Edward Price gangen o un o siopau mawr y brifddinas, sef Rooke, Parry y Cia, ger yr aber, gydag ef ei hun yn rheolwr arni.

Agorwyd busnes arall gan John Murray Thomas a brynodd y *Gwenllïan*, llong a enwodd ar ôl ei chwaer (gwraig y Parchedig Abraham Matthews). Dyma'r llong fasnachol gyntaf oedd yn eiddo i Gymro yn y Wladfa.

Pan oedd William Meloch Hughes yn barod i adael Buenos Aires er mwyn hwylio i lawr i'r dyffryn yn 1881, roedd y *Gwenllïan* wedi gwasanaethu am flynyddoedd lawer. Cafodd yr ymfudwr newydd a'i gyd-deithwyr sioc enbyd wrth gyrraedd porthladd Boca yn Buenos Aires a deall mai ar y llong hwylio hynafol hon y byddent yn teithio dros 900 milltir i'r de. Cafodd y merched deithio yn y caban ar y dec, ond rhaid oedd i'r dynion fynd lawr i grombil y llong – lle cyfyng rhyw lathen o uchder a fedyddiwyd ganddynt yn *Glory Hole*. 'Lle rhagorol i ddysgu gostyngeiddrwydd', meddai William Meloch; 'Wedi'r profiad hwn, bu gennyf gydymdeimlad

Y *Gwenllïan*

dwfn â Jonah yng nghrombil y morfil mawr.' Serch hyn i gyd, cariodd yr hen *Gwenllïan* hwy yn ddiogel i ben eu taith.

Rhif 33: Capel Berwyn

Adeiladawyd y capel yn 1881 ar dir a roddwyd gan R J Berwyn. Roedd yn perthyn i enwad y Methodistiaid Calfinaidd.

Codwyd yr adeilad gwreiddiol yn agos i'r safle hwn yn 1868. Disgwylid i bob gwladfawr gymryd rhan yn yr adeiladu – rhai i gario coed ac eraill i gario meini. Defnyddiwyd rafftiau i gario'r coed, ac un tro, sylweddolwyd bod un ohonynt wedi torri pan welwyd coed yn arnofio ar y dŵr. Doedd dim sôn am y dyn oedd yn llywio'r rafft, sef William Jones. Ofnwyd y gwaethaf,

Capel Berwyn

ond yna ymddangosodd yntau yn fyw ac yn iach. Gofynnwyd iddo sut yr oedd wedi llwyddo i gyrraedd y lan, ac atebodd 'ar fy nhraed a'm dwylo ar waelod yr afon', camp y bu'n rhaid iddo'i hailadrodd cyn i'w gydweithwyr ei gredu. (Thomas Jones, *Hanes Cychwyniad y Wladfa ym Mhatagonia*, *Y Drafod* Mehefin – Hydref 1926)

Cynhaliwyd y gwasanaeth cyntaf ar Ŵyl y Glaniad a hynny cyn cael drws i'r adeilad. Ymddangosodd hysbysiad yn *Y Brut* (papur newydd cyntaf y Wladfa) yn gofyn i bob teulu drefnu eu seddau eu hunain ac i ddod â nhw i'r capel 'a'r cyntaf ddêl a'i sedd i mewn i gael dewis ei le. Disgwyliwn y bydd cryn dipyn o gystadlu yn y mater hwn.'

Defnyddiwyd yr adeilad hwn hefyd fel llys barn, siambr i'r cyngor llywodraethol ac, ar brydiau, fel carchar.

Ger yr adeilad presennol mae cofgolofn yn cofio'r tro cyntaf i faner yr Ariannin gael ei chodi yn Rawson ar achlysur sefydlu'r Wladfa yn swyddogol, 15 Medi 1865.

Rhif 34: Amgueddfa Urdd y Salesiaid, Rawson (Colegio Don Bosco)

Ym mis Mai 1941, gorchmynnodd y Padre Antonio Fernández, Prifathro y Colegio Salesiano (sef Ysgol Uwchradd Urdd y Salesiaid) i José Morell, un o'r athrawon, sefydlu amgueddfa. Ynghyd â disgyblion y chweched dosbarth, aeth yntau ati i gasglu'r eitemau cychwynnol ar gyfer eu harddangos. Rhoddwyd llawer ohonynt gan y brodorion a disgynyddion y gwladfawyr Cymreig. Agorwyd yr amgueddfa ar 19 Mehefin 1941. Hon oedd yr un gyntaf yn nhalaith Chubut ac fe'i lleolir yn Colegio Don Bosco.

Ganwyd Giovanni Melchiorre Bosco, a adnabuwyd yn hwyrach fel Don Bosco, ar 16 Awst 1815 yn Becchi yn yr Eidal ac fe'i hordeiniwyd yn offeiriad yn 1835. Daeth yn adnabyddus fel addysgwr a dilynwr i Sant Francis de Sales. Cysegrodd ei fywyd i wella bywydau bechgyn amddifaid yn ninas Turin, a ffurfiwyd Urdd y Salesiaid gan rai o'r bechgyn hyn er mwyn parhau â'i weledigaeth. Gwahoddwyd y mudiad i weithio yn yr Ariannin yn 1875.

Yn 1934, ar Sul y Pasg, canoneiddiwyd Don Bosco. Mae La Obra de Don Bosco yn y broses o

Colegio Don Bosco

Trol Cadfan

adnewyddu'r amgueddfa i nodi daucanmlwyddiant ei enedigaeth.

Yn yr amgueddfa hon cedwir nifer o greiriau cynharaf y Wladfa.

Rhif 35: Trol Cadfan (yn Amgueddfa Urdd y Salesiaid)

Yn Amgueddfa Urdd y Salesiaid yn Rawson y mae trol Hugh Hughes (Cadfan Gwynedd). Hon oedd y drol gyntaf i'w hadeiladu yn y Wladfa, ac fe'i defnyddiwyd yn un o bedair trol gan y gwladfawyr i gario eu heiddo o'r dyffryn yn ôl i Borth Madryn yn 1867, pan benderfynwyd chwalu'r Wladfa (gweler Rhif 40).

Ganwyd Cadfan yn 1824 yn Nhrefdraeth,

Ynys Môn, ac wedi bwrw ei brentisiaeth fel saer coed, agorodd weithdy yng Nghaernarfon yn 1850. Ymunodd yno â'r Gymdeithas Lenyddol (Cymdeithas y Bwcis) oedd yn arfer cyfarfod yng nghapel Engedi ac yno y trafodwyd gyntaf o ddifrif yng Nghymru y syniad o sefydlu gwladfa Gymreig. Dyma a ddywed aelod arall o'r gymdeithas, Evan Jones, amdano:

> Saer coed corfforol oedd Cadfan, wedi llwyr feddwi ar y Wladfa … Cadfan roes glefyd y Wladfa i Lewis Jones. (R Bryn Williams, *Y Wladfa*)

Symudodd Cadfan i Lerpwl yn 1858, ac yno daeth yn ffrindiau â'r brodyr Owen a John Edwards. Yn eu cartref hwy yn Williamson Square y cyfarfu tua phymtheg o ddynion yn rheolaidd i drafod y mudiad ymfudo, gyda Cadfan yn ysgrifennydd.

Yn 1861, teimlai Lewis Jones, Edwyn Cynrig Robets a Hugh Hughes Cadfan rwystredigaeth

Cadfan

Rhai o'r Hen Wladfawyr a throl Cadfan ar y llaw dde

Williamson Square, Lerpwl

Trol Cadfan yn yr amgueddfa

mawr oherwydd arafwch Pwyllgor Gwladychfaol Lerpwl. Penderfynodd y tri geisio brysio'r sefyllfa ac aeth Cadfan i swyddfa S R Phibbs, Conswl Conffederasiwn yr Ariannin, i ofyn iddo gyflwyno cais ar eu rhan i'r Conffederasiwn yn gofyn am dir ym Mhatagonia. (Ar y pryd, roedd tair ar ddeg o daleithiau'r Ariannin wedi gwahanu oddi wrth dalaith Buenos Aires, gan ffurfio'r Conffederasiwn. I bob pwrpas, roeddent yn ddwy wlad ar wahân.)

Cynghorodd Phibbs iddynt anfon deiseb ato i'w throsglwyddo i'r Llywodraeth. Doedd Michael D Jones ddim am ruthro'r drafodaeth, ac aeth ati yn syth i gryfhau ei afael ar y mudiad.

Dyma farn R Bryn Williams:

Ymddengys i mi mai penboethni Cadfan a gadwodd y fflam ynghynn yng Nghymru, gan dynnu eraill i mewn iddi nes llosgi ohonynt eu bysedd. Oni bai am Cadfan, ni chredaf y buasai'r Wladfa wedi ei sefydlu o gwbwl.

Dewiswyd Cadfan yn arweinydd mintai'r *Mimosa*, a rhoddwyd iddo'r fraint o fod yr aelod cyntaf ohoni i roi ei draed ar dir y Wladfa newydd.

Rhif 36: 'Yn daclus yn ei chrud' (Dol Margaret Jones yn Amgueddfa Urdd y Salesiaid)

Teithiodd y ddol borslen hon ar y *Mimosa* gyda'i pherchennog, Margaret Jones o Aberpennar. Ymfudodd Margaret pan oedd yn 14 oed gyda'i rhieni, John a Betsan, ei chwiorydd hŷn, Mary ac Ann, a'i brodyr, John a Richard.

Dywedodd Margaret wrth ei hwyres ei bod wedi cael y ddol yn anrheg ar ôl chwaer hŷn a fu farw, a bod y ddol eisoes yn hen bryd hynny. Gwnaethpwyd y crud i'r ddol gan ferch Margaret.

Cyflwynwyd y tegan i'r Amgueddfa yn 1952 gan wyres Margaret, sef Winifred W de Ferra, ac ysbrydolwyd bardd anhysbys i ysgrifennu'r pennill hwn:

Ar y Mimosa, daeth hi
O Gymru, tros y don,
A Rawson fydd yn gartref mwy
I'r ddoli enwog hon.
Trosglwyddir hi fel baban bach
Yn daclus yn ei chrud,
Er iddi fod gant dau ddeg dau
O flwyddi yn y byd.

Dol Margaret Jones

Margaret Jones (ar y chwith) gyda'i merch a'i hwyres

1 yn wyth
2 yn naw
1 yn ddeg
5 yn un ar ddeg
1 yn ddeuddeg
1 yn dair ar ddeg
1 yn bedair ar ddeg
1 yn bymtheg, a
3 yn un ar bymtheg.

Roedd y fordaith a'r diwrnodau cyntaf wedi'r glanio yn arbennig o anodd i'r plant. Bu dau arall o'r rhai lleiaf farw yn fuan ac roedd nifer ohonynt yn wan ac yn sâl. Y mae'n anhygoel i gymaint ohonynt oroesi'r caledi.

Teithiodd Aaron Jenkins (gweler Rhif 72) ar y *Mimosa* gyda'i ail wraig, Rachel (gweler Rhif 117). Yn 1868, priododd am y trydydd tro â Margaret.

Roedd nifer o'r teithwyr ar y *Mimosa* yn blant. Mae R J Berwyn yn rhestru'r ffigyrau canlynol:

8 o fabanod o dan un mlwydd oed (ganwyd dau ar y fordaith)
5 o dan dwy flwydd
4 yn ddwy flwydd (bu farw dau ohonynt yn ystod y fordaith)
3 yn dair (bu farw un yn ystod y fordaith)
4 yn bedair
3 yn bump
2 yn chwech
2 yn saith

Rhif 37: Traeth y Cymry (Playa Magagna/Playa Galesa)

Mae'r traeth hwn ar ochr ddeheuol afon Camwy, gyferbyn â Playa Unión, wrth geg yr afon. Bu'n safle hynod boblogaidd gan y gwladfawyr hyd at ganol yr ugeinfed ganrif. Erbyn heddiw, mae yna ychydig o bobl leol wedi ymgartrefu yno. Serch hynny, y traeth gogleddol (sef Playa Unión) yw'r un mwyaf poblogaidd gan ymwelwyr. Mae hi'n dref o faint sylweddol ac yn dal i dyfu.

Cofiaf hefyd gael hanes mam pan oedd yn blentyn ac yn cael mynd i lan y môr unwaith mewn blwyddyn. Paratoi wagenni a'u cyfro gyda *toldos* o *lona* neu ddefnydd gwyn. Pobi digon o fara a rhostio neu ferwi cig dros yr wythnos; paratoi teisennau bach,

Traeth y Cymry

menyn a jam, a ffwrdd â nhw daith diwrnod neu ddau ac aros ar y ffordd am seibiant i fwyta. Os oedd amryw o blant yn y teulu yr oedd y rhai lleiaf yn aros gartre dan ofal rhywun mwy ac yn cael bag o gerrig gwynion a chregyn yn ôl o lan y môr i chwarae a mawr oedd eu disgwyl amdanynt. (Gweneira Davies de González de Quevedo yn *Agor Y Ffenestri*, gol. Cathrin Williams)

Y gwragedd yn ymdrochi yn eu coban-nos a'r dynion mewn trôns neu hen lodrau. Cofio clywed am ddyn parchus iawn wedi agor ei geg pan

welodd don enfawr yn nesáu, a cholli ei ddanedd gosod!

Yr un diwrnod cafodd modryb i mi brofiad annisgwyl tra oedd yn ymdrochi; daeth ton gref a rhwygo ei choban. Bu'n yswatio ymysg y tonnau hyd nes y daeth fy nhad a gwrthban iddi ei wisgo. (Valmai Jones, *Atgofion am y Wladfa*)

Pennod 4

Trelew

Gefeilliwyd â Chaernarfon, Chwefror/Mawrth 2015

Rhif 38: Yr Hen Orsaf

Lle cynt y cerddai'r estrys a chamau arafaidd, urddasol, ac y gwnai ei nyth yn y tywod cynnes: lle porai'r wanaco benuchel, ac yr ymbranciai ei llwdn hoenus: lle ymrithiai'r llew fel cysgod marwolaeth o lwyn i lwyn am ysglyfaeth: lle clywid udwaedd y llwynog a hŵ-hŵ y ddallhuan yn nhrymder nos, yn awr clywid twrf olwynion a chwibanogl yr agerbeiriannau yn torri ar dawelwch oesol y lle.

Dyma ddisgrifiad William Meloch Hughes o dwf cyflym y dref o gwmpas yr orsaf, a adeiladwyd yn 1889, ar safle hanner ffordd rhwng Trerawson a'r Gaiman, yr unig ddwy dref a fodolai ar y pryd. Ychwanegwyd at yr ychydig anheddau yn yr ardal pan adeiladodd y cwmni rheilffordd dai bychain ar gyfer ei weithwyr.

Cwblhawyd y rheilffordd o Borth Madryn i Drelew a chafwyd agoriad swyddogol ar 1 Mehefin 1889 pan deithiodd yr injan *Fontana* y rheilffordd ar ei hyd. O hynny ymlaen, tyfodd y dref yn gyflym iawn. Erbyn 1895 adeiladwyd 58 o dai, ac erbyn 1911, cynyddodd y rhif i 315. Chwyddodd poblogaeth Trelew o 4,818 yn 1933 i dros 100,000 heddiw. Hi yw'r dref ail fwyaf yn y dalaith. (Comodoro Rivadavia, tref yr olew, 300 milltir i'r de, yw'r fwyaf poblog.)

Roedd yr orsaf yn bwysig iawn i fasnach y Wladfa. Oddi yma, roedd y nwyddau a gyrhaeddai o Borth Madryn yn cael eu dosbarthu ledled y dyffryn, ac i'r orsaf y cludai'r ffermwyr eu cynnyrch ar gyfer ei anfon o'r dyffryn i borthladd Madryn i'w allforio.

Estynnwyd y rheilffordd i'r Gaiman yn 1909, ac i Ddolavon yn 1915. Yna cysylltwyd Trelew

Yr Hen Orsaf

Tai'r gweithwyr

Wagenni yn cludo nwyddau i'r orsaf (ar gyfer eu cludo ar y trên)

â Rawson. Erbyn 1920 cyrhaeddai'r rheilffordd hyd at Ddôl y Plu (*Las Plumas*), 240 cilometr tua'r gorllewin. Ond caewyd y rhwydwaith yn gyfangwbl yn 1958.

Ar 18 Rhagfyr 1984 sefydlwyd amgueddfa'r dref yn yr Hen Orsaf. Ei henw cyntaf oedd Amgueddfa Municipal Trelew ond yn 2004, i ddathlu canmlwyddiant y dref, fe'i hailenwyd yn Amgueddfa Tre Lewis (Museo del Pueblo de Luis).

Rhif 39: Cofgolofn y Canmlwyddiant

O flaen yr Hen Orsaf gwelir cofeb i ddathlu canmlwyddiant Y Wladfa yn 1965. Cyflwynwyd hi i'r dref gan Gymdeithas Dewi Sant. Roedd y flwyddyn honno yn un arwyddocaol iawn yn hanes y Wladfa ac yn drobwynt mewn llawer ystyr: rhoddwyd cyfle i ddisgynyddion y gwladfawyr cynnar ddathlu eu llwyddiant yn cynnal traddodiadau Cymreig a'r iaith Gymraeg am ganrif gyfan; atgoffwyd Cymry'r Hen Wlad o'u cysylltiad â'r gymuned hon ar ochr arall y byd; ailgynnwyd a chryfhawyd y cysylltiadau rhwng y ddwy wlad, ac erbyn heddiw mae llawer iawn o deithio a chyfathrebu wedi datblygu rhyngddynt. Pwysig iawn hefyd oedd parodrwydd Llywodraeth yr Ariannin i gydnabod cyfraniad y mewnfudwyr o Gymru i hanes a datblygiad y Weriniaeth gyfan.

Cofgolofn y Canmlwyddiant

Rhif 40: Lewis Jones

Ger yr Hen Orsaf mae'r Plaza Centenario (sef Parc y Canmlwyddiant) a agorwyd i ddathlu canmlwyddiant y dref. Yno y gwelir cerflun gan Horacio Mallo. Fe'i codwyd fel teyrnged i Lewis Jones.

Yn dilyn agoriad swyddogol y rheilffordd yn 1889, trefnwyd gwledd i ddathlu. Trafodwyd dewisiadau posibl ar gyfer enw swyddogol i'r dref a oedd yn tyfu'n gyflym o gwmpas yr orsaf. Mabwysiadwyd yr enw Trelew i anrhydeddu Lewis Jones, un a fu'n allweddol yn yr ymgyrch i sefydlu cwmni'r rheilffordd. Mae'n debyg bod yr enw wedi'i ddefnyddio ar lafar gwlad cyn hynny.

Sefydlwyd Cyngor cyntaf Trelew ar 18 Ebrill

Cofgolofn Lewis Jones

1904 ac etholwyd y maer cyntaf, sef Edward Jones Williams, peiriannydd o Sir y Fflint, a arweiniodd y gwaith o adeiladu'r rheilffordd.

Roedd Lewis Jones yn gymeriad blaenllaw a diddorol yn hanes cynnar y Wladfa. Fe'i ganwyd yng Nghaernarfon yn 1836 a bwriodd ei brentisiaeth fel argraffydd yno yn swyddfa'r *Herald*. Roedd yn aelod brwd o Gymdeithas Lenyddol y Bwcis yn y dref, cymdeithas a arferai gyfarfod yn festri capel Engedi. Un o'u pynciau trafod oedd Ymfudiaeth. Yn 1857 symudodd Lewis i Gaergybi. Sefydlodd argraffdy yno a phriododd ag Ellen Ruffydd. Ymhen dwy flynedd symudodd y teulu eto, i Lerpwl y tro hwn, ac aethpwyd â'r argraffdy i 44 Hanover Street. Ymunodd â'r cwmni gwladgarol a arferai gyfarfod yn nhŷ'r brodyr Owen a John Edwards yn 22 Williamson Square i

drafod sefydlu gwladfa Gymreig (gweler Rhif 35).

Yn 1862, dewisodd Pwyllgor Gwladychfaol Lerpwl Lewis Jones a Parry Madryn (gweler Rhif 1) i deithio i Buenos Aires i drafod telerau sefydlu gwladychfa ym Mhatagonia gyda Guillermo Rawson, Gweinidog y Fewnwlad – swydd oedd yn cyfateb i un Ysgrifennydd Cartref (gweler Rhif 29).

Yn 1865 dewiswyd Lewis Jones ac Edwyn Cynrig Roberts i fynd eto i Buenos Aires i drafod â'r Llywodraeth ac i deithio i'r Bae Newydd i baratoi lle ar gyfer y fintai gyntaf o ymfudwyr. Yn gwmni iddynt teithiai Ellen, gwraig Lewis Jones. Hwyliodd y tri ar y *Córdoba* ar 12 Mawrth 1865.

Trafferthion oedd yn eu disgwyl yn Buenos Aires. Roedd yr Ariannin yng nghanol rhyfel costus yn erbyn Paraguay ac ni fedrai'r Gweinidog gynnig dim mwy na chydymdeimlad iddynt. Oherwydd ei anallu i helpu, awgrymodd Rawson iddynt gysylltu â'r masnachwr J H Denby, un o bartneriaid cwmni Thomas Duguid. Trefnodd yntau iddynt dderbyn nwyddau ac offer angenrheidiol ar gredyd. Fel rhandal, mynnai gael tiroedd yn y Wladfa newydd.

Gadawodd y tri Buenos Aires ar y *Juno* gan gyrraedd tre fach filwrol Patagones, 600 milltir i'r de, ar 24 Mai. Dyma'r sefydliad mwyaf deheuol yn yr Ariannin ar y pryd. Prynwyd rhagor o nwyddau oddi wrth fasnachwyr y dre, y tro hwn eto ar gredyd, a threfnwyd iddynt gael eu cludo dros y môr. Yn fuan wedyn, dioddefodd Ellen anafiadau wrth farchogaeth a bu'n rhaid iddi aros o dan ofal meddygol am rai wythnosau. Ar 10 Mehefin hwyliodd Lewis Jones ac Edwyn Roberts o

Batagones i lawr i'r Bae Newydd. Ar y llong hefyd roedd saith gwas a gŵr oedd yn cael ei adnabod wrth y llysenw Jerry – ei dad yn Wyddel a'i fam o Calcutta (gweler Rhif 88).

Cyrhaeddodd y teithwyr y Bae Newydd ar 14 Mehefin ac aethant ati i baratoi ar gyfer derbyn y fintai gyntaf a oedd, hyd y gwyddent hwy, yn debyg o gyrraedd ar yr *Halton Castle* ymhen pythefnos. Doedd dim amser i'w golli.

Teithiodd Lewis yn ôl ac ymlaen i Batagones tra arhosodd Edwyn yn y Bae Newydd i arwain y gwaith o adeiladu cabanau pren ac agor ffordd i'r dyffryn (gweler Rhif 4).

Glaniodd ymfudwyr y *Mimosa* i wynebu caledi mawr. Rhwng diwedd Gorffennaf a dechrau mis Hydref ceisiwyd paratoi cartrefi iddynt yng Nghaer Antur, ar lan afon Camwy (gweler Rhif 24). Teithiai'r dynion yn ôl ac ymlaen rhwng y bae a'r dyffryn, yn aml heb ddigon o fwyd. Treuliai'r gwragedd oriau hir yn chwilio am ddŵr glaw glân yn y bae, yn ceisio godro'r gwartheg anystywallt, ac yn trin y tir yn aflwyddiannus.

Erbyn dechrau Hydref roedd pawb wedi cyrraedd Caer Antur (Rawson). Ond roedd y bwyd wedi prinhau a gorfodwyd Lewis Jones i gydnabod nad oedd modd prynu cyflenwad pellach oddi wrth fasnachwyr Patagones oherwydd bod y cyfan a gaed eisoes wedi'i brynu ar gredyd. Sioc enfawr i'r gwladfawyr oedd sylweddoli bod y Wladfa nawr mewn dyled, ac nad oedd gobaith i'w thalu gan eu bod wedi cyrraedd yn rhy hwyr i ddal y tymor hau!

Beirniadwyd yr arweinwyr yn hallt. Un oedd yn arbennig o lym ei dafod oedd y Parchedig Abraham Matthews. Yn ei farn ef, nid y dyffryn oedd y lle iawn i'r Wladychfa, a doedd yr amodau ddim yn deilwng, a dechreuodd ymgyrchu dros y syniad o ymfudo oddi yno. Roedd hyn yn gwbwl annerbyniol i garfan a arweinid gan Edwyn Roberts.

Teimlodd Lewis Jones y feirniadaeth i'r byw ac ymddiswyddodd fel Llywydd, gan baratoi i adael y Wladfa am Buenos Aires ar y *Mary Helen*. Etholwyd William Davies yn llywydd yn ei le.

Fel roedd y *Mary Helen* yn paratoi i hwylio o'r Bae Newydd, gwelwyd llong fechan, y *Candelaria*, yn cyrraedd gyda llwyth o ddefaid a nwyddau hanfodol oddi wrth fasnachwyr Patagones. Dychwelodd Lewis i Gaer Antur gyda'r newyddion da, gan obeithio cael ei swydd yn ôl, ond gwrthodwyd ef gan y gwladfawyr.

O ganlyniad, gadawodd y Wladfa ar 12 Tachwedd 1865 am Buenos Aires, lle cafodd waith yn swyddfa *The Standard* ac ni ddychwelodd i fyw yn barhaol yn Nyffryn Camwy tan 1870.

Medrai Lewis Jones ddeffro teimladau cymysg ymhlith aelodau'r fintai. Yn sicr nid pawb oedd yn falch o'i weld yn gadael. Er enghraifft, dyma a ddywed Thomas Jones, Glan Camwy:

Wel, mae'r llong wedi mynd, mae'r lle yn wag ar ôl Lewis Jones. Er mai tri mis y bu yn ein plith, bu'n weithgar iawn ar hyd yr amser. Ef oedd y cyntaf bob bore yn galw ar y bobl at eu gwaith o gario i fyny y gwahanol nwyddau o lan y môr. Yr oedd yn galonnog iawn hyd y noswaith fythgofiadwy honno. Mae'n debyg bod ymhlith y deuddeg (sef y Cyngor) rai anodd i gydweithio â hwynt, a chan ei fod wedi cael siomiant o du y llywodraeth, a phethau eraill wedi dyfod yn groes i'r hyn a fwriadai. Gwaith hawdd yw beirniadu, ond gwaith anodd yw gweithredu mewn amgylchiadau dyrys. (Thomas Jones, *Hanes Cychwyniad y Wladfa ym Mhatagonia, Y Drafod,* Mehefin – Hydref 1926)

Ar y *Mary Helen* yn gadael y Wladfa hefyd roedd y llawfeddyg ifanc, Thomas Greene, a ystyriai bod y Cyngor wedi torri eu cytundeb ag ef drwy beidio â rhoi cyflenwad digonol o fwyd iddo.

Anfonwyd William Davies ar y *Candelaria* i Buenos Aires i drafod gyda'r llywodraeth a'r masnachwyr. Cyflwynwyd ef i Guillermo Rawson a J H Denby gan Lewis Jones ei hun. Wedi'r cwbl, gyda Lewis roedd y cysylltiadau i gyd, ac ni siaradai Davies yr iaith Sbaeneg!

Dychwelodd William Davies i'r Wladfa gydag addewid o arian oddi wrth y llywodraeth, ond pasiodd y swm drwy gymaint o ddwylo nes ei fod wedi lleihau yn ddirfawr cyn cyrraedd pen ei daith.

Pan ddathlwyd y Nadolig cyntaf yng Nghaer Antur, cynhaliwyd eisteddfod a dechreuwyd ar y dasg o ddyfrhau'r tiroedd a heuwyd. Dewiswyd y llannau gwyrdd yn nhrofâu yr afon ac anwybyddwyd y tir du, di-dyfiant, sef y rhan helaethaf o weryd y dyffryn, am y tybiwyd na thyfai dim arno.

Ym mis Mehefin 1866 galwodd y *Triton* ym Mhorth Madryn. Ar ei bwrdd teithiai dirprwyaethau o Lywodraeth Buenos Aires a Llysgenhadaeth Prydain. Danfonasant adroddiad ffafriol ar gyflwr y Wladfa a'i thrigolion yn ôl i'r brifddinas ac i Lywodraeth y Deyrnas Unedig. Manteisiwyd ar wybodaeth meddyg y *Triton* i gael eglurhâd ar enwau Lladin a defnyddioldeb y bocs meddyginiaethau a adawyd yno gan Thomas Greene (gweler Rhif 112).

Er bod yr adroddiad yn ffafriol, roedd anfodlonrwydd yn cynyddu'n ddyddiol ymysg y gwladfawyr. Methodd cynhaeaf diwedd 1866 a doedd y dogn bwyd a ganiatawyd i bob teulu bob dydd Gwener ddim yn para ond tan y nos Fercher ganlynol. Cynyddodd y gefnogaeth i'r Blaid Ymfudol a arweiniai Abraham Matthews, tra mai dim ond dyrnaid a ddangosai eu cefnogaeth i Blaid Wladfaol Edwyn Roberts.

Yn Ionawr 1867, penderfynwyd anfon Abraham Matthews a William Davies i Buenos Aires i drafod y posibilrwydd o sefydlu gwladfa newydd yn Santa Fe. Yn ogystal, anfonwyd tîm o dan arweinyddiaeth Edwyn Roberts i archwilio tiroedd y dalaith honno. Ar y *Denby* hefyd roedd ei chapten, Robert Nagle, ac R J Berwyn yn aelod o'r criw – y ddau o blaid aros yn Nyffryn Camwy.

Cyraeddasant Buenos Aires yn gynnar yn 1867 ac aethant i drafod gydag is-swyddog i Guillermo Rawson, sef Antonio Álvarez de Arenales. Y cyfieithydd oedd Lewis Jones. Wedi i William Davies ac Abraham Matthews osod eu cais am gael symud i Santa Fe, soniodd Lewis Jones wrth

Arenales bod yna farn arall am y dyffryn y dylai ef ei chlywed. Roedd Llywodraeth yr Ariannin ar y pryd yn awyddus iawn i'r Wladfa lwyddo er mwyn iddi fedru dal ei gafael ar Batagonia.

Er nad oeddynt yn rhan o'r ddirprwyaeth, galwyd Roberts, Nagle a Berwyn i roi eu hachos hwythau gerbron. Tynnodd y cyntaf dywysen o'i boced i ddangos i'r swyddog pa mor llewyrchus y gallai cynhaeaf y Wladfa fod.

Arhosodd y ddirprwyaeth yn Buenos Aires am dri mis ac yn ystod y cyfnod hwn aeth Roberts a'i bum archwilydd i fwrw golwg dros diroedd Santa Fe. Roedd y rhain yn well na rhai Dyffryn Camwy ond deallwyd bod y cynnig ar gyfer ffermwyr unigol, ac nid ar gyfer sefydlu gwladfa hunanlywodraethol.

Penderfynwyd dychwelyd i'r Wladfa a gosod y dewisiadau gerbron y bobl. Mewn cyfarfod a gynhaliwyd yn Nhrerawson ddiwedd Ebrill, dadleuai Abraham Matthews unwaith eto dros symud i Santa Fe. Cyflwynwyd hefyd gynnig masnachwyr Patagones oedd am eu denu i ymsefydlu yn Río Negro. Ceisiodd Edwyn Roberts a Richard Jones Berwyn berswadio'r gwladfawyr i aros yn Nyffryn Camwy am flwyddyn arall, gydag addewid o gefnogaeth Llywodraeth yr Ariannin.

Cynnig Santa Fe a enillodd y bleidlais, gyda thri theulu am symud i Río Negro a thri arall am aros yn y dyffryn.

Felly, ym mis Mai 1867, gadawodd William Davies ac Abraham Matthews am Batagones

Lewis Jones

unwaith eto, gan fwriadu mynd ymlaen i Buenos Aires i hysbysu Guillermo Rawson am benderfyniad y gwladfawyr. Gyda nhw aeth y tri theulu oedd am symud i Río Negro (gweler Rhif 142).

Ond tra oeddent yn troi i mewn i'r afon i gyfeiriad porthladd Patagones, cyrhaeddodd y *Denby* o Buenos Aires gyda Lewis Jones ar ei bwrdd! Yn ystod y dyddiau nesaf bu trafodaethau dwys a chyfrinachol rhwng Jones a Matthews, a llwyddodd y cyntaf i berswadio'r ail i ddychwelyd gydag ef i Rawson ac i ddadlau dros roi cynnig am flwyddyn arall ar y Wladfa. Yn wir, roedd cynnig Santa Fe am diroedd i unigolion yn hytrach nag i greu gwladfa wedi bod yn poeni Matthews ers peth amser. Mae'n debyg hefyd ei fod wedi breuddwydio bod Michael D Jones wedi dweud wrtho ei fod yn pryderu am ddyfodol y Wladfa. Roedd y freuddwyd hon wedi dylanwadu cryn dipyn arno.

Yn y cyfamser, roedd trigolion Dyffryn Camwy wedi gadael eu cartrefi a symud i Borth Madryn i fod yn barod i ymfudo o'r newydd pan gyrhaeddai llong i'w cludo oddi yno. Ni wyddent fod brodorion llwyth y Pennaeth Chiquichano, yn eu dicter o golli eu masnach â'r gwladfawyr ac yn eu hofn y byddai milwyr Archentaidd yn symud i mewn i'r cartrefi gwag, wedi llosgi'r tai yn y dyffryn.

Wedi i'r ddirprwyaeth gyrraedd o Batagones i Borth Madryn, cynhaliwyd cyfarfod o Gyngor y Wladfa yn ogof y Ffrancwr (gweler Rhif 7). Y noson honno, gwyrdrowyd y penderfyniad i adael Dyffryn Camwy a pherswadiwyd pawb i aros am flwyddyn arall fel arbrawf. Rhaid felly oedd symud yn ôl i'r dyffryn fesul tipyn ac ailgodi'r tai. Yn ffodus, roedd y cynhaeaf nesaf yn un llwyddiannus (gweler Rhif 117) ac ni fu rhagor o sôn am adael. Achubwyd y Wladfa!

Er na chafodd Lewis Jones ei ail benodi i swydd y Llywydd am flynyddoedd lawer, bu'n gynrychiolydd y Wladfa gerbron Llywodraeth Buenos Aires ac yn lladmerydd digymar drosti tan ei farwolaeth yn 1904.

Dyma deyrnged William Meloch Hughes iddo:

Efe bob amser elai a'i chri [Y Wladfa] at yr awdurdodau goruchel, ond mae'r hwn ddadleuai ei hachos mor huawdl gynt yn fud heddiw. Y galon eang, ddewr, garai'r Wladfa mor fawr, a safodd heddiw am byth.

* * *

Yn ystod ymweliad y *Triton*, cyflwynwyd llythyr cyfeillgar, croesawgar a diddorol, dyddiedig 8 Rhagfyr 1865, oddi wrth y Cacique (Pennaeth) Antonio wedi'i gyfeirio at Lewis Jones, Arolygydd [sic] y Wladfa (Parliamentary Report 1867 [3946] XLIX). Oherwydd bod Lewis Jones wedi gadael y Wladfa erbyn hynny, fe'i derbyniwyd gan ei olynydd, William Davies.

Roedd ei gynnwys yn nodi'r wybodaeth ganlynol sef bod tri llwyth o frodorion yn trigo yn y wlad i'r de o Buenos Aires:

• y Chilenos (a adnebid hefyd wrth yr enwau Mapuches a Manzaneros) i'r gogledd o Afon (Río) Negro hyd at ororau mynyddoedd yr Andes;

• y Pampas (llwyth Antonio ei hun) rhwng afonydd Negro a Chupat;

• a'r Tehuelches i'r de o afon Chupat.

Eiddo llwyth Antonio oedd y tiroedd rhwng Patagones a'r Chupat. Roeddent yn hela yn ardal yr arfordir yn y gaeaf ac yn y fewnwlad yn yr haf. Roedd ganddo gytundeb heddwch gyda Phatagones ond nid oedd hynny'n cynnwys gwerthu tiroedd. Nid oedd Antonio am fynd ei hun i Buenos Aires i drafod gyda'r llywodraeth oherwydd ei ofn o ddal afiechydon yno. Hefyd, gwyddai fod y llywodraeth yn ymladd yn erbyn Paraguay ar y pryd.

Yn anffodus, nid oedd e'n medru ymweld â'r Wladfa tan y gaeaf, pryd y gobeithiai osod toldos (pebyll) o flaen y pentref. Sicrhaodd fod ganddo 'galon ac ewyllys da' tuag at y gwladfawyr, a'i fod ef a'i lwyth yn hapus i weld y Cymry yn ymsefydlu yn yr ardal, gan y byddai gan ei lwyth, felly, rywle agosach i fasnachu ag ef na Phatagones, lle roedd eu ceffylau'n cael eu dwyn, a lle roedd y tafarnwyr yn eu twyllo ac yn dwyn eu heiddo. Ond roeddent yn awyddus i fasnachu gyda phobl dda fel y Cymry.

Roedd ei lwyth yn barod i werthu plu estrys, crwyn a gwlân gwanacos, quillangos (mentyll o wlân gwanaco), ac i brynu gwirod, yerba (dail mate), siwgwr, blawd, bara, bisgedi, tobaco, ponchos, hancesi a brethyn (rhai cain ar gyfer y menywod, gan nad oedd ganddynt wisgoedd eraill heblaw blancedi).

Nododd yn ei lythyr y dylai'r gwladfawyr drafod gyda'r Llywodraeth parthed prynu ei diroedd a darganfod faint y byddai'r awdurdodau yn fodlon talu amdanynt. 'Maent yn gwerthu a phrynu ym mhobman' meddai 'ond nid ydynt yn gwladychu cyn prynu'r tir.'*

Ychwanegodd fod Aguirre (masnachwr o Batagones) wedi dangos llythyr iddo oddi wrth y llywodraeth yn gofyn i Antonio beidio ag amharu ar y gwladfawyr a gadael i'w niferoedd gynyddu. Hefyd i ddarbwyllo'r Penaethiaid eraill i beidio â'u haflonyddu.

Addawodd Antonio wneud popeth o fewn ei allu dros y gwladfawyr ac i adael i'w ceffylau a'u gwartheg symud yn ddiogel. Hefyd, cynigiodd weithwyr a thywyswyr i'w gwasanaethu.

Yn ogystal, gofynnodd i'r Llywydd drafod y llythyr gyda'i ŵyr Francisco Hernández. Awgrymodd y byddai anrhegion yn dderbyniol, er mwyn dangos ewyllys da, nwyddau megis gwirod, blawd, yerba, siwgwr, tobaco ond, yn well na dim, cyfrwy Seisnig (ysgafn a ddim yn brifo cefnau'r ceffylau). Gorffennodd trwy ddymuno bob hapusrwydd a dymuniadau da oddi wrtho ef a'i bobl (sef y rhai oedd yn bresennol wrth iddo ysgrifennu'i lythyr).

Mae'r llythyr yn profi bod y penaethiaid brodorol a hawliai berchnogaeth ar diroedd Patagonia yn fodlon eu gwerthu i'r llywodraeth ac yn sylweddoli bod manteision masnachol i'w cael iddynt hwy o groesawu mewnfudwyr.

* Mewn llythyr at Iarll Clarendon yn Whitehall dyddiedig 20 Gorffennaf 1866, dywed Francis Clare Ford, Chargé d'Affairs Llysgenhadaeth y DU yn Buenos Aires, bod Sr. Rawson wedi'i hysbysu bod dau gytundeb wedi'u llofnodi eisoes gan Benaethiaid Patagonia a Gweinidog Rhyfel yr Ariannin ynglŷn â gwerthu'r tir – y naill yn 1865 a'r llall yn 1866, bythefnos cyn dyddiad llythyr Ford.

Rhif 41: *Los Héroes de Malvinas*

Gwelir y cerflun hwn yn Plaza Centenario, Trelew. Fe'i lluniwyd gan Horacio Mallo yn 1982 i anrhydeddu'r dynion o'r dref a anfonwyd i frwydro yn Rhyfel y Malvinas. Mae dyrnaid o gyfenwau yn awgrymu bod yna ddisgynyddion i wladfawyr yn eu plith. Ond y tu ôl i lawer o gyfenwau Sbaeneg fe allai fod yna ambell filwr o dras Cymreig hefyd.

Cofgolofn i filwyr y Malvinas

Rhif 42: Cofgolofn yr Hen Wladfawyr (Rhyddid a Gwaith)

Dywed Matthew Henry Jones, hanesydd Trelew, mai teyrnged i'r Hen Wladfawyr (sef aelodau mintai'r Mimosa) yw'r cerflun hwn a welir wrth gornel strydoedd Fontana ac Inmigrantes yng nghanol y ddinas. Fe'i rhoddwyd gan y gymuned Gymreig yn 1910 i gofio am Chwyldro Mai 1810 pryd y cychwynnodd yr Ariannin ar ei thaith i annibyniaeth oddi wrth Sbaen.

Mae'r cerflun benywaidd yn dal rhaw yn ei llaw dde a thusw o wenith yn ei llaw chwith, yn dynodi gwaith ac amaethyddiaeth. Ar ei phen, mae 'cap rhyddid'. Roedd yn arwydd o gred y gwladfawyr mewn rhyddid a gwaith fel sylfeini cymdeithas. Ei safle gwreiddiol oedd y tu allan i'r Hen Orsaf ond fe'i hailddadorchuddiwyd yn ei safle presennol ar 19 Gorffennaf 2009.

Cofgolofn i Ryddid a Gwaith (yn ei safle presennol)

Rhif 43: Y Tabernacl

Saif Capel Tabernacl ar stryd Belgrano yng nghanol y ddinas. Fe'i hagorwyd yn 1889 a hwn, ynghyd â'r Hen Orsaf, yw adeilad hynaf y dref. Codwyd y capel ar dir oedd yn rhodd gan gwmni'r rheilffordd (*Ferrocaril Central del Chubut*) ac fe'i hadeiladwyd gan y gweithwyr eu hunain.

Yn wreiddiol, roedd y capel yn perthyn i enwad y Methodistiaid Calfinaidd. Ym mlynyddoedd cynnar yr ugeinfed ganrif daeth yn rhan o Undeb Eglwysi Rhyddion y Wladfa.

Capel y Tabernacl, yn fuan wedi'i adeiladu ac yn y 1960au

Rhif 44: Neuadd Dewi Sant

Cymdeithas Dewi Sant

Sefydlwyd y gymdeithas Ddydd Gŵyl Dewi 1892 o dan yr enw 'Camwy Fydd', ond fe'i newidiwyd i 'Gymdeithas Dewi Sant' yn 1897. Amcanion y gymdeithas oedd trefnu digwyddiadau diwylliannol a chwaraeon. Un syniad a weithredwyd ganddynt oedd cyfuno Eisteddfod ac Arddangosfa Amaethyddol ar yr un diwrnod ac, yn gellweirus, galwyd hi yn Eisteddfod y Cabaits. Trefnodd y gymdeithas hefyd gasgliad ariannol er mwyn talu am bortreadau o arweinwyr cynnar y Wladfa.

Dros y blynyddoedd mae Cymdeithas Dewi Sant wedi cynorthwyo i wireddu nifer o brosiectau gwerthfawr i'r Wladfa: cefnogaeth ariannol i ysgolion sy'n cario enwau'r gwladfawyr cyntaf; noddi myfyrwyr i fynychu cyrsiau yng Nghymru; cynorthwyo papur newydd *Y Drafod;* cyfrannu at gynnal a chadw capeli Cymraeg; cynorthwyo gyda chyhoeddiadau yn ymwneud â hanes y Wladfa; a derbyniadau i groesawu ymwelwyr o Gymru.

Neuadd Dewi Sant

Penderfynwyd bod angen adeilad pwrpasol ar gyfer gweithgareddau'r Gymdeithas. Rhoddwyd tir iddynt gan Gwmni'r Rheilffordd ar gornel San Martin a Belgrano. Darparwyd y nwyddau adeiladu gan Gwmni Masnachol y Camwy ac ar 1 Mawrth 1910 gosodwyd y garreg sylfaen gan David Evans. Yn 1913, a'r neuadd bron yn orffenedig, cynhaliwyd yr Eisteddfod yno. Cafwyd yr agoriad swyddogol ar 28 Gorffennaf 1915, sef 50 mlynedd wedi'r glanio cyntaf ym Mhorth Madryn.

Heddiw, defnyddir y neuadd gan nifer o gymdeithasau a mudiadau'r dref. Yn yr adeilad hefyd mae Swyddfa Eisteddfod y Wladfa.

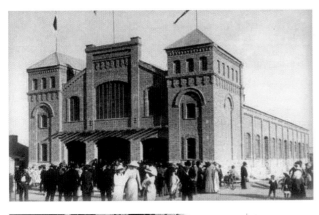

Neuadd Dewi Sant

Rhif 45: Yr Eisteddfod

Cynhaliwyd eisteddfod gyntaf y Wladfa yn Nhrerawson ddydd Nadolig 1865, bum mis wedi'r glanio. Agorwyd hi yn y bore gan Orsedd y Wladfa a chyhoeddwyd Eisteddfod 1866, gyda Rhestr Testunau. Yna cynhaliwyd gornest saethu at y nod gyda drylliau. Bu dwy sesiwn yn ystod y dydd gyda llawer o ganu ac adrodd. Yn sesiwn y prynhawn, enillodd Twmi Dimol lyfr fel brif wobr am yr anerchiad gorau. Enillydd y brif wobr yn y sesiwn hwyrol oedd R J Berwyn. Cynhaliwyd yr eisteddfod yn rheolaidd am flynyddoedd.

Cynhaliwyd yr eisteddfod yn y Gaiman ac yn Nolavon, yn ogystal ag yn Nhrelew. Trefnodd Eluned Morgan gasgliad ariannol i brynu pabell ar gyfer yr ŵyl. Yr eisteddfod a gynhaliwyd yn y Gaiman yn 1950 oedd yr ŵyl olaf am rai blynyddoedd oherwydd sefyllfa ariannol argyfyngus y wlad.

Yn 1965, i ddathlu canmlwyddiant y Wladfa, cynhaliwyd eisteddfod arbennig yn Neuadd Dewi Sant, Trelew. Yn dilyn ei llwyddiant, penderfynwyd ei chynnal yn flynyddol bob mis Hydref. Mae'n eisteddfod ddwyieithog, Cymraeg a Sbaeneg. Cynhelir Seremoni'r Cadeirio i wobrwyo bardd buddugol y brif gystadleuaeth yn yr iaith Gymraeg, a Seremoni'r Coroni i anrhydeddu'r bardd gorau am gerdd yn y Sbaeneg.

Yn ogystal, cynhelir nifer o eisteddfodau ysgol yn arwain at Eisteddfod yr Ifainc yn y Gaiman ym mis Medi. Llwyfennir Eisteddfod Trevelin ym mis

Eisteddfod
y Wladfa
mewn pabell
(1940au)

Eisteddfod y
Canmlwyddiant
yn Neuadd
Dewi Sant
(1965)

Cystadleuaeth Côr Teulu

Parti Dawnsio Gwerin Cymreig

Esyllt Nest Roberts yn ennill Cadair Eisteddfod y Wladfa

Coron Eisteddfod y Wladfa yn cael ei dangos i'r gynulleidfa

Ebrill/Mai ac, er 2004, cynhelir Eisteddfod Mimosa ym Mhorth Madryn bob mis Awst.

Rhif 46: *Plaza Independencia* Trelew

Derbyniwyd coed, planhigion a hadau ar gyfer y parc yn rhodd gan Gyngor Dinas Buenos Aires a'r naturiaethwr enwog Francisco P Moreno. Agorwyd y Kiosco del Centenario yn 1910 i ddathlu canmlwyddiant Gweriniaeth yr Ariannin, 25 Mai 1810. Yr adeiladwr oedd yr Almaenwr Herman Mayer. Yn ystod ei blentyndod (ar ddechrau'r 1920au), clywodd yr hanesydd Matthew Henry Jones gyfeiriadau sarhaus at y Kiosko fel 'cwt ieir y Cymry' (!), ond erbyn dathliad canmlwyddiant Trelew yn 1986, roedd ei ddelwedd yn rhan o'r logo a ddewiswyd gan y Pwyllgor Dathlu i dynnu sylw at y gweithgareddau.

Kiosko del Centenario yn 2017

Rhif 47: Gorsaf *Radio Chubut*

Yn 1963, derbyniodd Elvey MacDonald wahoddiad i baratoi cyfres o ddeg rhaglen ar hanes a cherddoriaeth Cymru (*Historia y Música del País de Gales*) ar gyfer cangen Esquel o Radio Nacional (yr orsaf genedlaethol). Yn dilyn y gyfres, ym mis Mawrth 1964, cynigiwyd hanner awr ar fore Sadwrn iddo ar Radio Chubut, Trelew i gynhyrchu rhaglenni ar yr un thema. Roedd e'n cyflwyno'r rhaglen yn Sbaeneg ac yn chwarae recordiau Cymraeg tan fis Mai 1965 pan adawodd y Wladfa i deithio i Gymru fel rhan o ddirprwyaeth a wahoddwyd gan Bwyllgor Dathlu Canmlwyddiant y Wladfa yng Nghymru.

Cymerwyd y slot Cymreig drosodd gan Tegai

Agoriad swyddogol 'Kiosko del Centenario' yn 1910 i ddathlu canmlwyddiant annibyniaeth yr Ariannin

Roberts, ac fe gyflwynodd hithau 'rhaglen Tegai' (fel y'i gelwid byth wedyn) ynghyd â'i chwaer Luned González am dros 40 mlynedd. Wedi marwolaeth Tegai yn 2014 cyflwynwyd y rhaglen gan Luned, gyda chymorth Fabio, ei mab.

Dros y blynyddoedd datblygodd y rhaglen wythnosol hon yn wasanaeth cymdeithasol gwerthfawr. Mae'r gynulleidfa eang yn gwrando er mwyn clywed cyfweliadau gydag ymwelwyr o Gymru a'r tu hwnt; newyddion am farwolaethau, angladdau, priodasau a genedigaethau yn y gymuned; gwybodaeth am wasanaethau yn y capeli a'r eglwysi; am weithgareddau diwylliannol; yn ogystal â digwyddiadau amrywiol a cherddoriaeth Gymreig. Mae'n ddolen gyswllt bwysig i gymunedau Cymreig a Chymraeg y Wladfa.

Gorsaf Radio Chubut (Trelew)

Rhif 48: Mynwent Trelew

Mae'n debyg mai 15 mlynedd ar ôl sefydlu'r dref yr agorwyd y fynwent. Ar y pryd roedd hi y tu allan i'r dref, ond erbyn hyn fe'i hamgylchynir ganddi. Agorwyd y bedd cyntaf yn 1901.

Bedd Eleanor

Bu farw Eleanor Davies yn 1884 a chladdwyd ei gweddillion ym mynwent Rawson. Flynyddoedd yn ddiweddarach, symudwyd ei gweddillion hi a rhai ei merch Lisa (dwy o aelodau mintai'r *Mimosa*) i fynwent Trelew. Priododd Lisa deirgwaith:

Prif fynedfa mynwent Trelew

Richard Huws (a fu farw yn 1873), Charles Lyn (a lofruddiwyd yn 1876: gweler Rhif 72) ac Edward Owen.

Yn ôl y sôn, roedd Eleanor yn gymeriad cryf a chadarnhaol. Yn dilyn helyntion y *Mary Helen* (gweler Rhif 28) dychwelodd y llong honno i'r Bae Newydd i gasglu gweddill y nwyddau a'r gwragedd a'u cludo i Ddyffryn Camwy. Cytunodd y mwyafrif ohonynt oedd ar ôl yn y bae i fynd ar ei bwrdd, ond gwrthod yn bendant a wnaeth Betsan (53 mlwydd oed) a'i ffrind Eleanor (46 mlwydd oed), a mynnodd y ddwy gerdded yr holl ffordd ar draws y paith o'r Bae Newydd i Gaer Antur (gweler Rhif 23).

Llwyddodd Eleanor i godi calonnau ei chydgerddwyr, a'u hannog ymlaen. Hi oedd yn bennaf gyfrifol am gorlannu praidd o ddefaid a gollwyd ar y paith a'u gyrru yn ddiogel i'r dyffryn.

Bedd Eleanor Davies a'i merch Elizabeth (Lisa) Owen

Rhif 49: Capel Moriah

Agorwyd y capel ar 4 Ionawr 1880 a, heddiw, hwn yw'r capel hynaf yn y Wladfa sy'n dal ar ei draed. Pan syrthiodd capel ac ysgol fach leol Glyn Du, rhaid oedd i'r bobl deithio i Rawson ar y Sul. Penderfynwyd adeiladu capel ar dir a roddwyd gan Rhydderch Huws, safle llawer mwy cyfleus iddynt. Roedd y capel yn perthyn i enwad yr Annibynwyr.

Erbyn hyn, hwn yw'r unig gapel Cymreig yn y Wladfa a chanddo fynwent wrth ei ymyl. Ar 6 Hydref 1965, dynodwyd y capel a'r fynwent yn gofeb hanesyddol (*Monumento Histórico Chubut*).

Rhif 50: Cofeb Abraham Matthews

Dadorchuddiwyd y gofeb hon i'r Parchedig Abraham Matthews yn 1949. Ef oedd gweinidog cyntaf y capel ac fe'i gwasanaethodd am flynyddoedd lawer. Wedi'i hariannu drwy gasgliad cyhoeddus, gwnaed y gofeb o farmor gwyn. Y bwriad gwreiddiol oedd ei gosod yn Plaza Independencia (Parc Annibyniaeth) Trelew, ond dymuniad ei weddw oedd ei chodi ar ei safle presennol, o flaen Capel Moriah.

'Un bychan o gorff ydoedd, trwyn bwâog, a dau lygad glas disglair yn pefrio ar wyneb y croen, a meddai ar egni a gweithgarwch ddiball', yn ôl William Meloch Hughes.

Ganwyd Abraham Matthews yn Llanidloes yn 1832 a bu'n fyfyriwr i'r Parchedig Michael D Jones. Gwasanaethodd fel gweinidog yr Efengyl yn

Capel Moriah

Abraham Matthews a chofeb iddo

Aberdâr. Priododd â Gwenllian Thomas yn 1864 ac ymfudodd y teulu i'r Wladfa ar y *Mimosa.* Ef oedd unig weinidog y sefydliad yn ystod y deng mlynedd cyntaf wedi ymadawiad y Parchedigion Lewis Humphreys a Robert Meirion Williams.

Am gyfnod (1865 – 1867) bu'n arweinydd carfan o wladfawyr a ddymunai symud i Santa Fe – y Blaid Ymfudol (gweler Rhif 40). Bu'n aelod blaenllaw o Gyngor y Wladfa, ac yn ystod ymweliad â Chymru, llwyddodd i ddenu rhagor o ymfudwyr o gymoedd y De yn 1873 a 1874. Dychwelodd i Gymru eto am gyfnod (rhwng 1892 a 1894) a bu'n weinidog dros dro yn Nhreganna, Caerdydd. Yno ysgrifennodd ei lyfr *Hanes y Wladfa Gymreig yn Patagonia,* yn rhannol seiliedig ar nodiadau Edwyn Cynrig Roberts – nodiadau a dderbyniodd oddi wrth Ann, gweddw Edwyn, yn

dilyn ei farwolaeth sydyn yntau. Wedi cyrraedd yn ôl i'r Wladfa, bu'n olygydd *Y Drafod* o 1896 hyd 1899. Bu farw'r flwyddyn honno ac mae ei fedd ym mynwent Moriah.

Rhif 51: Cofeb Edwyn Cynrig Roberts

Gosodwyd y gofeb hon o flaen y capel ar 17 Hydref 1993 i nodi canmlwyddiant ei farwolaeth.

Ganwyd Edwyn ar 28 Chwefror 1838 yn fab hynaf i John Kendrick a Mary Hughes ar fferm y Bryn, ger Cilcain, hanner ffordd rhwng yr Wyddgrug a Dinbych. Wedi marwolaeth John, ailbriododd Mary â David Roberts ac ym mis Mai 1847, ymfudodd y teulu cyfan i'r Unol Daleithiau, gan ymsefydlu yn Oshkosh, Wisconsin. Ymfalchïai Edwyn yn ei Gymreictod a phoenai'n arw wrth

Cofeb Edwyn Cynrig Roberts

weld ei gyfoedion yn colli iaith a thraddodiadau Cymru, ac yn 'troi yn Iancis'. Dychwelodd ei gyfenw i'w ffurf Gymreig wreiddiol ac ychwanegodd gyfenw ei lysdad ato.

Dylanwadwyd yn gryf arno gan ymweliad Michael D Jones â'r Unol Daleithiau. Fe'i hysbrydolwyd gan y syniad o ymfudo mewn niferoedd mawr i ffurfio gwladfa newydd, ac ymunodd â'r ymgyrch. Roedd Edwyn yn areithiwr dawnus ac anerchodd lawer o gyfarfodydd gan annog ei gynulleidfa i ystyried ymfudo gyda'i gilydd.

Pan fethodd yr ymgyrch, penderfynodd fynd i Batagonia ar ei ben ei hun ond, wedi cyrraedd Efrog Newydd, clywodd am fwriad Michael D Jones i uno cymdeithasau gwladfaol Cymru er mwyn canolbwyntio ar ymgyrch fawr i gasglu mintai oedd i ymfudo i Batagonia. Felly, penderfynodd mai yng Nghymru oedd ei obaith mwyaf, a hwyliodd yno yn Nhachwedd 1860.

Cyflwynwyd Edwyn Cynrig Roberts i Bwyllgor Gwladychfaol Lerpwl gan Michael D Jones. Yno y cyfarfu â Lewis Jones a Cadfan Gwynedd, a ddaeth yn ffrindiau mawr iddo. Oherwydd ei ddawn areithio, ac er mwyn ei gadw'n brysur, anfonwyd Edwyn ar daith drwy Gymru i genhadu ac i gasglu enwau darpar ymfudwyr. Yr anhawster a wynebai'r ymgyrch oedd tlodi'r bobl oedd yn llofnodi'r gofrestr – nid oedd arian ganddynt i dalu am eu taith i'r Wladfa newydd. Wedi methiant ariannol yr ymgyrch, ac wrth weld arafwch Pwyllgor Lerpwl, collodd Edwyn Roberts ei amynedd ac aeth i Wigan at ewythr iddo, Robert James, perchennog glofa Ince Hall. Pan oedd yn lletya yno, ymunodd â'r *Lancashire Rifle Volunteers* er mwyn dysgu milwra, rhag ofn y byddai angen amddiffyn y Wladfa yn y dyfodol (gweler Rhif 25).

Yna, clywodd am adfywiad yr ymgyrch yn Lerpwl a dychwelodd at y pwyllgor. Fe'i hanfonwyd eto ar daith drwy Gymru i gasglu enwau darpar ymfudwyr.

Yn 1865, anfonwyd ef gyda Lewis Jones i baratoi lle ar gyfer y fintai gyntaf. Ef oedd yr unig un yn y pwyllgor oedd wedi cael profiad blaenorol o ymfudo i wlad newydd (gweler Rhif 4).

Yn ôl y sôn, wrth i'r *Mimosa* gyrraedd y Bae Newydd, pwysodd merch ifanc dros ymyl y llong, pwyntiodd ei bys at Edwyn Roberts, a oedd yn rhwyfo tuag atynt, gan hysbysu ei chwaer-yng-nghyfraith, 'Weli di'r dyn yna? Hwnna fydd fy ngŵr.' Efallai bod Ann wedi mynychu un o gyfarfodydd Edwyn yn Aberpennar ac wedi ei swyno bryd hynny gan yr areithiwr ifanc! Sut bynnag y bu, priodwyd y ddau yn Rawson ddeg mis yn ddiweddarach (gweler Rhif 26).

Yn 1893 roedd y teulu ar ymweliad â Chymru

ac yn lletya ym Methesda, yn agos at ei gyfaill, y
Canon D Walter Thomas. Roeddent yn paratoi i
ddychwelyd i'r Wladfa ar 27 Medi, ond bu farw
Edwyn yn sydyn o drawiad ar y galon yn gynnar
fore Sul, 17 Medi, dau ddiwrnod ar ôl cyhoeddi
cyfrol gyntaf ei lyfr *Hanes Dechreuad y Wladfa
Gymreig.*

Claddwyd ef ym mynwent Eglwys y Santes Ann,
Llandygái, Arfon.

Eglwys y Santes Ann, Llandygái

Rhif 52: Mynwent Moriah

Agorwyd y fynwent yn 1881. Yma mae beddau
llawer iawn o aelodau mintai'r *Mimosa.* Yn
1965, gosodwyd placiau ar feddau'r ymfudwyr
gwreiddiol ym mynwentydd y Wladfa, gyda'r
geiriau

*Primer Colono Del Chubut
1865 – 28 de Julio – 1965*

Yn y fynwent mae beddau arweinwyr blaenllaw
fel Lewis Jones, R J Berwyn ac Abraham Matthews.

Mynwent Moriah

Bedd Moses Jones

Ymhlith beddau arweinwyr y Wladfa, ceir nifer
o feddau pobl gyffredin, sawl un ohonynt â stori
drist y tu ôl iddynt. Un o'r rhain yw bedd Moses
Jones. Dywed yr arysgrif ar y garreg mai brodor
o Gefn Carfan, Pen-y-bont ar Ogwr ydoedd.
Gadawodd ei gartref am Batagonia ar 3 Tachwedd
1881 ond bu farw yno ar 8 Chwefror 1882 yn
27 mlwydd oed. Cyfeirir at yr 'hiraeth mawr a'r

Bedd Moses Jones

Cofeb i'r 'Hen Wladfawyr' a gladdwyd ym mynwent Moriah

golled annhraethadwy' a deimlodd ei deulu wrth ffarwelio ag ef. Mae'n anodd dychmygu eu galar pan glywsant am ei farwolaeth mor bell oddi wrthynt, ac yntau wedi bod yn ei wlad newydd am gwta dri mis.

Beddau Lewis a Maurice Humphreys
Ymfudodd yr efeilliaid Lewis a Maurice Humphreys, yn enedigol o'r Ganllwyd ger Dolgellau, ar y *Mimosa*. Bu Lewis yn fyfyriwr i'r Parchedig Michael D Jones ac fe'i hordeiniwyd i'r weinidogaeth cyn ymfudo. Lewis oedd athro cynta'r Wladfa, cyn iddo orfod dychwelyd i Gymru am resymau iechyd. Daeth yn ôl i'r Wladfa yn 1876. Bu'n gweinidogaethu am gyfnod byr yn yr Andes, cyn dychwelyd i Ddyffryn Camwy.

Maurice oedd tad Mary Humphreys, y baban cyntaf i'w geni yn y Wladfa, a'r un yr enwyd Bryniau Meri ar ei hôl (gweler Rhif 22).

Rhif 53: Ysgol yr Hendre

Wrth ymyl capel Moriah mae adeilad newydd Ysgol yr Hendre, sef ysgol gynradd ddwyieithog Cymraeg a Sbaeneg.

Yn mis Mawrth 1996 agorwyd Ysgol Feithrin *Y Ddraig Fach* gan Mónica Jones de Jones yn ei chartref yn Nhrelew. Yn 1997, cynhaliodd Catrin Morris, athrawes o Gymru, ddosbarthiadau Cymraeg yn ei chartref, gyda chymorth Shirley James, un o ferched y dref. Cynhaliwyd rhai hefyd i blant bach yng nghapel Tabernacl gan Judith Jones tua diwedd y 1990au.

Yn 2004 dechreuwyd ymgyrchu ar gyfer datblygu ymhellach y ddelfryd o ysgol Gymraeg, ymgyrch lwyddiannus a arweiniodd at agoriad swyddogol yr ysgol ar 6 Mawrth 2006, mewn hen adeilad yn stryd Moreno yn y dref.

Ar Ddydd Gŵyl y Glaniad, 28 Gorffennaf 2010, gosodwyd carreg sylfaen yr adeilad newydd, ac agorwyd yr ysgol yn swyddogol ar ei safle presennol ar 16 Tachwedd 2011. Dyma'r ysgol Gymraeg gyntaf yn y Wladfa i gael adeilad newydd pwrpasol wedi'i godi ar ei chyfer. Mae gan yr ysgol ystafelloedd dosbarth, neuadd, ystafell athrawon a chegin. Erbyn 2012 roedd yn dysgu plant hyd at flwyddyn 6.

Ysgol yr Hendre oedd yr ysgol ddwyieithog Cymraeg a Sbaeneg gyntaf ym Mhatagonia ers y 1920au. Erbyn hyn, fe'i dilynwyd gan Ysgol Gynradd Gymraeg y Gaiman, Ysgol y Cwm, Trevelin ac Ysgol Gymraeg Esquel.

Beddau Lewis a Maurice Humphreys

Ysgol yr Hendre yn dathlu ei phen-blwydd yn 10 oed

Pennod 5

Y Gaiman

Pueblo Auténtico

Yn 2017 anrhydeddwyd nifer o drefi a phentrefi ledled yr Ariannin gan y Llywodraeth Genedlaethol. Teitl yr anrhydedd yw *Pueblos Auténticos*.

Mae hon yn rhaglen sydd â'r nod o hybu datblygiad twristaidd yn seiliedig ar nodweddion hanesyddol a diwylliannol arbennig.

Derbyniodd y Gaiman yr anrhydedd oherwydd ei llwyddiant yn cadw ei hethos Gymreig a'r iaith Gymraeg.

Rhif 54: Y Tŷ Cyntaf

Adeiladwyd tŷ cyntaf y Gaiman yn 1874 gan David Roberts a'i wraig, Jemma, ymfudwyr o Daleithiau Unedig Gogledd America. Enwyd y tŷ yn Nyth y Dryw ac fe'i codwyd ar y ffin rhwng y Dyffryn Isaf a'r Dyffryn Uchaf. Fe'i defnyddiwyd yn nes ymlaen fel storfa gan Gwmni Masnachol y Camwy. Bob yn dipyn, gwelwyd nifer o aelodau minteioedd 1874–1876 yn dilyn David Roberts trwy ymsefydlu yn yr ardal.

Cynhaliwyd nifer o ymdrechion i sicrhau dŵr i gaeau'r ffermydd drwy godi argae ar draws yr afon. Codwyd un o'r rhai cyntaf gan David Roberts a'i gyfeillion. Argae o ganghennau'r coed helyg a dyfai ar lan yr afon ydoedd ond fe'i hysgubwyd i ffwrdd gan orlif. Digwyddodd yr un anffawd i'r argae nesaf. Cymerodd y drydedd argae fis i'w chodi ond chwalodd honno hefyd ym mis Mai 1882.

Penderfynodd David Roberts a rhai o'i ffrindiau mai gwell, yn hytrach nag adeiladu argae arall, fyddai agor camlas i gludo'r dŵr o ben ucha'r dyffryn. Anfonwyd tîm o ddynion, yn cynnwys David Roberts, i archwilio ochr ogleddol yr afon, a thîm arall i archwilio'r lan ddeheuol. Yna cynhaliwyd cyfarfod yn y Gaiman i drafod

Tŷ cyntaf y Gaiman

adroddiadau'r archwilwyr. Derbyniwyd yr angen i agor camlesi er nad oedd unfrydedd ymhlith y tîm deheuol (gweler Rhif 117).

Rhif 55: Cyngor y Dref

Yn dilyn y tŷ cyntaf, codwyd nifer o dai yn gyflym iawn nes i rai alw'r dreflan yn 'Pentre Sydyn'. Maes o law newidiwyd yr enw i y Gaiman. Daw'r enw hwnnw o'r iaith Tehuelche a'i ystyr yw Carreg Hogi neu Carreg Finiog, sef cyfeiriad at garreg fawr a safai ar y ffordd i mewn i'r pentre o'r pen gorllewinol.

Llywodraethwyd y Wladfa o 1865 ymlaen gan Gyngor y Wladfa yn Nhrerawson. Ni dderbyniodd y Cyngor hwn gydnabyddiaeth swyddogol gan Lywodraeth yr Ariannin. Ugain mlynedd yn ddiweddarach, yn 1885, sefydlwyd Cyngor Chubut yn nhref y Gaiman. Roedd ardaloedd y Wladfa gyfan, yn cynnwys Rawson, o dan ei reolaeth. Nid oedd Trelew eto'n bodoli (ond wedi dyfodiad y rheilffordd, tyfodd i fod y dref fwyaf yn y dyffryn). Cynhaliwyd etholiad cyntaf Cyngor Chubut ar 31 Gorffennaf 1885 a'r cadeirydd a etholwyd oedd Edward J Williams.

Erbyn 1889, pryderai Llywodraeth yr Ariannin a Rhaglaw y Dalaith, Luis Jorge Fontana, fod

Siambr Cyngor y Gaiman

Siambr y Cyngor (tu mewn)

trigolion di-Gymraeg Rawson o dan anfantais a heb obaith i gael eu hethol i'r Cyngor. Yr ateb oedd rhannu'r ardal yn ddwy, un o dan awdurdod Cyngor y Gaiman a'r llall o dan gyngor newydd Rawson. Yn ddiweddarach, sefydlwyd Cyngor Trelew, ac etholwyd E J Williams yn gadeirydd cyntaf yr awdurdod hwnnw hefyd.

Cofnodion y Cyngor
Yn Swyddfa Cyngor y Gaiman, cedwir y Llyfrau Cofnodion gwreiddiol. Mae'r cyntaf yn nodedig am ei fod yn cofnodi'r penderfyniadau yn ddwyieithog – y Gymraeg a'r Sbaeneg ochr yn ochr â'i gilydd. Mae cofnodion y llyfr hwn yn gorffen ar 28 Rhagfyr 1885. Nid yw'r ail lyfr

ar gael ac erbyn y trydydd mae'r cofnodion yn uniaith Sbaeneg.

Erbyn heddiw mae i bob tref yn Chubut ei chyngor a'i maer etholedig ei hun (gweler Rhif 30).

Rhif 56: Cofgolofn Columbus

Syniad Francisco Pietrobelli oedd codi cofgolofn i Christopher Columbus yn y plaza, a gyda chymorth Thomas Benbow Philips casglwyd digon o arian ar gyfer y dasg. Cynlluniwyd ac adeiladwyd y gofgolofn gan Henry Edward Bowman ac fe'i dadorchuddiwyd ar 5 Mai 1893 i ddathlu 400 mlwyddiant darganfod cyfandir America. Cafwyd dathliadau mawr yn cynnwys te, coelcerth a chyngerdd gyda'r nos. Mae'r arysgrif arni mewn pedair iaith sef Cymraeg, Sbaeneg, Eidaleg a Saesneg. Dyma'r gofgolofn gyntaf i'w chodi i Columbus ym Mhatagonia.

(Roedd Henry Bowman yn adnabyddus iawn fel ffotograffydd ac mae ei gasgliad o luniau'r Wladfa ar ddiwedd y bedwaredd ganrif ar bymtheg a hanner cyntaf yr ugeinfed yn hynod o werthfawr.)

Rhif 57: Llechen o Fethesda

Daw'r llechen hon o chwarel y Penrhyn yng Nghymru ac fe'i cerfiwyd gan R L Gapper. Gosodwyd yn y *Plaza* (y parc lleol) i ddathlu canmlwyddiant glanio'r *Mimosa*.

Rhif 58: Gwalia Lân

Yn groesgornel â'r plaza roedd cartref Hugh S Pugh, perchen gwesty cyntaf y Gaiman (gweler Rhif 59). Yno, flynyddoedd yn ddiweddarach, roedd siop groser Aberystwyth, eiddo Bob Martha a Martha Bob. Gelwid Bob hefyd yn Bob Williams Aberystwyth (er mai brodor o Ddeiniolen ydoedd!). Bryd hynny, roedd yn un o nifer o siopau'r dref oedd yn cynnig gwasanaeth dwyieithog (Cymraeg a Sbaeneg). Yn yr un adeilad, am rai blynyddoedd, bu Tafarn Las yn croesawu'r sychedig, ond bellach, bwyty Gwalia Lân sy'n agor y drysau i gynnig croeso Cymreig a Chymraeg.

Cofgolofn i Christopher Colombus

Llechen R L Gapper

Cartref H S Pugh

Yr un adeilad sydd, ar ei newydd wedd, yn gartref i fwyty Gwalia Lân

Hyd at heddiw, mae modd i gwsmeriaid siopa drwy gyfrwng y Gymraeg mewn ambell i fusnes yn y Gaiman.

Rhif 59: Ysgol Gerdd y Gaiman

Yn wreiddiol, gwesty a thŷ te o eiddo Hugh S Pugh oedd yr adeilad, sydd wedi'i leoli ar stryd Eugenio Tello, stryd fawr y dref. Fe'i defnyddiwyd, ynghyd ag adeilad y Cyngor sydd wrth ei ymyl, i gartrefu ysgol gynradd Bartolomé Mitre hyd at fis Gorffennaf 1950 pan symudwyd y plant i adeilad newydd ar yr un stryd.

Ar hyn o bryd, dyma gartref Ysgol Gerdd y Gaiman, cangen o Ysgol Celfyddydau Talaith Chubut. Sefydlwyd Ysgol Gerdd Trelew yn 1978 gyda'r Athro Clydwyn ap Aeron Jones, brodor o ardal Bryn Crwn, yn bennaeth arni, ac Edith MacDonald ac Alicia Ferrari yn ddirprwyon iddo.

Yn 1984, agorwyd Ysgol Gerdd y Gaiman gydag Edith MacDonald yn bennaeth arni. Fe'i holynwyd gan Mirna Jones de Ferreira ac yna Gladys Thomas de Hughes – y tair yn ddisgynyddion i dad a merch cerddorol a gyrhaeddodd i'r Wladfa yn 1875, sef Thomas Morgan Jones (gweler Rhif 144) a'i ferch, Mary Evans, neu Nain y Bŵts fel y gelwid hi gan rai o'i gor-wyrion. Trosglwyddwyd eu doniau cerddorol i lawr drwy'r cenedlaethau. Cofnododd Sarah MacDonald (wyres i Mary) nifer sylweddol o alawon gwerin a chaneuon Cymreig eraill a oroesodd yn y Wladfa, ac alawon ar eiriau Cymraeg a berthynai i'r Wladfa ei hun. Recordiwyd hi yn canu llawer o'r rhain ar dâp gan y Dr. Meredydd Evans a'i wraig Phyllis Kinney, a rhai gan Shân Emlyn. Recordiwyd rhan o'r casgliad hwn hefyd gan ymchwilwyr o Goleg Harvard.

Gwesty H S Pugh, y cyntaf yn y Gaiman

Yr un adeilad, sydd heddiw'n gartref i Ysgol Gerdd y Gaiman

Gor-or ŵyr i Mary yw Héctor MacDonald, cyfansoddwr nifer o sioeau cerdd a chaneuon adnabyddus, sydd wedi cydweithio â beirdd a cherddorion yng Nghymru, megis Islwyn Evans, Tudur Dylan Jones, Mererid Hopwood ac Emyr Davies. Ef hefyd yw sylfaenydd Bryn Alaw, prif stiwdio recordio digidol Patagonia. Cerddor adnabyddus arall sy'n ddisgynnydd i frawd i Thomas Morgan Jones, yw Marli Pugh de Villoria, arweinydd Corau Meibion a Chymysg Ysgol Gerdd y Gaiman.

Mae'r Ysgol Gerdd yn derbyn plant o'r ardal gyfan, ac o bob cenedl. Serch hynny, mae ganddi ethos Gymraeg a Chymreig gref iawn. Mae'r athrawon yn paratoi corau ac unigolion ar gyfer cystadlu yn Gymraeg yn eisteddfodau'r Wladfa, ac mae nifer o'u disgyblion disgleiriaf wedi

symud ymlaen fel athrawon cerdd i ddinasoedd yr Ariannin, gan gyflwyno'r diwylliant Cymreig i genhedloedd eraill y wlad.

Rhif 60: Ysgol Feithrin ac Ysgol Gymraeg y Gaiman

Dechreuwyd ysgol feithrin gyntaf y Wladfa yn y Gaiman yn 1973 gan Nesta Jones, a ddaeth i dreulio cyfnod yno gyda'i gŵr a'i theulu ifanc. Roedd ei gŵr, yr Athro Robert Owen Jones, yno i wneud astudiaeth o'r iaith Gymraeg yn y Wladfa. Roedd eu plant bach ymhlith y disgyblion cyntaf.

Yn 1993, bu'r athrawes Mary Zampini yng Nghymru yn derbyn hyfforddiant ar ddulliau dysgu Cymraeg yn y dosbarth. Wedi ei dychweliad i'r Gaiman, cynhaliodd ddosbarthiadau Cymraeg ar gyfer plant 2, 3 a 4 oed ddau fore'r wythnos

Ysgol Feithrin ac Ysgol Gymraeg y Gaiman

mewn ystafelloedd a ryddhawyd gan yr Ysgol Gerdd. Rhoddwyd cyfleoedd i'r plant ddysgu drwy ganeuon, gemau, arlunio a storïau. Oherwydd y galw, estynnwyd yr oriau yn 1994 i gynnwys sesiynau yn y prynhawn. Ers hynny mae nifer y plant sydd ar y gofrestr wedi cynyddu ac, ym Mawrth 2015, fe'i sefydlwyd yn Ysgol Gynradd Ddwyieithog (Cymraeg-Sbaeneg) a lleolwyd hi mewn adeilad pwrpasol yng nghanol y dref.

Rebeca White yw'r brifathrawes ac mae hi'n gwneud y gwaith yn wirfoddol. Diolch i'w hymdrechion diflino hi, derbyniodd yr ysgol

gydnabyddiaeth swyddogol Adran Addysg Talaith Chubut.

Rhif 61: Mynwentydd y Gaiman

Y fynwent gyntaf

Adeiladwyd capel cyntaf y Gaiman yn 1876 ar dir lle mae ysgol gynradd Bartolomé Mitre heddiw, ar stryd Eugenio Tello. Capel cerrig ydoedd gyda llawr pridd a tho o glai

> a rhes o feinciau bob ochr o goed helyg wedi eu brasnaddu'n eisteddleoedd. Ni ellir dywedyd fod yr addolwyr yn y capel hwnnw'n agored i'r farn honno, "Gwae y rhai sy'n esmwyth yn Sion" … Er mor syml a di-addurn yr adeilad o fewn ac allan, credaf er hynny ei fod yn Dŷ i Dduw mewn gwirionedd, a haedda y rhai godasant yr Allor hon i Dduw mewn gwlad bell, bob parch ac edmygedd.

Dyna ddisgrifiad William Meloch Hughes o'r hen gapel lle y pregethai yn aml.

Hwn oedd y capel cyntaf yn y Wladfa i fod â mynwent ynghlwm wrtho. Agorwyd hi er mwyn claddu corff merch bum mlwydd oed oedd wedi boddi yn yr afon. Claddwyd nifer o bobl eraill yno wedi hynny. Ymhen amser fe'i caewyd ac agorwyd ail fynwent ym mhen gorllewinol y dref.

Pan ymwelodd Michael D Jones â'r Wladfa yn 1882, teimlodd nad oedd y capel bach yn un teilwng. Maes o law, aed ati i godi capel newydd, sef yr adeilad a elwid yn ddiweddarach yn 'hen

Gapel' (gweler Rhif 66), yr ochr ddeheuol i'r afon.

Wedi llawer o ddadlau o blaid ac yn erbyn, penderfynwyd codi adeilad newydd i ysgol gynradd Bartolomé Mitre (gweler Rhif 59) tua diwedd y 1940au ar safle'r fynwent gyntaf. Codwyd y mwyafrif o'r gweddillion dynol a'u trosglwyddo i'r fynwent bresennol. Wrth i'r tir o gwmpas yr ysgol gael ei dirlunio flynyddoedd yn ddiweddarach, nid oedd darganfod rhai gweddillion dynol yn brofiad anarferol i'r plant!

Yr Ail Fynwent

Agorwyd yr ail fynwent yn y 1930au y tu allan i'r dref, wrth ymyl y ffordd sy'n arwain at Ddolavon ac ymlaen at yr Andes. Does dim ar ôl ar y llecyn bellach, ond adfeilion pileri'r gatiau. Caewyd y fynwent hon hefyd a symudwyd y beddau yn raddol i'r fynwent bresennol. Cafodd Valmai Jones y profiad o fod yn dyst pan symudwyd gweddillion ei thaid a'i dwy chwaer fach mewn arch newydd o'r fynwent yn 1961. (Valmai Jones, *Atgofion am y Wladfa*)

Y Drydedd Fynwent

Agorwyd y fynwent bresennol ar fryn ar ochr ddwyreiniol y dref a thu allan iddi. Yn 1944 gorchmynnodd Llywodraeth y Rhanbarth (fel yr oedd ar y pryd) y dylid dechrau codi'r beddau o'r hen fynwentydd i'r un newydd. Gwelir cerrig rhai o'r beddau hyn gyda'i gilydd yn y fynwent.

Y fynwent gyntaf

Yr ail fynwent

Y fynedfa i'r drydedd fynwent

Angladd ar ei ffordd i'r drydedd fynwent

Cerrig beddau a gludwyd o'r hen fynwentydd i'r drydedd

Rhif 62: Bedd Eluned Morgan

Ym mynwent y Gaiman claddwyd un o ferched
amlycaf y Wladfa. Ganwyd Eluned Morganed
Jones ar 20 Mawrth 1870 ar y llong *Myfanwy* ar
daith o Gymru i Batagonia. Roedd hi'n ferch i
Lewis ac Ellen Jones. Cafodd ei haddysg gynradd
yn y Wladfa wrth draed R J Berwyn a T G
Pritchard (Glan Tywi) ac yna ei haddysg uwchradd
yn Ysgol Dr Williams, Dolgellau.

Wedi dychwelyd i'r Wladfa, sefydlodd y
'Ban Ysgol' (*High School*) sef Ysgol Uwchradd i
Ferched ar batrwm Ysgol Dr Williams, tua 1889,
yn Nhrelew. Ond oherwydd diffyg cefnogaeth,
caeodd ei drysau yn 1890. Yn 1898 ymunodd yn
yr ymgyrch i gael ysgol ganolraddol Gymraeg yn y
Gaiman (gweler Rhif 77).

Talfyrrodd ei henw i Eluned Morgan. Daeth yn
awdur nifer o lyfrau yn ogystal ag erthyglau ar
y Wladfa a gyhoeddwyd yn *Cymru*, cylchgrawn
O M Edwards. Yn 1892 cyfrannodd at y llawlyfr
Traethodau ar Drevnusrwydd Teuluaidd oedd
yn llawn cynghorion i wragedd y Wladfa.
Cyhoeddodd *Dringo'r Andes* (1904), *Gwymon y
Môr* (1909), *Ar Dir a Môr* (1915) a *Plant yr Haul*
(1915). Yn 1893, yn absenoldeb ei thad, bu'n
olygydd *Y Drafod* dros dro.

Roedd gan R Bryn Williams gof plentyn ohoni.

Merch dal yn y pulpud, ei hwyneb siriol yn llawn
bywyd a chywreinrwydd, gên gadarn, aeliau trymion
a gwallt sidanaidd yn gyfoeth ar ei phen. Llefarai

Eluned Morgan

Bedd Eluned
Morgan

â llais clir ac ystwyth. (R Bryn Williams, *Eluned Morgan, Bywgraffiad a Detholiad*, 1948)

Roedd Eluned yn adnabod llawer o bobl flaenllaw yng Nghymru a theithiodd droeon rhwng y ddwy wlad. Daeth o dan ddylanwad Diwygiad 1904–5, a phan ymwelodd â Chymru yn 1905 (yn dilyn marwolaeth ei thad yn 1904), daeth yn gyfeillgar iawn â nifer o arweinyddion y Diwygiad. Pwysodd yn daer ar y Parchedig Nantlais Williams i ddod drosodd er mwyn dylanwadu ar ieuenctid y Wladfa – yr hyn a wnaeth yn 1938. Bu farw Eluned yn sydyn ar 29 Rhagfyr, y noson cyn ymadawiad Nantlais, a gohiriodd yntau ei daith adref er mwyn gwasanaethu yn ei hangladd. Ar ei bedd ceir y geiriau syml 'Huna, huna, blentyn Iesu.'

Mair Davies wrth ddrws ei siop lyfrau Cristnogol

Rhif 63: Bedd Mair Davies

Magwyd Eluned Mair Davies ar fferm Bercoed Ganol, Pentre Cwrt, ger Llandysul, yn un o wyth o blant. Wedi ymateb i hysbyseb mewn papur newydd, cyrhaeddodd y Wladfa yn Nhachwedd 1963, yn 28 mlwydd oed, wedi'i chyflogi gan Eglwys Fethodistaidd yr Ariannin ar gytundeb pum mlynedd i weithio yng nghapeli Cymraeg Dyffryn Camwy.

Adnewyddodd ei chytundeb am bum mlynedd arall ond, pan ddaeth hwnnw i ben yn 1974, penderfynodd aros ymlaen i wasanaethu'r gymuned Gymraeg. Gwireddodd ei breuddwyd pan

Bedd Mair Davies

agorodd siop lyfrau Cristnogol yn un o ystafelloedd Neuadd Dewi Sant, Trelew, cyn symud, maes o law, i adeilad union gyferbyn â chapel y Tabernacl. (Wedi'i marwolaeth, symudwyd y siop i stryd arall yn y ddinas.) Yn 1996 agorodd siop yn Comodoro Rivadavia, ac ar ôl i honno gau, un arall ym Mhorth Madryn.

Arhosodd yn y Wladfa drwy Ryfel y Malvinas er i lywodraeth Prydain argymell dinasyddion Prydeinig i adael y wlad.

Cynhaliai Mair wasanaethau Cymraeg yng nghapeli'r dyffryn. Yn achlysurol, ymwelai â'r Andes i gynnal cyfarfodydd yng nghapeli Bethel Trevelin a Seion Esquel. Er mwyn gwneud y deunydd gorau o'i hamser arferai deithio dros nos.

Bu farw ar 20 Awst 2009 yn 73 mlwydd oed wedi dros 45 mlynedd o wasanaeth amhrisiadawy i'r Wladfa.

Rhif 64: Bedd Tegai Roberts

Roedd Tegai yn or-wyres i'r Parchedig Michael D Jones a Lewis Jones ac yn wyres i Llwyd ap Iwan, mab Michael D Jones.

Yn ffigwr amlwg iawn yn Nyffryn Camwy, roedd ei gwybodaeth am hanes y Wladfa a'i theuluoedd yn eang. Roedd o hyd yn barod i gynorthwyo ymholwyr o Gymru a'r Wladfa a fyddai'n troi ati am wybodaeth am eu cyndeidiau, am gymorth gyda gwaith ymchwil, neu am ffeithiau ar gyfer paratoi rhaglenni dogfen (gweler Rhif 47).

Tegai Roberts wrth ei gwaith

Pan benderfynodd Virgilio Zampini, Cyfarwyddwr Adran Ddiwylliant Talaith Chubut ar y pryd, sefydlu Amgueddfa Wladfaol yn y Gaiman, gwahoddodd Tegai i fod yn gyfrifol amdani. Apeliodd hithau ar ddisgynyddion y gwladfawyr i gyflwyno dogfennau, ffotograffau, dyddiaduron ac eitemau hanesyddol er mwyn creu casgliad i'r amgueddfa. Arddangoswyd y rhain yn achlysurol yng Ngholeg Camwy lle roedd Tegai yn athrawes, tan agor yr amgueddfa yn 1965 yn yr Hen Orsaf Drenau. Yn uchel ei pharch, bu Tegai yn wyneb cyfarwydd yno hyd at ei marwolaeth ar 23 Ebrill 2014.

Rhif 65: Pont y Gaiman a'r Hongbont

Mae dwy bont gyfochrog yn croesi afon Camwy yn y Gaiman, yr un fawr ar gyfer cerbydau a'r un grog ar gyfer cerddwyr. Mae'n ddealladwy bod trigolion y dref yn galw'n gyson am o leiaf un bont arall i uno'r ardaloedd sydd o bobtu'r afon. Mae pawb yn ymwybodol o'r trafferthion a allai godi petasai digwyddiad annisgwyl yn gorfodi'r bont fawr i gau.

Hyd at y 1880au roedd yn rhaid i'r trigolion groesi'r afon mewn cwch bychan. John Roberts, un o weithwyr Cwmni Masnachol y Camwy, oedd yn ymgymryd â'r gwaith o'i rwyfo gan amlaf. Roedd hon yn orchwyl eithaf peryglus oherwydd dyfnder y dŵr a llif cryf yr afon, yn enwedig ar noson dywyll a stormus. Un noson, pan oedd yr afon yn uchel, cytunodd William Meloch Hughes, rheolwr yr CMC ar y pryd (oedd â'i swyddfa gerllaw) i gludo tair gwraig a phlentyn. Yng nghanol yr afon, chwythodd y gwynt het y plentyn i'r dŵr, ac yn reddfol, ceisiodd un o'r gwragedd estyn allan amdani, gan siglo'r cwch a'i wyro i un ochr.

'Gwelais yr ymgais mewn pryd, a rhoddais fy holl bwysau yr ochr arall i fantoli ei phwysau, a chedwais y cwch rhag dymchwel a suddo', meddai Meloch.

Hongbont ar draws yr afon oedd y gyntaf, wedi ei chynllunio a'i hadeiladu gan y saer Robert Edwards, a bu'r bont yn ddefnyddiol iawn i drigolion yr ardal am flynyddoedd. Ond fel y

cynyddai'r drafnidiaeth, roedd yn annigonol.

Codwyd y bont bren gyntaf ar 3 Medi 1897 ac fe'i hagorwyd gan y Rhaglaw Eugenio Tello. Pont oedd hi wedi ei chynllunio gan y peiriannydd Llwyd ap Iwan a'i hadeiladu gan y saer coed, Gutyn Ebrill.

Yn 1899 daeth ymwelydd pwysig i'r Gaiman, sef Arlywydd yr Ariannin, J A Roca. Mae stori amdano yn oedi ac yn petruso cyn croesi'r bont grog, nes i'r gwladfäwr W T Griffith gydio yn ei fraich a chydgerdded ag ef, gan ddweud yn hyf 'Vamos, Roca!'

Agorwyd y bont bresennol ar 15 Hydref 1931. Dymuniad y peiriannydd oedd gwahodd Elizabeth Williams i fod y person cyntaf i'w chroesi. Roedd 'Nain y Bont', fel y'i gelwid, wedi rhoi peth o'i thir ar gyfer adeiladu'r bont newydd.

Roedd hi ar fin dathlu ei chanfed pen-blwydd a byddai'n cael y fraint o agor y bont yn swyddogol ar y diwrnod hwnnw.

Yn anffodus, bu farw ychydig ddiwrnodau ynghynt, a'i gosgordd angladdol gafodd yr anrhydedd o groesi'r bont i'w hagor yn swyddogol.

Rhoddwyd yr enw John Caerenig Evans ar y stryd er clod i un o drigolion cyntaf ac amlycaf y dref a oedd hefyd yn frawd i 'Nain y Bont'.

Yr Hongbont

Pont bren y Gaiman

Croesi'r afon mewn cwch

Agoriad swyddogol y bont bresennol yn 1931

Rhif 66: Yr Hen Gapel

Wedi dymchweliad yr hen gapel cerrig (gweler Rhif 61) bu trigolion y Gaiman yn cynnal cyfarfodydd mewn cartrefi ac yna mewn ystordy o eiddo cwmni Rooke & Parry. Rhoddwyd tir ar gyfer adeiladu capel newydd gan Elizabeth Evans de Williams (gweler Rhif 65), chwaer y Parchedig John Caerenig Evans. Hi a gafodd y fraint o ddewis yr enw 'Bethel'. Agorwyd y capel yn 1884. Roedd yn perthyn i enwad yr Annibynwyr.

Yr Hen Gapel

Rhif 67: Capel Bethel

Cafodd Diwygiad 1904–1905 effaith ar y Wladfa hefyd. Cynyddodd aelodaeth Bethel a phenderfynwyd codi adeilad mwy o faint. Digwyddodd hynny yn 1913 a hwn yw'r capel mwyaf yn y dyffryn, gyda lle i dros 400 o bobl. Dewiswyd y deunyddiau gorau a gosodwyd goleuadau trydan am y tro cyntaf – a'r gwariant i gyd yn cyrraedd y swm o fil a hanner o bunnoedd.

Bu'r Parchedig John Caerenig Evans farw yn Rhagfyr 1913 (gweler Rhif 83) cyn cael cyfle i bregethu yn y capel newydd. Roedd ei fab, Tudur, wedi cael tröedigaeth o dan ddylanwad y Diwygiad ac, ar ôl treulio cyfnod yn Sarmiento, penderfynodd fynd i'r weinidogaeth, gan astudio yng Ngholeg Presbyteraidd Caerfyrddin, ac yna yng Ngholeg Harley, Llundain, cyn dychwelyd i'r Wladfa yn 1910. Bu'n weinidog yn y dyffryn tan

Capel Bethel, y Gaiman

1920 ac yn yr Andes tan 1933. Yna dychwelodd i'r Gaiman a gwasanaethodd y capel a'r ardal tan ei farwolaeth yn 1959. Gosodwyd dau blac ar furiau'r capel i goffáu y tad a'r mab.

GOBEITHLU "BETHEL" GAIMAN "ARWEINYDD. PARCH. D. D. WALTER

Gobeithlu Capel Bethel 1929

Rhif 68: Yr Hen Dwnnel

Adeiladwyd y twnnel yn 1914 er mwyn estyn y rheilffordd i Ddolavon. Mae'n mesur dros 200 metr o hyd ac mae ynddo dro yn y canol. Fe'i hadnewyddwyd yn ddiweddar gan Adran Dwristiaeth Cyngor y Dref, a bellach mae lampau trydan yn ei oleuo. Hefyd, tirluniwyd yr ardal o'i gwmpas.

Yn y 1940au a'r 1950au, ar y trên fyddai disgyblion Dolavon a'r Gaiman yn teithio i'r ysgol uwchradd yn Nhrelew. Nid 'express' mohono – yn wir cymerai tua hanner awr i deithio o'r Gaiman i Drelew ac, ar adegau, roedd rhai o'r plant yn disgyn ac yn rhedeg wrth ei ochr cyn dringo yn ôl i'r cerbyd, er mawr ofid i'r gard a bryderai am eu diogelwch! Dringodd un bachgen herfeiddiol allan o'r trên un bore a threulio rai munudau ar yr ochr allanol, gan ddal ei afael ar siliau'r ffenestri, a thynnu wynebau ar y plant a syllai arno o'u seddau.

Yn aml, byddai'r trên yn gorfod stopio am resymau mecanyddol a'r plant yn hwyr yn cyrraedd yr ysgol. Pan fyddai problem fawr yn codi, roedd y gard yn gorfod cysylltu â'r orsaf yn Nhrelew. Tynnai ffôn a gadwai mewn bocs, a'i gysylltu trwy wialen hir â'r wifren ffôn a ddilynai uwchben y traciau, er mwyn deialu rhif yr orsaf. Er mawr rwystredigaeth iddo, wrth iddo edrych lawr i geisio deialu, byddai rhai o'r plant mwyaf anystywallt yn datgysylltu'r wialen o'r wifren! Wedi iddo bregethu a bygwth, a llwyddo i gysylltu o'r diwedd, byddai injan arall yn dod o Drelew i gludo'r disgyblion yn hwyr iawn i ben eu taith.

Hen dwnnel y Gaiman

Trên yn dod allan o dwnnel y Gaiman

Rhif 69: Amgueddfa'r Gaiman (adeilad yr hen orsaf drenau)

Adeiladwyd yr orsaf yn 1908 pan estynnwyd y rheilffordd o Drelew i'r Gaiman. Ar ochr arall y stryd, mae yna stordy mawr a adeiladwyd yn 1909 ar gyfer cadw nwyddau amaethyddol oedd yn aros eu tro i gael eu cludo i Borth Madryn, ac i storio nwyddau a gyrhaeddai i'r dyffryn i'w dosbarthu.

Sefydlwyd Amgueddfa'r Gaiman yn 1960 gan Virgilio Zampini, Cyfarwyddwr Diwylliant blaengar Talaith Chubut ar y pryd. Casglwyd arteffactau hanesyddol a arddangoswyd gyntaf yn un o ystafelloedd Coleg Camwy. Yn 1965, blwyddyn canmlwyddiant y Wladfa, symudwyd yr amgueddfa i adeilad yr hen orsaf ac mae yno drysorfa o ddogfennau, arteffactau a chreiriau o werth hanesyddol. Bu Fabio González yn cynorthwyo ei fodryb Tegai Roberts (gweler Rhif

Gorsaf drenau y Gaiman

64) tan ei marwolaeth yn Ebrill 2014, ac ers hynny, ef sydd wedi cadw drws yr amgueddfa yn agored. Yn dairieithog, ac yn hynod hyddysg yn hanes y Wladfa, ni ellir meddwl am neb mwy cymwys nag ef i ofalu am y lle.

Amgueddfa'r Gaiman

Hen stordy nwyddau yr orsaf drenau

Rhif 70: Y Boiler
(yn Amgueddfa'r Gaiman)

Bu'r blynyddoedd cynnar yn eithriadol o galed yn y Wladfa. Methodd sawl cynhaeaf, ac yn aml, dibynnai'r gwladfawyr ar fasnach ysbeidiol â'r brodorion ac ar hela anifeiliaid gwyllt, megis y *guanacos*, ar gyfer eu hymborth. Casglai'r gwragedd 'datws gwyllt' a 'dail *fariňa*' (math o lysiau lleol) ar gyfer gwneud blawd. Er na fu unrhyw farwolaethau o ganlyniad i newyn, roedd prinder bwyd wedi amharu ar iechyd y boblogaeth. Disgwylient yn eiddgar am ddyfodiad achlysurol llongau a masnachwyr o Batagones (ychydig dros 200 milltir i'r gogledd o'r Bae Newydd) gyda chyflenwadau ychwanegol o fwyd.

Poenai Edwyn Roberts yn ddirfawr am gyflwr ei gyd-wladfawyr, a phendronai yn gyson am ffyrdd ymarferol i wella'u hamgylchiadau. Un o'r cynlluniau a weithredodd, gyda dau o'i gyfeillion, oedd pysgota yn y Bae Newydd a chludo'r pysgod i'w gwerthu yn y dyffryn. Methiant fu'r cynllun hwnnw oherwydd y pellter a'r diffyg adnoddau i gadw'r pysgod yn ffres. Wrth gymryd ei dro i wasanaethu ar fwrdd y *Denby* yn Ionawr 1867, sylwodd eto ar y cyflenwad diderfyn o forloi (*elephant seals*) a orweddai ar hyd y traethau. Roedd y gwladfawyr eisoes wedi trafod ymysg ei gilydd y posibilrwydd o hela'r morloi ar gyfer crwyn ac olew.

Yn dilyn ymgais gymharol lwyddiannus ar raddfa fechan i'w hela, teimlai yntau y medrai'r

Hen foiler toddi saim morloi

Morloi ar y traeth ac yn y môr

fenter, o'i threfnu yn drylwyr, gryfhau economi'r Wladfa, a thawelu gofidiau rhai o'r ymfudwyr a oedd, erbyn hyn, yn barod i adael Patagonia am fywyd gwell yn rhywle arall. Ysgrifennodd at Michael D Jones a'r Cwmni Ymfudol yng Nghymru i ofyn am gyfraniad i brynu'r offer angenrheidiol

– llong, cyllyll ar gyfer blingo'r morloi, a dau foiler mawr ar gyfer eu berwi i doddi'r braster yn olew. Yn anffodus iddo ef, ni chafodd ymateb ffafriol oddi wrth y cwmni ac ni wireddwyd ei gynllun. Serch hynny, bu cychod o'r Taleithiau Unedig yn hela morloi yn ysbeidiol yn yr ardal am flynyddoedd lawer. Defnyddiwyd y boiler a welir yn yr amgueddfa gan un o'r cwmnïau hyn.

Rhif 71: Gwerslyfrau Berwyn (yn Amgueddfa'r Gaiman)

Cyhoeddwyd Gwerslyfrau Berwyn yn 1878, y llyfrau Cymraeg cyntaf i'w hargraffu yn Ne America. Yn eisteddfod gyntaf y Wladfa yng Nghaer Antur ddiwrnod Nadolig 1865, cyhoeddwyd Rhestr Testunau ar gyfer gŵyl 1866, ac un ohonynt oedd llunio gwerslyfrau ysgol ddyddiol yn cynnwys gwersi byrion, graddoledig, ar wahanol destunau. Mae'n bosib mai'r syniad hwn a sbardunodd Berwyn i fynd ati ei hun i ysgrifennu'r gwerslyfrau ac, efallai, i'w cyflwyno i'r gystadleuaeth.

Ganed R J Berwyn yng Nglyndyfrdwy yn 1836. Derbyniodd ei drwydded athro yng Ngholeg Borough Road, Llundain. Yn ystod ei arddegau bu'n dysgu ym Mharis ac, yn 1863, ymfudodd i'r Taleithiau Unedig. Dychwelodd i Gymru er mwyn ymuno â mintai'r *Mimosa*.

Roedd yn ddyn galluog ac amryddawn. Wedi ymfudo i'r Wladfa, cyfrannodd yn sylweddol i'w wlad newydd. Ar wahanol adegau, bu'n ysgrifennydd Cyngor y Wladfa a'r Llys Rhaith, yn Gofrestrydd, Trengholydd, Ceidwad y Porthladd, Postfeistr (gweler Rhif 79), Rheolwr Swyddfa'r Tywydd, yn Olygydd *Y Brut* (papur newydd cyntaf y Wladfa) ac yn felinydd. Roedd yn forwr trwyddedig a chwaraeodd ran allweddol yn y trafodaethau â Llywodraeth yr Ariannin yn ystod

Richard Jones Berwyn ac un o'i werslyfrau

argyfwng 1867 (gweler Rhif 40). Yn 1874, cafodd gyfle i gyd-deithio gyda'r daearyddwr Francisco P Moreno wrth i hwnnw archwilio Patagonia. Daethant yn gyfeillion agos, a chanmolodd Moreno gyfraniad Berwyn yn hael yn ei lyfr lle y cofnododd y daith.

Priododd Berwyn weddw Twmi Dimol, a gollwyd o ganlyniad i longddrylliad y *Denby* (gweler Rhif 17). Roedd gan Elizabeth ddau blentyn o'i phriodas gyntaf ac 13 arall o'r ail. Bu Berwyn farw yn 80 oed yn 1917 ac fe'i claddwyd ym mynwent capel Moriah (gweler Rhif 52).

* * *

Roedd sicrhau addysg deilwng i'w plant yn flaenoriaeth i'r mwyafrif o'r gwladfawyr o ddyddiau cynharaf y Wladfa. Cynhaliwyd y dosbarthiadau cyntaf yn Nhrerawson, a'r plant yn ysgrifennu gyda golosg pren ar waliau'r tai, neu drwy ysgythru ar wyneb cerrig llyfnion.

Yn dilyn llongddrylliad yr *Unión* ar y traeth sydd hyd heddiw yn cario'i henw (Playa Unión), cludwyd y caban i Drerawson i weithredu fel ystafell ddosbarth.

Yr athro cyntaf oedd y Parchedig Lewis Humphreys (gweler Rhif 52) ac fe'i dilynwyd am gyfnod byr gan y Parchedig Robert Meirion Williams. Bu'n rhaid i'r cyntaf ddychwelyd i Gymru oherwydd afiechyd a phenderfynodd yr ail ddychwelyd hefyd yn dilyn helyntion 1867. Penodwyd R J Berwyn yn athro'r ysgol pan ailagorwyd hi yn 1868. Nid oedd yn derbyn cyflog ariannol, ond yn hytrach, byddai'r rhieni yn ei dalu â nwyddau.

Adeiladwyd ysgol hefyd yn ardal Glyn Du yn 1873–74, ac yn 1875 daeth T Dalar Evans yn athro yno. Bu T G Pritchard yn athro yn ysgolion Glyn Du a Threrawson. Dilynwyd ef gan Richard Jones, Pant-y-march. Roedd hwn yn ddyn tal iawn ac, er mawr ddifyrrwch i'w ddisgyblion, trawai ei ben yn aml ar nenfwd isel yr ystafell.

Erbyn 1878, roedd Llywodraeth yr Ariannin yn dechrau ymyrryd yn addysg y Wladfa. Danfonasant athro yno, sef R J Powell (Elaig), Cymro o Lundain a fu'n ysgrifennydd Llysgenhadaeth yr Ariannin ym Mhrydain. Cyfarfu â Michael D Jones ac ymfudodd i'r Ariannin yn 1875, gan ddysgu siarad Cymraeg a Sbaeneg. Cyrhaeddodd y Wladfa ym mis Mawrth 1878. Roedd ganddo weledigaeth o flaen ei amser a dadleuai dros bwysigrwydd dysgu plant drwy eu mamiaith. Yn anffodus, oherwydd iddo gyfarfod â Gwyddelod yn Buenos Aires ac, o dan eu dylanwad wedi troi at yr Eglwys Gatholig, roedd nifer o'r gwladfawyr yn amheus ohono a cheisiwyd ei rwystro rhag cynnal ysgol yng Nglyn Du. Oherwydd ei fod wedi ei benodi gan y llywodraeth, methodd yr ymgais honno. Gŵr hoffus, talentog a diddorol oedd R J Powell, ond ni chafodd gyfle i gyfrannu'n helaethach i addysg yn y Wladfa oherwydd, wrth ddychwelyd o Buenos Aires ym mis Hydref 1878, a cheisio glanio yn aber afon Camwy, dymchwelodd ei gwch, ac fe'i boddwyd.

Ychwanegwyd ystafell i gapel Moriah ac yno agorwyd ysgol dan ofal William Meloch Hughes yn 1881. Erbyn hyn roedd gwerslyfrau Berwyn wedi cael eu cyhoeddi ac fe'u defnyddiwyd yn yr ysgol. Serch hynny, roedd prinder adnoddau yn creu cryn anhawster i'r athrawon.

'Darllen, rhifyddu, gramadeg, daearyddiaeth, hanes ac ychydig fesuroniaeth i'r dosbarth blaenaf, oedd y pynciau y ceisid ymdrin â hwy'n yr ysgol', meddai'r athro newydd.

Dywed William Meloch hefyd mai chwarae Indiaid oedd un o'r gemau mwyaf poblogaidd amser egwyl. Rhannai'r plant eu hunain i ddwy garfan a byddai un yn cuddio tra byddai'r garfan arall yn ceisio dod o hyd iddynt yn llechwraidd. Defnyddiwyd prennau ar gyfer cleddyfau a'r chwarae'n troi'n chwerw ar brydiau.

Disgwylid i'r bechgyn, a'r merched yn aml, gynorthwyo ar eu ffermydd, ac o ganlyniad byddent yn colli llawer o ddyddiau ysgol.

Cymraeg oedd iaith yr addysg i gyd ar yr adeg hon yn hanes y Wladfa. Ganwyd Alice Hughes yn 1883 ac roedd hi'n cofio am ddyddiau cynnar ei haddysg mewn llythyr a anfonodd i Gymru yn 1967.

> Chefais i ddim ysgol ond un Gymraeg. Glan Caeron oedd fy athraw, Archdderwydd y Wladfa … Llyfr o waith R. J. Berwyn oedd ein llyfr ysgol ni yr adeg honno, a llyfr Genesis o'r Beibl … Pan oeddwn i yn gorffen fy ysgol yr oedd llyfrau bach yn Ysbaeneg yn dechrau dod i'r ysgol yr adeg honno. Byddaf fi byth yn darllen dim ond Cymraeg a bydd pob llyfr

Cymraeg yn dderbyniol iawn bob amser. (Mari Emlyn, *Llythyrau'r Wladfa 1945-2010*)

Erbyn y 1890au roedd Llywodraeth yr Ariannin wedi tynhau ei gafael ar addysg ac yn ceisio gorfodi pob gwers i gael ei chynnal drwy gyfrwng y Sbaeneg. Serch hynny, parhaodd rhai athrawon am flynyddoedd i ddefnyddio'r Gymraeg fel cyfrwng addysg. Dadleuai'r rhai mwyaf cyfrwys bod angen iddynt wneud hynny er mwyn dysgu Sbaeneg i'r plant.

Rhif 72: Llyfr y Barnwr (yn Amgueddfa'r Gaiman)

Yn Llyfr y Barnwr cofnodwyd manylion achosion llys y Wladfa rhwng 1872 a 1880 (roedd yna gofnodion cynharach ond aethant ar goll). Mae'r mwyafrif ohonynt yn delio â mân droseddau a dadleuon, ond mae yn y Wladfa hefyd hanesion am achosion mwy difrifol.

Yn 1876, yn dilyn cweryla ar gwch yn croesi'r afon, lladdwyd y gwladfawr Charles Lyn gan y Ffrancwr Louis de Poirier. Dygwyd y troseddwr o flaen Llys y Wladfa ar 8 Chwefror 1876 ac fe'i cafwyd yn euog o lofruddiaeth gan y rheithgor.

Cofnododd y llygad-dyst T G Pritchard yr achos yn ei ddyddiadur:

> … yr oeddynt yn profi Louis am lofruddio Lyn o flaen deuddeg o reithwyr, Lewis Jones yn Ynad yn lle Rhydderch Huws yr hwn oedd yn sâl. Cafwyd ef

Llyfr y Barnwr

yn euog o lofruddiaeth wirfoddol, a'i ddedfrydu i'r gosp ryfedd yma – byw ar 5 pwys o fara, ¼ pwys o ymenyn a digon o ddwfr yr wythnos; gyda *ball and chain* yn rhwym wrtho am ei oes. Pwysau y *ball* i fod yn 50 lbs. Diau fod hon yn un o'r dedfrydau hynotaf ag y mae gennym hanes amdanynt.

Cafodd Poirier gyfle i apelio o flaen y Llys Rhaith ym mis Ebrill, ond cadarnhawyd y ddedfryd.

Gwrthododd Antonio Oneto, cynrychiolydd Llywodraeth yr Ariannin, dderbyn hawl Llys y Wladfa i farnu Poirier. Ar orchymyn Arlywydd y Weriniaeth, ond yn erbyn ewyllys y gwladfawyr, anfonwyd y carcharor i Buenos Aires. Ymhen dwy neu dair blynedd, ymddangosodd Poirier eto yn y Wladfa yn ddyn rhydd i ymffrostio gerbron teulu Charles Lyn. Teimlai'r gwladfawyr eu bod wedi cael cam gan awdurdodau'r Ariannin.

Ddwy flynedd yn ddiweddarach, dihangodd nifer o derfysgwyr o garchar Punta Arenas (yn Chile), a chyrraedd Trerawson. Daliwyd bron i ugain ohonynt gan y gwladfawyr ac fe'u carcharwyd. Unwaith eto, anfonwyd y drwgweithredwyr i Buenos Aires ac unwaith eto fe'u rhyddhawyd yn fuan. Cynyddodd anniddigrwydd drwy'r Wladfa tuag at yr awdurdodau cenedlaethol a lledodd y farn nad oedd modd dibynnu arnynt i gadw cyfraith a threfn.

Yn 1879, daliwyd un arall o'r carcharion ar ffo o Punta Arenas gan ddau o'r gwladfawyr yn y Dyffryn Uchaf ac fe'i trosglwyddwyd i ofal Aaron Jenkins, i'w arwain i'r carchar yn Nhrerawson (roedd nifer o swyddi cyhoeddus y Wladfa yn cael eu llenwi drwy rota – pob dyn yn cymryd ei dro, ac Aaron oedd yr heddwas ar y pryd). Mynnodd yntau nad oedd angen cymorth arno ac aeth ef a'i garcharor ymlaen hyd at gyffiniau Rawson. Yn anffodus, er ei fod wedi dadarfogi'r dihiryn roedd gan hwnnw gyllell gudd, a thrywanodd yr heddwas yn ei gefn. Torrodd linyn ei dafod rhag iddo alw am help. Cwympodd Aaron yn farw nid nepell o'i fferm ei hun, ac o fewn ychydig bellter i'r dref. Yn hwyrach, daeth Evan Jones, Triangl, o hyd i'w gorff.

Aethpwyd ati ar unwaith i ffurfio pedair carfan o wŷr ifanc i chwilio am y llofrudd. Roedd pob un o'r dynion hyn yn unol o'r farn na ddylid gadael i'r

troseddwr gael ei farnu yn llysoedd Buenos Aires. Pan ddaethpwyd o hyd iddo, saethodd un ohonynt ef yn ei wddf. Saethodd pob un arall o'r erlidwyr y corff er mwyn rhannu'r cyfrifoldeb.

Pan gyrhaeddodd yr hanes i Buenos Aires, lledaenodd y papurau newydd y farn gyfeiliornus bod y Wladfa yn sefydliad gwyllt ac afreolus, a'i thrigolion yn bobl dreisgar a pheryglus! Llywiodd hyn agwedd pob swyddog a anfonwyd yno o hynny ymlaen.

Claddwyd Aaron Jenkins ar dir ei fferm ond ddegawdau yn ddiweddarach, symudwyd ei weddillion i fynwent y Gaiman a'r arysgrif ar ei garreg fedd yn datgan mai hwn oedd 'Merthyr Cyntaf y Wladfa'.

Nid oedd pob plisman mor onest a dibynadwy ag Aaron. Ddegawdau yn ddiweddarach,

Bedd Aaron Jenkins

a rheolaeth yr heddlu bellach yn nwylo cynrychiolwyr Llywodraeth yr Ariannin, cafwyd prawf bod ambell i aderyn brith wedi ymuno â'u rhengoedd.

Mae Valmai Jones yn sôn am grwydryn a adwaenid fel 'Sam Bach', a oedd yn hoff iawn o'i ddiod.

> Sylweddolodd bod rhywun yn dwyn coed-tân oddi arno, a gadwai y tu ôl i'r tŷ. Credai yn gydwybodol mai rhai o blismyn Gaiman oedd yn euog. Penderfynodd gael sicrwydd o hyn. Gwnaeth dyllau yn rhai o'r 'stwmps' tewion a gwthiodd bowdwr bwledi gwn y tu mewn iddynt. Ychydig amser wedyn, ar noson oer o aeaf, cafodd ei ddwyn i'r ddalfa ag effeithiau diod feddwol yn amlwg arno. Yr oedd gwres hyfryd yn tarddu o'r lle tân ond yn sydyn cafwyd nifer o ffrwydriadau a greodd aflonyddwch mwydrus yn oriau mân y bore. Nid oedd amheuaeth mai yma yn y *Comisaría* yr oedd y lleidr. (Valmai Jones, *Atgofion am y Wladfa*)

Rhif 73: Llestri Michael D Jones (yn Amgueddfa'r Gaiman)

Arwydd o'r parch a deimlai'r gwladfawyr tuag at y Parchedig Michael D Jones yw'r llestri sydd yn yr amgueddfa ac mewn llawer o dai eu disgynyddion, sydd yn cario llun ohono. Er na ddaeth Michael D Jones i Batagonia i fyw a dim ond un waith yr ymwelodd â'r lle, ystyrir ef yn arweinydd y Mudiad Ymfudol ac yn Sylfaenydd y Wladfa.

Fe'i ganwyd yn nhŷ'r Hen Gapel yn Llanuwchllyn

Tebot yn dangos delwedd o Michael D Jones

ar 2 Mawrth 1822. Cafodd ei addysg yng Ngholeg Caerfyrddin a Choleg Highbury yn Llundain. Ni dderbyniodd alwad i weinidogaethu yng Nghymru ar y dechrau, ond teithiodd i'r Unol Daleithiau i astudio gwerinlywodraeth a chaethwasiaeth. Cafodd ei ordeinio yn weinidog yn Cincinnati yn 1848.

Roedd yn ddyn o argyhoeddiadau cryf, ac roedd Cymreictod a chrefydd yn bwysig iawn iddo. Tra oedd yng Ngogledd America, fe'i siomwyd wrth weld y driniaeth wael a dderbyniai ymfudwyr o Gymru gan yr awdurdodau. Ffurfiodd Cymdeithas y Brython er mwyn estyn cymorth i ymfudwyr tlawd. Nid annog pobl i adael Cymru oedd ei fwriad ond, os oeddent yn benderfynol o wneud hynny, credai y dylent fynd yn un fintai gref a fedrai ffurfio Gwladfa Gymreig newydd. Yr unig ffordd o gynnal eu Cymreictod oedd trwy ymfudo gyda'i gilydd i sefydliad newydd, yn hytrach na fesul un neu ddau i gael eu llyncu gan genhedloedd eraill.

Ar ôl dychwelyd i Gymru, bu'n weinidog yn Sir Gaerfyrddin cyn dilyn ei dad yn brifathro Coleg y Bala yn 1855. Ef oedd arweinydd y mudiad gwladfaol yng Nghymru a sefydlodd nifer o bwyllgorau ledled y wlad, ond yr un mwyaf effeithiol oedd Pwyllgor Gwladychfaol Lerpwl. Ystyriodd y pwyllgor hwn leoliadau gwahanol, megis Vancouver, Hong Kong a Phalestina a nifer o wledydd yn Ne America. Ond Patagonia oedd y lle mwyaf addawol, yn bennaf oherwydd na siaradai neb Saesneg yno ac nad oedd unrhyw lywodraeth yn rheoli'r rhanbarth.

Pan ymwelodd yr ail waith â'r Taleithiau Unedig yn Awst 1858, llwyddodd Michael D Jones i roi trefn ar weithgareddau'r mudiad gwladfaol yno, a dylanwadodd ar lawer, yn cynnwys Edwyn Cynrig Roberts (gweler Rhif 51).

Wedi iddo ddychwelyd i Gymru, ac i'r ymgyrch i drefnu ymfudiaeth i Batagonia fynd yn ei blaen, syrthiodd llawer o'r costau ariannol ar Michael D Jones. Er enghraifft, ef a dalodd am docyn teithio Lewis Jones i fynd allan yn 1863 i archwilio'r wlad. O'i boced ef, a'i wraig, y daeth yr arian i addasu'r *Mimosa* i gludo pobl, ac ef hefyd dalodd am docynnau teithio llawer o aelodau'r fintai gyntaf gan eu bod yn rhy dlawd i wneud hynny eu hunain. Oherwydd ei wariant ar y Wladfa aeth Michael D Jones yn fethdalwr ddwywaith. Flynyddoedd yn ddiweddarach cyflwynwyd tysteb iddo gan rai o bobl y Wladfa ond roedd honno

Michael D Jones

yn annigonol i'w ddigolledu oherwydd i Cadfan ddadlau yn chwyrn yn erbyn casglu'r arian.

Ar 28 Ionawr 1882, hwyliodd Michael D Jones am y Wladfa. Bu yno am dri mis a derbyniodd groeso twymgalon. Roedd yn fodlon iawn gyda'r sefyllfa a welodd yno, gan dybio bod cyfoeth y Wladfa erbyn hynny yn werth £200,000.

Ymwelodd William Meloch Hughes ag ef yng Nghymru flwyddyn cyn ei farwolaeth pan oedd yn wael iawn yn ei wely. Meddai Michael D Jones wrtho, 'Gwnes i fy ngoreu i'r Wladfa. Ni fedraf wneuthur dim ychwaneg drosti. Rwyf wedi ei chyflwyno i ofal yr Arglwydd yn awr.'

Bu farw ar 2 Rhagfyr 1898 yn ei gartref, Bodiwan, yn y Bala.

Rhif 74: Tysteb y Tywysog (yn Amgueddfa'r Gaiman)

Roedd ymdeimlad o genedlgarwch Cymreig yn gryf ymysg y gwladfawyr o'r cychwyn. Sicrhau eu crefydd a'u haddysg drwy gyfrwng y Gymraeg oedd rhai o'u rhesymau pennaf dros ymfudo gyda'i gilydd i wlad newydd.

Serch hynny, parhaodd amwysedd ymysg rhai ohonynt ynglŷn â'u hunaniaeth. Beth oedd y berthynas rhyngddynt a'r Hen Wlad? Dychwelodd rhai dynion ifainc i ymladd dros Brydain yn y Rhyfel Byd Cyntaf a'r Ail Ryfel Byd, a bu trafodaeth dwym yn *Y Drafod* ar y testun. Gwelir lluniau o ambell ddigwyddiad cyhoeddus a gynhaliwyd hyd at y 1940au sy'n dangos baner Jac yr Undeb mewn safleoedd amlwg.

Ffurfiwyd dau bwyllgor yn y Wladfa, un i'r dynion a'r llall i'r menywod er mwyn trefnu dathliadau i nodi coroni George V yn frenin Lloegr yn Medi 1910. Tynnwyd eu lluniau ym mis Mehefin 1911.

Tysteb i'r Tywysog Edward

Lluniwyd y dysteb sydd i'w gweld yn yr amgueddfa gan y Sais H Tarleton Stiles, oedd yn byw yn Buenos Aires ac yn gweithio i'r *Buenos Aires Herald*. Daeth i Ddyffryn Camwy yn unswydd i ennyn cefnogaeth y gwladfawyr i'r dysteb. Y bwriad oedd ei chyflwyno i'r Tywysog Edward (a ddaeth yn gynnar yn 1936 yn Frenin Edward VIII) yn ystod ei ymweliad ag Ariannin yn Awst

Pwyllgor y Gwragedd

Pwyllgor y Dynion

1925. Fe'i cyflwynwyd yn enw Cymry Gweriniaeth yr Ariannin i 'Dywysog Cymru, Ein Anrhydeddus Dywysog' a'i llofnodi gan nifer o aelodau blaenllaw'r gymuned – ond nid gan bawb. Bwriad pellach y dysteb oedd cyflwyno peth o hanes sefydlu'r Wladfa, yn cynnwys nifer o ffotograffau. Argraffwyd digon o gopïau ar gyfer pob unigolyn

Tysteb i'r Tywysog Edward

a'i llofnododd, a gwerthwyd nhw am bris o 50 peso yr un.

Nid ymwelodd y tywysog â'r Wladfa. O ganlyniad, cyflwynwyd y dysteb iddo gan ddirprwyaeth ddethol o wladfawyr yng ngorsaf drenau San Antonio Oeste, yn nhalaith Río Negro, tra oedd ar ei ffordd i Chile.

Yn ôl yr hanes, dywedir i un o'r gwladfawyr gyfarch y tywysog yn y Gymraeg. Dywedodd yntau nad oedd yn deall yr iaith. O glywed hyn, atebodd y gwladfawr yn ddirmygus, 'A thithau yn galw dy hun yn Dywysog Cymru!' gan droi ei gefn a cherdded allan o'r cyfarfod.

Yn Nhachwedd 1995, gwelwyd arlliw bach o'r ymdeimlad Prydeinig hwn pan groesawyd Lady Diana Spencer i'r Gaiman. Ymwelodd â Thŷ Te Caerdydd yn y dref, ac mae ei chwpan (heb ei golchi ers y diwrnod hwnnw, fe honnir) a'i phlât yn parhau i gael eu harddangos yno. Bob 31 Awst, i gofio diwrnod ei marwolaeth, gosodir rhosynnau coch o dan ei llun. Gwnaethpwyd yn fawr o'i hymweliad ar y pryd ac, erbyn heddiw, mae cofio amdani yn fanteisiol i o leiaf un busnes yn y diwydiant twristaidd lleol.

Rhif 75: Piano Lewis Jones (yn Amgueddfa'r Gaiman)

Dioddefodd y Wladfa nifer o lifogydd difrifol yn ystod y blynyddoedd cynnar, ond yn 1899 y cafwyd yr un mwyaf dinistriol. Bu'n glawio bron yn ddi-baid o fis Ebrill ymlaen, a throes y dyffryn yn gors. Bu'r gwladfawyr yn llafurio'n galed i godi ceulannau afon Camwy yn uwch i'w hatal rhag gorlifo.

Erbyn 15 Gorffennaf, sylweddolwyd bod y dyffryn mewn perygl ac ar 22 Gorffennaf torrodd yr afon dros y ceulannau yn Nhir Halen a mannau eraill yn y Dyffryn Uchaf. Carlamai bechgyn ar gefn eu ceffylau i rybuddio'r trigolion i ffoi ar unwaith o'u tai y noson honno. Doedd dim amser i achub eiddo, dim ond yr hyn y gallent ei gario yn eu breichiau. Ar 23 Gorffennaf cyrhaeddodd y gorlif i ardaloedd Bryn Crwn a Bryn Gwyn, a'r diwrnod canlynol ysgubodd drwy'r Gaiman. Gan osgoi Trelew, llifodd drwy Drerawson ar 28 Gorffennaf. Ar y ffordd,

Piano Lewis Jones

trawodd bob tŷ i lawr, gan gynnwys Plas Hedd, cartref Lewis Jones.

Yn ystod y diwrnodau trychinebus hyn, gyrrwyd yr anifeiliaid i ddiogelwch pen y bryniau. Collwyd cartrefi, eiddo, papurau a dogfennau, offer a chynnyrch y ffermydd. Gorfodwyd y teuluoedd i ddianc i'r bryniau a cheisio adeiladu llochesi iddynt eu hunain yno gyda beth bynnag oedd ar gael. Yn ystod y nos, gwelwyd cannoedd o danau yn goleuo'r bryniau, lle ceisiodd y ffoaduriaid sicrhau rhywfaint o gynhesrwydd i'w plant.

Wrth iddi wawrio, gwelwyd bod y dyffryn yn gyfangwbl o dan ddŵr, gyda dim ond pennau uchaf y coed ac ambell fryncyn yn y golwg. Methodd rhai pobl â chyrraedd y bryniau uchel mewn pryd, a rhaid oedd iddynt fodloni ar ddringo i'r tir uchel agosaf. Mae'n debyg i un wraig roi

genedigaeth ar gopa un o'r ynysoedd hyn, ac enwyd y baban yn Benllifon.

Danfonwyd cychod allan i'w hachub. Dywed William Meloch Hughes fod un ffermwr wedi ei ddal ar ben tas wair wrth ei harchwilio. Gwelwyd ef yn hwylio heibio wrth i'r llifogydd gario'r das tua'r môr, yn canu 'Hen Wlad Fy Nhadau' nerth ei ben! Fe'i hachubwyd, ac roedd yn canmol ei 'gwch' anarferol yn frwd.

Yn ystod y diwrnodau dilynol, roedd cartrefi Trelew a'r adeiladau prin a oroesodd y llifogydd yn y Gaiman yn orlawn o ffoaduriaid, a wynebodd y gwladfawyr fisoedd lawer o ailadeiladu wrth i'r dŵr gilio'n raddol ac i'r tir sychu. Rhaid oedd ailgodi eu cartrefi, ac ailgloddio'r ffosydd a'r camlesi. Roedd eu hoffer ffermio wedi eu hysgubo i'r môr neu wedi eu claddu o dan fwd a thywod a gariwyd gan y llifogydd. Estynnodd Llywodraeth yr Ariannin gymorth iddynt drwy ddosbarthu nwyddau ac arian yn eu plith.

Adeiladwyd Plas Hedd gan Lewis Jones tua 1886, a hwn oedd tŷ mwyaf a moethusaf y dyffryn ar y pryd o gryn dipyn. Dywedir i'r cyn Lywydd dderbyn rhodd gan Lywodraeth yr Ariannin am ei waith yn dod â'r rheilffordd i'r Wladfa. Cludwyd y deunyddiau ar gyfer codi'r tŷ o Brydain, a hefyd y piano hardd sydd bellach yn yr amgueddfa yn y Gaiman. Er iddo gael ei ddifrodi, goroesodd y piano lifogydd 1899 ond dinistriwyd y tŷ a gweddill yr eiddo. Drannoeth y gorlif, aeth Eluned Morgan, merch Lewis Jones, at Plas Hedd, a'i weld o dan y dŵr.

Plas Hedd

Wedi cyrraedd ychydig ddiogelwch troais fy ngwyneb yn ôl tua'r hen gartref lle treuliais flynyddoedd dedwydd fy mebyd; gwyddwn na chawn byth ei weled mwy, na'm holl fyrdd trysorau oedd gu iawn gennyf … cyn pen yr awr yr oedd y cyfan yn domen a'r tonnau cynddeiriog yn golchi drosto. (Llythyr at William George: allan o ragymadrodd *Dringo'r Andes a Gwymon y Môr*, Clasuron Honno)

Rhif 76: Heol Michael D Jones

Mae Heol Michael D Jones yn un nodedig yn y Gaiman, ac ar ei hyd gwelir llawer o adeiladau diddorol. Yr hen enw ar lafar gwlad ar y stryd oedd Hafn y Gweddwon. Wedi marwolaeth eu gwŷr, arferai llawer o'u gweddwon symud o'r wlad ac ymsefydlu yn y dref, gan adael y meibion hynaf i fyw a gweithio ar y ffermydd. Roedd nifer o'r

Heol Michael D Jones

gwragedd hyn yn byw ar stryd Michael D Jones. Roedd eu presenoldeb yn ffactor pwysig iawn yn y broses o ddiogelu Cymreictod y gymuned, gan iddynt gyfrannu'n hael a helaeth i fywyd cymdeithasol, crefyddol a diwylliannol y dref. Y Gaiman, hyd heddiw, yw'r lle Cymreicaf yn Chubut.

Rhif 77: *Colegio* Camwy
(ar Heol Michael D Jones)

Yn ystod y 1880au rhoddodd Llywodraeth yr Ariannin lawer o sylw i addysg yn y Wladfa. Tan hynny, câi'r plant eu dysgu yn gyfangwbl drwy gyfrwng y Gymraeg, ac roedd yr athrawon yn aelodau o'r gymuned wladfaol (gweler Rhif 71). Bwriad y Weriniaeth oedd sicrhau ymdoddiad llwyr ei phoblogaeth gynyddol, a darddai o wahanol genhedloedd, a'u gwneud yn ddinasyddion ffyddlon i'r wladwriaeth newydd. Yn raddol, disodlwyd yr athrawon Cymraeg gan rai Sbaeneg eu hiaith ac yn 1899 penderfynodd y llywodraeth gymryd cyfrifoldeb llwyr am addysg plant o 6 i 14 oed, a honno'n addysg uniaith Sbaeneg drwy'r wlad.

Roedd hyn yn ofid calon i lawer o'r gwladfawyr, yn cynnwys Eluned Morgan (gweler Rhif 62).

Rhan o adeilad presennol Coleg Camwy

Ceisiodd hithau sefydlu llyfrgell Gymraeg a llwyddodd i dderbyn cant o lyfrau oddi wrth ffrindiau hael yng Nghymru. Gan mai dim ond hyd at 14 oed y darparwyd addysg ffurfiol gan y llywodraeth, gwelodd fod cyfle i sefydlu ysgol ganolraddol ar gyfer ieuenctid dros yr oed hwnnw. Yn 1904 ffurfiwyd Cymdeithas Addysg Ganolraddol y Camwy gyda'r bwriad o sefydlu ysgol yn y Gaiman. Aeth Eluned Morgan o gwmpas y dyffryn yn casglu arian ar gyfer codi adeilad. Bu'r Gymdeithas yn gweithio'n galed yn hybu diwylliant Cymraeg a Chymreig yn y Wladfa.

Agorwyd Ysgol Ganolraddol y Camwy yn 1906 o dan brifathrawiaeth David Rhys Jones, a anwyd yn y Wladfa ond a dderbyniodd ei addysg yng Nghymru. Hon oedd yr ysgol uwchradd Gymraeg gyntaf yn y byd, a dysgid Cymraeg, Sbaeneg a Saesneg yn y cwricwlwm. Eithr nid addysg rhad ac am ddim a gynigid gan fod rhieni yn gorfod talu am anfon eu plant yno.

Dychwelodd David Rhys Jones i Gymru yn 1915. Bu'n brifathro ysgol Cwmystwyth ac Ysbyty Ystwyth yng Ngheredigion, ac fe'i hadnabuwyd yn lleol fel Jones Pat. Bu'n ffigwr blaenllaw o fewn Plaid Cymru yn y sir. Ei syniad ef oedd sefydlu Cymdeithas Cymru Ariannin, yr hyn a wnaed yn Eisteddfod Genedlaethol Dinbych 1939, ac fe'i hetholwyd yn Llywydd arni. Mae ei fedd yn mynwent Ysbyty Ystwyth.

Dilynwyd ef fel prifathro Ysgol Ganolraddol y Camwy gan E T Edmunds. Ond yn ystod hanner cyntaf yr ugeinfed ganrif roedd addysg yn y

Adeilad, staff a disgyblion Ysgol Ganolraddol Camwy 1908

Wladfa o dan bwysau cynyddol. Digwyddodd yr ymfudiad torfol olaf yn 1911 gyda'r 200 o bobl a gyrhaeddodd ar yr *Orita*. Dim ond unigolion a gyrhaeddodd wedi hynny ac roedd y Cymry yn mynd yn fwy o leiafrif bob blwyddyn oherwydd mewnlifiadau niferus o wledydd eraill ac o weddill yr Ariannin. Gwanychodd y cysylltiad â Chymru yn y cyfnod rhwng y ddau Ryfel Byd a chryfhaodd gafael yr Ariannin ar addysg.

Yn 1925 agorodd y llywodraeth y *Colegio Nacional* yn Nhrelew, sef ysgol uwchradd oedd yn cynnig addysg yn rhad ac am ddim, a chymwysterau cydnabyddedig gan y wladwriaeth. Hefyd yn yr ysgol hon roedd yr athrawon yn drwyddedig. Yn raddol dewisodd y rhieni anfon eu plant i Drelew yn hytrach nag i'r Ysgol

Ganolraddol. Aeth yn anos casglu arian oddi wrth rieni i gynnal yr athrawon a chaewyd yr ysgol yn 1951. Tan 1962 cynhaliwyd Ysgol Monotecnic yn yr adeilad yn cynnig hyfforddiant peirianyddol a thrydanol.

Agorwyd Colegio Camwy yn yr adeilad yn 1963 o dan brifathrawiaeth Luned Gonzalez. Parhaodd hithau yn ei swydd tan ei hymddeoliad yn 2002. Ar y dechrau, nid oedd Cymraeg ar y cwricwlwm, ond er 1996 fe'i dysgir fel ail iaith. Dilynwyd Luned fel prifathrawes gan Martha Scurti ac yna Ana Pinciroli.

Yng Ngholeg Camwy heddiw gwelir lluniau o'r ddau brifathro cyntaf, a desg a gyflwynwyd i'r ysgol gan David Lloyd George.

Yma hefyd y mae cartref Llyfrgell Eluned

Disgyblion Ysgol Ganolraddol Camwy

Luned González yn sefyll o flaen Llyfrgell Eluned Morgan

Desg yn rhodd gan David Lloyd George

Morgan. Ymhlith y llyfrau gwelir casgliad a anfonwyd gan y Prifardd R Bryn Williams yn y 1950au.

Rhif 78: Tŷ Camwy (ar Heol Michael D Jones)

Wrth ymyl Colegio Camwy saif bwthyn bach sydd yn chwarae rhan bwysig yng Nghymreictod y Wladfa heddiw. Yma mae rhai o'r athrawon o Gymru yn lletya yn ystod eu blwyddyn o waith yn cynnal dosbarthiadau Cymraeg i bob oedran. Mae athro neu athrawes arall yn lletya yn Nhrelew ac un arall yn yr Andes. Rhyngddynt maent yn cyfrannu tuag at adfywiad yr iaith a thraddodiadau Cymreig yn y ddwy Wladfa (sef yn Nyffryn Camwy ac yn yr Andes).

Yn 1990, ymwelodd Cathrin Williams, darlithydd yng Ngholeg Normal Bangor, am yr eildro â'r Wladfa er mwyn cynnal dosbarthiadau Cymraeg i Ddysgwyr yn y Gaiman a Threlew. Ymateb yr oedd hi i gais a dderbyniodd yn ystod ymweliad blaenorol gan ffrindiau a oedd yn awyddus i wella'u Cymraeg. Yna, daeth cais o dref Dolavon am iddi gynnal dosbarthiadau yno hefyd. Roedd hi'n cynnal gwersi ar gyfer rhai nad oedd ganddyn nhw air o Gymraeg ac, ar y pegwn arall, ddosbarthiadau llenyddiaeth (a phob dim yn y canol!). Ychydig a feddyliwyd ar y pryd pa mor ddylanwadol fyddai'r datblygiad hwn. Dilynwyd Cathrin gan nifer o athrawon gwirfoddol eraill, a

chynyddwyd nifer y dosbarthiadau yn y dyffryn, gydag ymweliadau byrion â'r Andes a Comodoro. Yn y modd hwn, gosodwyd sylfaen yr hyn a ddaeth i fod yn Gynllun yr Iaith Gymraeg yn Chubut.

Tŷ Camwy

Dosbarth Cymraeg Trelew (Cathrin Lloyd Williams: rhes gefn, trydydd o'r dde)

Yn 1996, anfonwyd dirprwyaeth o Lywodraeth y Deyrnas Unedig i Buenos Aires i geisio codi pontydd rhwng yr Ariannin a Phrydain. Roedd cysylltiadau rhwng y ddwy wlad wedi torri o ganlyniad i Ryfel y Malvinas yn 1982. Un o aelodau'r ddirprwyaeth oedd Rod Richards, Gweinidog yn y Swyddfa Gymreig, ac fe benderfynodd fanteisio ar yr achlysur i ymweld â Dyffryn Camwy.

Yn ystod ei arhosiad byr, gofynnodd sut y gallai estyn cymorth i'r Wladfa, a'r ateb a gafodd oedd, 'Anfonwch athrawon cyflogedig o Gymru atom.' Er mawr syndod, cytunodd yn y fan a'r lle i wneud hynny!

Yn 1997 danfonwyd yr athrawon cyflogedig cyntaf i'r Wladfa: Dewi Evans i Drelew, Porth Madryn a Rawson; Eleri Hughes i'r Gaiman, Dolavon a Thir Halen; a Hazel Charles Evans i Drevelin ac Esquel yn yr Andes. Ers hynny, dilynwyd hwy gan dri athro ymroddedig bob blwyddyn yn ddi-dor. Erbyn hyn, eu teitl swyddogol yw Swyddogion Datblygu'r Gymraeg, oherwydd bod pwyslais yr ymgyrch yn cydnabod hefyd yr angen i gymdeithasoli'r iaith a hybu ei defnydd y tu allan i'r dosbarth.

Mae Llywodraeth Cymru, Cymdeithas Cymru-Ariannin a Swyddfa Cymru y Cyngor Prydeinig yn cyllido'r cynllun, ac fe'i rheolir gan Bwyllgor yr Iaith Gymraeg, sy'n cynnwys cynrychiolaeth o'r cyrff uchod. Hefyd derbynnir cefnogaeth ariannol gan Lywodraeth Chubut tuag at gyflogau'r tiwtoriaid lleol.

Yn ogystal ag anfon staff proffesiynol i'r Wladfa, mae'r cynllun yn trefnu i fyfyrwyr o'r Ariannin fynychu cyrsiau Cymraeg yng Nghymru ac i athrawon dreulio cyfnodau yn arsylwi yn yr ysgolion Cymraeg, gyda'r pwrpas deuol o'u cymhwyso i ddysgu Cymraeg fel ail iaith ac i ddysgu hefyd drwy gyfrwng y Gymraeg. Prifysgol Caerdydd fu'n darparu'r cwrs haf o'i ddechrau hyd at 2016, ond Prifysgol Aberystwyth sy'n gwneud hynny erbyn hyn. Ar draws y blynyddoedd, datblygodd llawer o'r dysgwyr hyn yn gymwys i weithio fel tiwtoriaid Cymraeg yn nosbarthiadau'r Cynllun, tua 32 ohonynt erbyn 2016. Y flwyddyn honno, roedd cyfanswm o 1,270 o bobl o bob oed yn dilyn y cyrsiau Cymraeg.

Nid oes unrhyw gyfrifiad wedi nodi faint o drigolion Chubut sydd o dras Gymreig ond mae'n hysbys y gall canran uchel o'r boblogaeth ymffrostio bod ganddynt Gymro neu Gymraes ymhlith eu hynafiaid. Ond lleihau yn ddybryd a wnaeth nifer y siaradwyr Cymraeg naturiol. O gyfrif niferoedd y dysgwyr a ddilynodd y cyrsiau ers sefydlu'r cynllun yn 1997, mae yn y dalaith dros 7,000 o siaradwyr Cymraeg newydd, amrywiol eu safon. Llwyddodd dau ohonynt i ennill gwobr Dysgwr y Flwyddyn, sef Sandra de Pol yn Eisteddfod Genedlaethol Llanelli 2000, ac Isaías Grandis yn Eisteddfod Genedlaethol Bro Morgannwg 2012.

Rhif 79: Yr Hen Bost
(ar Heol Michael D Jones)

Mae'r adeilad hynod hwn wedi cadw ei olwg hynafol ond does dim llawer o wybodaeth ar gael am ei hanes.

* * *

Roedd derbyn ac anfon llythyrau yn hynod o bwysig i'r gwladfawyr o'r dechrau. Postfeistr cyntaf y Wladfa oedd R J Berwyn. Fe'i penodwyd yn Arolygydd y Llythyrdy yn 1871 a bu'n gweithredu yn y swydd am tua 30 mlynedd. Yn y cyfnod cynnar, byddai llythyrau oddi wrth eu teuluoedd yng Nghymru a gwledydd eraill yn cyrraedd y gwladfawyr yn y dyffryn gyda'r llongau a laniai ym Mhorth Madryn. Yn yr un modd y gyrrwyd llythyrau o'r Wladfa at ffrindiau, teulu a'r wasg yng Nghymru. Dyletswydd y

Yr Hen Bost

Postfeistr oedd teithio rhwng y dyffryn a'r bae i gyfarfod â phob llong, i drosglwyddo llythyrau a roddwyd iddo i'w hanfon, a derbyn y rhai oedd wedi cyrraedd, er mwyn i'r gwladfawyr eu casglu o'i swyddfa yn Nhrerawson.

Yn ystod yr haf, byddai Berwyn yn teithio ar ei geffyl, ac yn y gaeaf gyda throl. Cymerai'r daith ddau ddiwrnod, a gorfodwyd ef bob tro i gysgu dros nos ar y paith. Yn nes ymlaen, cafodd gerbyd dwy olwyn a cheffyl i'w dynnu, ac fe'i galluogwyd i gwblhau'r daith mewn diwrnod.

Yn Ionawr 1872, ysgrifennodd lythyr i'w gyhoeddi yn y wasg yng Nghymru yn cwyno fel a ganlyn: 'Y mae ein newyddion o'r hen wlad yn brin a darniog hynod yn ddiweddar … Yr wyf yn credu mai prin ugain o lythyrau a dderbyniwyd yma wedi cael eu hysgrifennu o fewn y pymtheng mis diweddaf.' Apeliodd ar deuluoedd yng Nghymru i anfon llythyrau a phapurau newydd yn fwy rheolaidd atynt, ac meddai:

Pan dderbynia un lythyr, bydd y lliaws yn tyrru tuag ato, gan hyderu y dichon fod ynddo air bach atynt, neu ychydig o newyddion cyffredin. Benthycir papur newydd a ddigwydd ddyfod i law o dŷ i dŷ am fisoedd, a darllenir ef drosodd a throsodd, mewn gobaith am bwt bach ynghylch rhyw gydnabod. Y mae hen newyddiadur yna yn llawn o newyddion i ni. (Mari Emlyn, *Llythyrau'r Wladfa 1865-1945*)

Bu Berwyn yn ei swydd tan 1899 pan anfonodd y llywodraeth rywun i gymryd ei le. Collodd ei

121

eiddo i gyd yn llifogydd y flwyddyn honno, yn cynnwys llawer o bapurau a dogfennau pwysig o'r llythyrdy ac o'i gartref. Yn ôl y sôn, roedd Berwyn yn ddyn trefnus a gofalus.

Rhif 80: Yr Amgueddfa Anthropolegol (ger Heol Michael D Jones)

Dyma'r tŷ deulawr cyntaf a godwyd yn y Gaiman. Fe'i hadeiladwyd gan Derfel Cynrig Roberts ar gyfer Richard Nichols o gwmpas 1910. Erbyn hyn lleolir amgueddfa fach ddiddorol yno, sy'n agor yn achlysurol. Gwelir ynddi greiriau yn dangos hanes llwythau'r brodorion, ffotograffau, a hanes dyfodiad y Cymry i'r dyffryn.

Rhif 81: *La Forma del Silencio* (Ffurf Distawrwydd)

Gosodwyd y cerflun hwn ar ben bryn ar 30 Awst 2012 i ddathlu pen-blwydd y Gaiman. Sergio Owen yw'r cerflunydd a *La forma del Silencio* (Ffurf Distawrwydd) yw'r enw a roddodd arno. Mae'n ddehongliad o Ddyffryn Camwy ac yn defnyddio delweddau megis blodyn (sy'n debyg i Gennin Pedr), pen saeth frodorol, yr afon, y bryniau, y twnnel a'r rheilffordd i gyfleu ysbryd y lle.

Yr Amgueddfa Anthropolegol

Ffurf Distawrwydd

Rhif 82: *Museo Casa del Poeta* (Amgueddfa Tŷ'r Bardd)

Agorwyd yr amgueddfa hon yn Ionawr 2010 yng nghartref y diweddar fardd a newyddiadurwr Evan Thomas.

Papur newydd cyntaf y Wladfa oedd *Y Brut* a gyhoeddwyd yn Ionawr 1868. Roedd e wedi ei ysgrifennu â llaw ac yn cael ei drosglwyddo o'r naill deulu i'r llall. Y tâl amdano oedd ychydig dudalennau o bapur glân ar gyfer y rhifyn nesaf. Hyd y gwyddom, cyhoeddwyd wyth rhifyn ohono.

Sefydlwyd *Ein Breiniad* gan Lewis Jones a chyhoeddwyd y rhifyn cyntaf yn 1878. Cyhoeddwyd y rhifyn olaf ar gyfer Nadolig 1883. Roedd y papur hwn yn enghraifft o newyddiadura ar ei orau, yn cynnwys trafodaethau tanbaid ar gyfansoddiad y Wladfa rhwng Lewis Jones ei hun ac Antonio Oneto, cynrychiolydd y Llywodraeth Genedlaethol yn Rawson.

Yn Ionawr 1891, cyhoeddwyd y rhifyn cyntaf o *Y Drafod* gan Lewis Jones. Roedd yn llwyfan hygyrch ar gyfer gwyntyllu materion o bwys i'r gwladfawyr ac roedd yn cynnwys dadleuon chwyrn ac eithaf personol yn aml. Yn un o'r rhifynnau cynnar cafwyd yr ymateb swta ac anfoddog canlynol gan y golygydd i gais gan 'Modryb' am ofod i drafod testunau o ddiddordeb i fenywod: 'O'r gorau, fe neilltuwn golofn o'r *Drafod* i "faterion merched" ond iddynt beidio trin ei gilydd!'

Yn ddiweddarach, golygwyd y papur gan Evan Thomas. Fe'i ganwyd yn y Gaiman ar 25 Awst

Tŷ'r Bardd

1917 a chafodd ei dderbyn fel prentis argraffydd yn swyddfa *Y Drafod*. Rhoddwyd ef i ofalu am yr adran Sbaeneg ac yna fe'i penodwyd yn olygydd pan fu farw William Williams (Prysor). Dechreuodd gyhoeddi papur newydd Sbaeneg, *El Regional,* yn 1945 – sy'n parhau i gael ei gyhoeddi ar ffurf cylchgrawn misol.

Roedd Evan Thomas yn eisteddfodwr brwd a gweithiodd yn galed yn y 1940au i ddiogelu'r mudiad eisteddfodol yn y Wladfa. Enillodd Gadair Eisteddfod y Gaiman yn 1944, ac Eisteddfod Trelew yn 1947. Fe'i derbyniwyd yn aelod o Orsedd y Beirdd yn ystod ei ymweliad â Chymru yn 1951. Bu farw yn sydyn yn 1952 yn 34 mlwydd oed.

Ei olynydd fel golygydd *Y Drafod* oedd Irma Hughes de Jones, ac ar ôl ei dyddiau hi cymerwyd at y gwaith gan ei merched Laura ac Ana Maria a'i hwyres Rebeca. Hyd yn ddiweddar, cyfrannodd Esyllt Nest Roberts de Lewis hefyd at barhad y papur.

Rhif 83: Ysbytai

Yn y blynyddoedd cyntaf bu'r Wladfa yn hir iawn heb feddygon. Er bod yr hinsawdd yn un ffafriol, *typhoid* a chlwy'r ysgyfaint oedd y gelynion mwyaf pryd hynny. Yn fuan dysgodd y mamau ddefnyddio trwythi gwreiddiau, blodau a dail ac eli gwahanol bethau i wella doluriau ac afiechydon. (Valmai Jones, *Atgofion am y Wladfa*)

Adeiladwyd yr hen ysbyty ar ddarn o dir a gyfrannwyd gan y Parchedig John Caerenig Evans. Lle i ddau wely oedd ynddo a bu ar gau am flynyddoedd am ryw reswm. Yn 1927, ffurfiwyd pwyllgor, sef y *Comisión Pro-Sala Hospital*, er mwyn ei ailagor. Aethpwyd ati i gasglu arian ac agorwyd ef – unwaith eto gyda gwelyau ar gyfer dau glaf yn unig. Atgyweiriwyd yr adeilad a phrynwyd dodrefn, dillad gwely, llestri ac offer llawfeddygol. Ymhen amser cymerwyd cyfrifoldeb dros yr ysbyty gan Gyngor y Dref.

Agorwyd yr ysbyty newydd, sydd hefyd yn cario enw John Caerenig Evans, yn Rhagfyr 2011 gan Lywodraethwr Chubut, Mario Das Neves.

Ganed John Caerenig Evans yn Llanddewisol, Llanfihangel Aberbythych, Sir Gaerfyrddin ar 20 Ebrill 1837. Yn naw mlwydd oed dilynodd

Yr hen ysbyty

Mynedfa Ysbyty Gwledig y Gaiman

Y Parchedig John Caerenig Evans yn ei stydi

ei dad i'r pwll glo. Bu'n gweithio dan ddaear hyd nes ei fod yn 26 oed, pan aeth yn fyfyriwr i Goleg Caerfyrddin, ac yna yn weinidog i Gapel Moriah, Cwmaman, Aberdâr. Ymfudodd i'r Wladfa yn 1874. Dilynwyd ef y flwyddyn ganlynol gan garfan gref o'i gyn-aelodau. Symudodd i'r ardal lle mae'r Gaiman heddiw, gan adeiladu'r ail dŷ yno. Cynhaliwyd Ysgol Sul ar ei aelwyd yn 1875. John Caerenig Evans oedd gweinidog cyntaf y Gaiman a gwelir plac i'w goffáu yng nghapel Bethel (gweler Rhif 67).

Rhif 84: Cylch yr Orsedd

Cynhaliwyd seremoni ar ffurf rhai Gorsedd y Beirdd yn eisteddfod gyntaf y Wladfa ddydd Nadolig 1865 yng Nghaer Antur. Wedi iddo gyrraedd i'r Wladfa yn 1882, mynnodd Gutyn Ebrill (gweler Rhif 16) ffurfioli Gorsedd y Wladfa a rhoi trefn ar y seremonïau. Bu'n Archdderwydd y Wladfa o hynny ymlaen am flynyddoedd lawer.

Am ddegawd a hanner (1951–64), ni chynhaliwyd yr eisteddfod am resymau ariannol ac, o ganlyniad, peidiodd gweithgareddau Gorsedd y Wladfa hefyd.

Yn y flwyddyn 2000 teimlodd Edith MacDonald fod yr amser wedi dod i ailsefydlu Gorsedd y Wladfa ar seiliau cadarn. Trafododd y syniad gyda'i brawd a dau o wŷr blaenllaw y Wladfa, sef y cerddor Clydwyn ap Aeron Jones a'i frawd yntau, Dewi Mefyn. Anfonwyd neges yn enw'r ddau olaf at Jâms Niclas, Cofiadur Gorsedd y Beirdd, yn gofyn i Fwrdd yr Orsedd ystyried y cais. Yn fuan, cafwyd ateb cadarnhaol, a threfnwyd ymweliad gan yr Archdderwydd Meirion, y cyn-Archdderwydd Geraint Bowen, yr Arwyddfardd Delme, Meistres y Gwisgoedd, sef Siân Aman ac 83 o aelodau eraill Gorsedd y Beirdd i'r Wladfa yn Hydref 2001 i ailsefydlu'r Orsedd yno.

Mae Gorsedd y Wladfa yn annibynnol ond yn cydymffurfio â rheolau Gorsedd y Beirdd. Trwy drefniant, gall ei chynrychiolwyr swyddogol gymryd rhan yn seremonïau'r Orsedd yng Nghymru. Yn eu tro, gall gorseddogion sydd ar ymweliad â'r Wladfa ymuno yn y defodau a gynhelir yno. Llywydd, nid Archdderwydd, a etholir i arwain Gorsedd y Wladfa ac, er 2001, ymgymerodd pump at y gwaith. Clydwyn ap Aeron Jones, a ddilynwyd gan ei frawd, Dewi Mefyn, ac

Mynedfa i Barc yr Orsedd

Seremoni Gorsedd Eisteddfod y Wladfa 1913

Yr Archdderwydd Meirion, ynghyd â thros 80 o aelodau Gorsedd y Beirdd yn ailsefydlu Gorsedd y Wladfa ym mis Hydref 2001

yna Geraint Edmunds ac Yvonne Owen. (Mae'n ddiddorol nodi bod merch wedi cyrraedd i brif swydd Gorsedd y Wladfa cyn i Orsedd y Beirdd ethol yr Archdderwydd Christine.) Benito Jones yw'r pumed Llywydd.

Anrhegwyd Coron y Llywydd i Orsedd y Wladfa gan Orsedd y Beirdd ac mae'r arysgrif sydd arni, o waith yr Archdderwydd Meirion, yn dweud:

Coron i Wladfa'r Cewri,
Rhodd gan Gymru yw hi.

Dewiswyd *Ruana* (ynganer Rwana) glas, un o liwiau cenedlaethol yr Ariannin, yn wisg i'r aelodau.

Lleolwyd Cylch yr Orsedd yn y Gaiman, gyda chydweithrediad Cyngor y Dref a'r maer ar y pryd, Raúl Mac Burney. Cariwyd y cerrig o chwarel ger Porth Madryn ac mae'r Cylch yn cael ei dirlunio yn raddol. Bob blwyddyn, ar fore Iau wythnos Eisteddfod y Wladfa, cynhelir yma seremoni i gyhoeddi eisteddfod y flwyddyn ganlynol, pryd y bydd Cadeirydd y Pwyllgor Gwaith yn cyflwyno copi cyntaf y Rhestr Testunau i'r Llywydd. Mae'n gyfle arbennig i dderbyn aelodau newydd, a chydnabod eu cyfraniadau i'r iaith Gymraeg a'r diwylliant Cymreig yn Chubut.

Yvonne Owen, cyn-Lywydd Gorsedd y Wladfa yn dangos y *ruana* a choron y Llywydd

Parti Dawns yng Nghylch yr Orsedd

Rhif 85: Eisteddfod yr Ifainc Llyfr Barddoniaeth i Blant

Cynhwyswyd cystadlaethau ar gyfer yr ifainc bron ym mhob eisteddfod ers ei dechrau. Yn 1948, cynhaliwyd Eisteddfod yr Ifainc am y tro cyntaf, digwyddiad na chafodd ei ailadrodd am flynyddoedd lawer oherwydd i'r drefn eisteddfodol ddod i ben yn 1950.

Cynhaliwyd cystadlaethau i blant ac ieuenctid yn Eisteddfod y Canmlwyddiant fis Hydref 1965. Yn dilyn llwyddiant yr eisteddfod honno, penderfynwyd ei chynnal eto y flwyddyn ganlynol. Fel y digwyddodd pethau, parhaodd y brwdfrydedd a chynhaliwyd hi yn flynyddol oddi ar hynny, gan greu'r cyfnod di-dor hiraf yn hanes yr ŵyl. Yn 1967, trefnwyd noson wedi'i neilltuo yn gyfangwbl ar gyfer cystadlaethau i'r ifainc. Y flwyddyn ganlynol penderfynwyd sefydlu gŵyl ar wahân ar gyfer y cystadlaethau hynny, a chynhaliwyd hi yn ddi-dor oddi ar hynny yn y Gaiman bob mis Medi.

Teimlai'r Pwyllgor Gwaith nad oedd llawer o'r darnau llefaru Cymraeg a ddewisid ar gyfer y cystadleuwyr yn addas ar gyfer pobl ifainc y Wladfa. Roedd y llyfrau barddoniaeth yn dod o Gymru ac yn aml yn sôn am brofiadau diethr i blant y Wladfa. Felly yn 2011 comisiynodd Gorsedd y Wladfa lyfr newydd fyddai'n cynnwys darnau mwy addas. Gofynnwyd i Esyllt Nest Roberts de Lewis fynd ati i gasglu nifer o gerddi gwreiddiol gan feirdd o'r Wladfa a beirdd o Gymru oedd yn gyfarwydd â'r Wladfa i'w cyhoeddi mewn llyfryn bach. Dyma un ohonynt:

Ga i fod yn gaucho?

Ga i fod yn gaucho
a thithau'n ferlen wen,
yn gwibio drwy'r cymylau
cyn i heddiw ddod i ben?

Gawn ni fynd ar garlam,
yn gynt na gwynt y paith,
a'r machlud yn ein tywys
wrth wrido llwybrau'r daith?

Gwibio gyda'r guanaco
dros y twmpathau drain,
a rasio'n gynt na'r estrys
ar ddwygoes heglog, fain,

nes cyrraedd godre'r Andes
a dringo cam wrth gam,
cyn i f'amrannau ddiogi
yng nghoflaid dyner Mam.

Ga i fod yn gaucho
a thithau'n ferlen wen,
yn teithio gwlad o chwedlau
wrth i'r diwrnod ddod i ben?

Esyllt Nest Roberts

Juan y Gwanaco a cherddi eraill

Rhif 86: Y Tai Te a'r Deisen Ddu

Mae'r Gaiman yn adnabyddus fel tref y Tai Te. Mae nifer o fusnesau yn y dref yn cynnig te Cymreig cynhwysfawr drwy'r dydd a gwelir bysiau yn ymlwybro'n araf ar hyd yr heolydd a phob un yn aros o flaen tŷ te i ollwng twristiaid, llawer ohonynt o'r llongau pleser sy'n angori ym Mhorth Madryn. Mae gwledd yn eu disgwyl mewn awyrgylch 'Gymreig', a gweinir te o gacennau, sgons a jam am oriau hir drwy'r dydd. Un o'r danteithion enwog yw'r Deisen Ddu 'Gymreig', ac fe'i gwerthir mewn siopau cofroddion yn ogystal ag yn y tai te.

Mynedfa Tŷ Te Plas y Coed

Tŷ Te y Gaiman

Tŷ Te Tŷ Gwyn

Tŷ Te Caerdydd

Ceir llawer o ryseitiau ar gyfer y deisen hon gan wahanol deuluoedd y Wladfa. Tarddodd y traddodiad o arfer y gwragedd i ddefnyddio amrywiaeth o'r cynhwysion addas a oedd ar gael iddynt ar y pryd.

Rhif 87: O Ben y Bryniau

Ceir golygfeydd eang o Ddyffryn Camwy o ben y bryniau yn y Gaiman. Mae modd gweld ar hyd a lled y dyffryn, sy'n cynnwys ardaloedd ag enwau Cymraeg hyfryd megis Bryn Gwyn, Cefn Hir, Bryn Crwn, Dolavon, Tir Halen, Drofa Fresych, Drofa Dulog, Maes Teg, Treorki, a Bethesda.

Golygfa o Ddyffryn Camwy o ben y bryniau

Pennod 6

Ardaloedd Gwledig Dyffryn Camwy

Rhif 88: Poplys

Cyrhaeddodd Jerry y Wladfa gyda Lewis Jones ac Edwyn Roberts ym mis Mehefin 1865. Ef oedd arweinydd y saith gwas a gyflogwyd ganddynt i baratoi gwersyll i dderbyn y fintai gyntaf (gweler Rhif 4). Ei enw iawn oedd Frank Ames ac roedd ei fam o Calcutta a'i dad yn Wyddel. Fe gyfeiriwyd ato yn gamarweiniol fel Jerry y Mwriad, oherwydd fod ei groen yn dywyll.

Teithiai Jerry yn ôl ac ymlaen rhwng y Wladfa a Phatagones cyn penderfynu ymsefydlu yn y dyffryn gyda'r bwriad o chwilio am aur yn San José (ochr ogleddol Penrhyn Valdés). Ar ei daith olaf daeth â llwyth o blanhigion coed poplys a'u plannu ar fferm Berwyn. Dywedir i'r holl goed poplys yn y dyffryn darddu o'r cyflenwad cyntaf hwn, a heddiw gwelir rhesi di-ben-draw ohonynt yn darparu cysgod amhrisiadwy i ffermydd y dyffryn rhag gwyntoedd cryfion Patagonia. Boddodd Jerry 'yn 32 mlwydd oed. Syrthiodd i'r afon tra yn ei chroesi ei hunan mewn cwch, tra dan ddylanwad diodydd meddwol.' (*Baner ac Amserau Cymru*, Medi 17, 1875)

Poplys Dyffryn Camwy

Rhif 89: Yr Onnen
Drofa Fresych (Drofa Gabets) ger Pont yr Hendre

Cafodd yr ardal yr enw Drofa Fresych neu Drofa Gabets am fod gwragedd y fintai gyntaf, wrth chwilio am lysiau i'w bwydo i'w teuluoedd, wedi dod ar draws planhigyn, cynhenid i'r ardal, a ymdebygai

i fresych. Achosodd hyn i'r brodorion ledaenu'r stori bod plant y gwladfawyr 'yn bwyta gwair'.

Fel mae'r arwydd ger y goeden yn hysbysu, plannwyd yr onnen hon tua 1900 gan un o fintai'r *Mimosa,* sef John ap Williams, Glandwrlwyd, ar ochr ddeheuol Pont yr Hendre. Rhoddodd John a'i wraig Elizabeth (gweler Rhif 112) flynyddoedd hir o wasanaeth ymroddedig i ofalu dros iechyd cleifion eu cymdogaeth, gan nad oedd meddyg cydnabyddedig ar gael wedi ymadawiad Thomas Greene, y meddyg ar y *Mimosa.*

Pan syrthiodd y gŵr ifanc, Edward Price, oddi ar ei geffyl yng nghanol y paith, gan dorri ei goes, bu yno am ddiwrnodau heb i neb wybod am y ddamwain. Wedi dod o hyd iddo, bu'n anodd iawn ei gario i ddiogelwch, gan nad oedd trol o unrhyw fath wrth law ar y pryd. Fe'i cariwyd mewn car-llusg at John Williams yn Glandwrlwyd, er mwyn iddo yntau ei drin a'i wella. Cofir am John Williams fel doctor esgyrn – un o'r dyrnaid fu yn y Wladfa cyn dyfodiad meddygon trwyddedig.

Rhif 90: Pont yr Hendre
Drofa Fresych (Drofa Gabets)

Cyrhaeddodd John Griffiths, o fferm Hendrefeinws ger Chwilog, i Lerpwl yn rhy hwyr i deithio ar y *Mimosa*. Dilynodd y fintai gyntaf mewn llong arall ond, wedi cyrraedd Buenos Aires, nid oedd ganddo ddigon o arian i gwblhau ei daith i Ddyffryn Camwy a bu'n rhaid iddo aros yn y brifddinas.

FRESNO HISTORICO

Plantado hace aprox. 100 años por Jhon AP Williams, colono gales arribado en el Velero "Mimosa".

28 de Julio de 2008

Onnen ger Pont yr Hendre a'r arysgrif ar yr Onnen 'hanesyddol'

Maes o law cafodd waith fel gwas ffarm ar un o *estancias* talaith Buenos Aires. Ymhen dwy flynedd, llwyddodd i gyrraedd pen ei daith a chafodd fferm yn yr ardal, ac wrth gwrs, yr enw a roddodd arni oedd Yr Hendre.

Codwyd y bont gyntaf dros afon Camwy ym mis Mawrth 1893, 200 metr i'r dwyrain o safle'r bont bresennol, rhwng Moriah a Drofa Fresych (neu Drofa Gabets). Agorwyd ffordd uniongyrchol o'r bont at yr orsaf er mwyn i'r ffermwyr fedru cludo eu cynnyrch at y rheilffordd yn Nhrelew i'w hanfon oddi yno i Borth Madryn i'w hallforio. Adeiladydd y bont oedd Gutyn Ebrill ac o'i chwmpas codwyd nifer o fythynnod bach ac yn eu plith adeilad â'r enw crand *The Bridge Hotel*. Codwyd toll ar y ffermwyr cyn croesi'r bont; 12 swllt am y dunnell gyntaf (llond cerbyd), 11 swllt am yr ail dunnell a 10 swllt am y drydedd.

Dywedir i warchodwr y bont fynd am ei ginio un tro, gan adael ei fab ar ddyletswydd. Daeth gwraig ifanc heibio (Margaret, gweddw Aaron Jenkins, yn ôl yr hanesydd Matthew Henry Jones) a holodd faint oedd cost y doll. Atebodd y mab mai ugain sent ydoedd i farchog ar ei geffyl. Ei hateb chwim hithau oedd, 'Wel, merch wyf fi ar gefn caseg, felly does dim rhaid i mi dalu dim!' ac i ffwrdd â hi gan adael y llanc yn gegrwth!

Yn 1921, cyhuddwyd y Cyngor o beidio â gofalu am gynnal a chadw'r bont.

Y mae Wm James ac Anti Mary wedi dod i fyw i Drelew o Coed Gleision ers yn agos i flwyddyn

133

bellach. Diwedd Mai diwethaf, cyfarfyddodd eu mab Stephen a'i ddiwedd mewn modd alaethus iawn, trwy i bont yr Hendre fynd i lawr odano ef a'i lwyth, collodd ei fywyd ei hun, a boddodd ei bedwar ceffyl, malodd y wagon yn dipiau, a chollodd ei lwyth cynhaeaf hadau hefyd, y cwbwl oherwydd esgeulustod y Cyngor ddim yn gofalu am y bont. (Mari Emlyn, *Llythyrau'r Wladfa 1865-1945*)

Yn anffodus, caewyd y bont hon droeon ar draws y blynyddoedd oherwydd ei hansefydlogrwydd, ac adnewyddwyd hi sawl gwaith.

Agorwyd hi o'r newydd, wedi'i chryfhau unwaith eto, yn 2008, ac mae hi'n hollol ddiogel yn awr.

Rhif 91: Drofa Dulog – Capel Nazareth (Dulog = Armadilo)

Adeiladwyd y capel yn 1891 ar fferm William Rees gan Evan Jones Triangl. Capel yn perthyn i enwad yr Annibynwyr ydoedd yn wreiddiol. Dywedir bod yn rhaid i aelodau gyrraedd yn brydlon os nad oeddent eisiau teimlo cywilydd gan fod y fynedfa ym mlaen y capel wrth ochr y pulpud a hwyr-ddyfodiaid yn gorfod cerdded at eu seddau yng ngŵydd pawb!

Gweinidog cyntaf y capel oedd y Parchedig David Lloyd Jones, a gyrhaeddodd y Wladfa yn 1874 (gweler Rhif 24). Fe'i hanfonwyd allan i genhadu ymhlith y brodorion. Adeiladodd dŷ mawr gyda llawer o ystafelloedd ar gyfer lletya eu

Pont ddrylliedig yr Hendre

Ceffylau a foddwyd pan gwympodd Pont yr Hendre

Pont yr Hendre heddiw

plant, er mwyn eu haddysgu a'u 'gwareiddio'. Ond methiant fu'r agwedd yma o'i waith gan nad oedd y brodorion yn fodlon gadael eu plant yno. Yr unig beth a'u denai i gyfarfodydd y capeli oedd y canu!

Roedd David Lloyd Jones yn ddyn dysgedig ac yn feddyliwr mawr. Wedi iddo gyrraedd y Wladfa, roedd yn llym ei feirniadaeth o'r arweinyddiaeth, a bu anghydfod cas rhyngddo ef a Lewis Jones. Aeth mor bell â chyhuddo Lewis Jones o fod 'ym mhob peth gwladfaol yn hollol ddiegwyddor.'

Fe'i hetholwyd yn Ynad, ac yn ei araith etholiadol, dywedodd fod anghenion y Wladfa yn disgyn i dri maes: yn gyntaf, yr angen am sylfaen wleidyddol gadarn a pharhaol; yn ail, porthladd rhydd er mwyn masnachu'n uniongyrchol â Phrydain; ac, yn drydydd, addysg Gymraeg gyda Saesneg a Sbaeneg fel dwy ail iaith.

Bu farw ar 6 Medi 1910 ac fe'i claddwyd ym mynwent Moriah (gweler Rhif 49).

Rhif 92: Treorki – Capel Bethlehem

Codwyd yr adeilad presennol yn 1908 ar fferm John Roberts, er mwyn arbed i'r aelodau orfod teithio i gapeli Moriah a Threlew. Perthynai i enwad y Methodistiaid Calfinaidd.

Bu dau gapel arall o'i flaen yn yr ardal. Sefydlwyd capel Frondeg, oedd yn perthyn i enwad y Bedyddwyr, ar 14 Ionawr 1877. Dyma unig gapel yr enwad yn y Wladfa, ac roedd o dan ofalaeth y gweinidog, W Casnodyn Rhys. Yr ail gapel oedd Bethlehem, a godwyd yn 1895 ac a berthynai i'r Methodistiaid Calfinaidd. Dinistriwyd y ddau adeilad yn llifogydd 1899.

Capel Nazareth, Drofa Dulog

Capel Bethlehem, Treorki

135

Yn gynnar yn ei hanes, gosodwyd aelodau capel Frondeg mewn sefyllfa sensitif iawn. Derbyniwyd cais am aelodaeth gan ddyn o'r enw Charles Griffiths. Er ei fod yn briod yn y Wladfa, roedd sibrydion ar led fod ganddo wraig arall yng Nghymru. Penderfynwyd peidio â'i dderbyn yn aelod hyd nes darganfod y gwir. Bu aelod o'r capel ar ymweliad â Chymru ac aeth ati i ymchwilio ymhellach. Daeth o hyd i'r wraig gyntaf, a dangosodd hithau dystysgrif priodas iddo. Roedd ei disgrifiad o'i gŵr yn cyfateb i'r dyn yn y Wladfa. Sylwodd yr ymwelydd fod ei merch fach 'yr un ffunud â Charles Griffiths'. Yna, anfonodd rybudd at ysgrifennydd y capel i beidio â derbyn y cymeriad amheus i'w plith hyd nes i'r sefyllfa gael ei datrys. (Robert Owen Jones, *Yr Efengyl yn y Wladfa*)

Yng nghanol yr haf y mae dathlu'r Nadolig ym Mhatagonia, ac roedd gan Irma Hughes de Jones atgofion melys o ddathlu'r ŵyl yn y capel hwn yn y 1920au:

> Mynd i'r capel gyda'r nos i'r cyfarfod plant ac roedd hi'n fendigedig o braf. Arogl blodau yn gymysg â gwair newydd ei dorri. Murmur y dŵr yn rhedeg i'r caeau sychion oedd wedi crino yng ngwres y dydd ac arogl mwyn y lleithder yn codi ohonynt. Yr unig beth â'n poenai oedd y *mosquitos* a ddeuai weithiau o'r caeau yn fyddinoedd i ymosod arnom ni a'r hen geffyl ffyddlon a dynnai y cerbyd pedair olwyn y teithiem ynddo. (Irma Hughes de Jones, *Atgofion o Batagonia*, gol. R Bryn Williams)

Rhif 93: Bryn Gwyn – Capel Seion

Adeiladwyd y capel cyntaf yn 1883 ar fferm o eiddo Evan Lewis ar gyfer Methodistiaid Calfinaidd yr ardal. Fe'i dinistriwyd gan storm yn 1888, ond fe'i codwyd o'r newydd maes o law. Ychwanegwyd festri yn 1907 ac ehangwyd y capel yn 1911 i ddarparu lle i ragor o deuluoedd.

Gosodwyd trydan ynddo yn 1928 ac yn 1933 derbyniwyd organ newydd er cof am John Henry Jones, ffermwr blaenllaw lleol, gan ei weddw. Erbyn hyn mae'r capel yn perthyn i Eglwys Fethodistaidd yr Ariannin.

Y tu allan i'r capel mae cofgolofn i'r Parchedig Robert Jones, Treuddyn. Fe'i hordeiniwyd yn weinidog ym mis Mehefin 1890 a'i anfon yn genhadwr i'r Wladfa ym mis Hydref. Bu ei weinidogaeth yn Seion Bryn Gwyn yn llewyrchus a sefydlodd Gymanfa Ysgolion a Gobeithlu. Agorwyd tafarn yn ardal gyfagos Cefn Hir, ond oherwydd gwaith dyfal gan y Gobeithlu, fe'i gorfodwyd i gau ymhen tri mis. Anfonodd mab Robert Jones benillion i *Drysorfa'r Plant* yn adrodd yr hanes.

Ar ôl clywed am y Diwygiad yng Nghymru, roedd llawer yn y Wladfa yn dyheu am weld deffroad tebyg yn eu plith. Anogodd Robert Jones ei gynulleidfa i weddïo amdano ar awr benodedig bob dydd, sef un o'r gloch y prynhawn, ymhle bynnag yr oeddent ar y pryd. Ar 17 Mai 1905, mewn cyfarfod unedig rhwng Seion Bryn Gwyn a Bethel y Gaiman, fe dorrodd y Diwygiad yn y Wladfa.

Capel Seion, Bryn Gwyn, wedi'i adnewyddu

Cofeb y
Parchedig
Robert Jones

Wedi derbyn ei addysg yng Nghymru, dychwelodd y Parchedig John Lewis, brodor o'r Wladfa, o dan y dybiaeth fod Cyfundeb y Methodistiaid Calfinaidd yng Nghymru wedi ei anfon i gydfugeilio â'r Parchedig Robert Jones. Achosodd hyn dipyn o anghydfod ymysg y gynulleidfa. Mynnodd rhai o'r aelodau y dylid rhannu'r cyflog rhwng y ddau. Pan glywodd y cyfundeb am y trafferthion, penderfynasant atal eu cyfraniad i gyflog y gweinidog. Yn y modd hwn, roeddent yn cosbi'r Wladfa a'r ddau weinidog, er nad oedd y naill na'r llall ar fai, am flerwch a achoswyd ganddynt hwy. (R Bryn Williams, *Lloffion o'r Wladfa*)

Bu Robert Jones farw yn yr Ysbyty Prydeinig yn Buenos Aires yn 1913 ac fe'i claddwyd ym mynwent Chacarita, un o faestrefi'r ddinas.

Yn ddiweddar, derbyniwyd arian o goffrau Llywodraeth yr Ariannin ar gyfer ymestyn ac adnewyddu'r capel, gan ei fod ar y rhestr adeiladau hanesyddol cenedlaethol.

Rhif 94: Bryn Gwyn / Cefn Hir – Yr Amaethwr

Lleolir y cerflun y tu allan i Goleg Amaethyddol Bryn Gwyn (sydd ar y ffin ag ardal Cefn Hir) a sefydlwyd ar 11 Ebrill 1989 (Colegio Agrotécnico Benito Owen, a enwyd ar ôl ffermwr lleol a fu farw'n ddisymwth).

Bryn Gwyn – Yr Amaethwr

Yr Amaethwr

Mae ôl y brwydro caled gyda'r chwyn,
I'w weld yn amlwg ar ei rudd a'i law;
Ac ar yn ail â'r chwys yn ddafnau bras
Disgyn wna'r sgubau yn gawodydd trwm:
Y menni llwythog dynnant tua'r das,
A'r maes toreithiog welir eto'n llwm.

Morris ap Hughes 1937
(yn Gareth Alban Davies, *Tan Tro Nesaf*)

Rhif 95: Lle Cul (*La Angostura*) – Capel Salem

Rhoddwyd yr enw hwn ar yr ardal oherwydd bod yr afon a'r ffos fawr yn rhedeg yn agos at y bryniau, ac yn gadael ychydig iawn o le ar gyfer y ffordd sy'n arwain o Fryn Gwyn at Dir Halen ar ochr ddeheuol afon Camwy.

Yn nhŷ Dafydd Jenkins yr oedd gwladfawyr cyntaf yr ardal yn cyfarfod i addoli yn 1887. Cynhaliwyd Ysgol Sul i'r plant, ac oedfaon bore a nos Sul ar gyfer yr oedolion. Gadawodd Dafydd Jenkins am Sarmiento yn 1901 a symudodd y gynulleidfa i gapeli eraill.

Adeiladwyd y capel presennol (a oedd yn perthyn yn wreiddiol i enwad yr Annibynwyr ond a ddaeth wedyn yn rhan o Undeb Eglwysi Rhyddion y Wladfa) yn 1912. Dyma'r unig gapel sinc yn y Wladfa, ond gwnaed ochr fewnol y waliau o bren.

Gwelwyd newidiadau ym myd amaeth dros y blynyddoedd. Fel y sefydlogwyd y ffermydd wedi llifogydd 1899, gwenith oedd y prif gnwd. Roedd safon y cynnyrch yn uchel, gan ennill gwobrau byd-eang, ac mewn adroddiad i Lywodraeth Prydain yn 1902, dywedwyd bod gwenith y Wladfa yn 'cymharu'n rhwydd â gwenith Manitoba'.

Cynyddodd yr arfer o dyfu alffalffa yn ogystal â gwenith o 1894 ymlaen nes erbyn 1936 roedd yn 70% o'r cynnyrch. Magwyd gwartheg, defaid a cheffylau, a heddiw gwelir llawer o berllannau ffrwythau ar hyd a lled y dyffryn.

La Angostura (Lle Cul)

Capel Salem (Lle Cul)

Rhif 96: Capel Bryn Crwn

Yn 1884 adeiladwyd capel cyntaf yr ardal hon, a wasanaethai yn ogystal (fel bron pob capel arall) fel ysgol gynradd. Er mwyn croesawu cynulleidfa o'r gymdogaeth gyfan, penderfynwyd na fyddai'r capel yn perthyn i'r un enwad. Bu'n rhaid dymchwel yr adeilad yn ddiweddarach oherwydd i Edward Owen a Llwyd ap Iwan, wrth ail fesur tiroedd y dyffryn, ddarganfod bod yr adeilad bellach ar ganol y ffordd. Roedd mesuriadau Julio V Diaz a Thomas Dodds yn anghywir oherwydd nad oedd y naill fesurydd (y cyntaf yn 1865) na'r llall (yn 1875) wedi ystyried yr angen am heolydd.

Codwyd ail gapel ar fferm William Williams Mostyn. Ond fe'i dinistriwyd gan lifogydd 1899. Fe'i hadeiladwyd am y trydydd tro yn 1900 ar ei safle presennol. Yn ôl y diweddar Gerallt Williams, a fu'n aelod o gapel Bryn Crwn,

Yn ystod y llifogydd (y flwyddyn flaenorol) daeth heibio'r man cwch yn cario, ymhlith eraill, Catherine Hughes de Mariani. Sylwodd un o'r teithwyr bod y safle hwn yn uwch nag uchder dŵr y llifogydd, a nododd y byddai yn safle da i adeiladu capel, heb sylweddoli mai perchennog y tir oedd Catherine Hughes. Dywedodd hithau 'Yr Arglwydd a'i pia!'

Ond roedd amod i'r rhodd. Pe byddai'r capel yn peidio â bod yn anenwadol, byddai'r tir yn dychwelyd i eiddo'r perchnogion gwreiddiol.

Tra oedd y capel yn cael ei adeiladu, cynhaliwyd

Capel Bryn Crwn

cyfarfodydd yn fferm gyfagos Llain Las, eiddo John Davies, tad Ellen Davies (Nel Fach y Bwcs).

Rhif 97: Gŵyl y Glaniad
Yn y Bae Newydd
Mae gan R J Berwyn adroddiad manwl iawn yn *Y Drafod* am ddathliadau Gŵyl y Glaniad yn 1867, pan oeddent ym Mhorth Madryn, wedi gadael eu cartrefi yn y dyffryn gan ddisgwyl ymfudo i rywle gwell (gweler Rhif 40).

> Cyneuwyd coelcerth anferth ar y traeth; bu anerchiadau, adroddiadau a chanu i gyfeiliant consertina ac acordion; a'r bore canlynol cynhaliwyd 'Gêmau Olympaidd cyntaf y Cymry', er mawr ddifyrrwch i'r bobl ifainc.
> Ar y traeth, roedd cystadlaethau i ddynion a merched, yn cynnwys rasys ar droed ac ar gefn ceffyl, saethu, a hela gyda *bolas* a *lazo*. Gwahoddwyd brodorion llwyth Galats i ymuno yn y cystadlu, ac

enillodd nifer ohonynt wobrau. (Elvey MacDonald, *Yr Hirdaith*)

Mae'n arferiad ym Mhorth Madryn, ers rhai blynyddoedd, i ddathlu Gŵyl y Glaniad gyda seremoni sy'n portreadu'r glanio (1865), cyfarfod y brodorion (1866), a'r dathliadau uchod (1867), i gyd mewn un achlysur poblogaidd.

Ym Mryn Crwn
Mae dathlu Gŵyl y Glaniad ar 28 Gorffennaf bob blwyddyn yn parhau hyd heddiw yn ddiwrnod pwysig yn y Wladfa, a chynhelir cyfarfodydd a chyngherddau mewn nifer o ardaloedd. Yn 1957, rhoddwyd statws talaith i Chubut, a chynhaliwyd yr etholiadau cyntaf yn Chwefror y flwyddyn ganlynol. Un o'r penderfyniadau cyntaf a gymerwyd oedd cyhoeddi bod Dydd Gŵyl y Glaniad i fod yn ŵyl daleithiol.

Mae gan Gweneira Davies de Gonzâlez de Quevedo atgofion clir o'r dathliadau ym Mryn Crwn yn ystod ei hieuenctid.

> Roedd pawb yn edrych ymlaen at y dyddiad hwn er ei ddathlu yng nghanol y gaeaf oer. Roedd pwyllgor arbennig ar gyfer y trefniadau a phawb yn paratoi at y te, y chwaraeon a'r cyngerdd ar ddiwedd y dydd. Tua thri o'r gloch y pnawn roedd y byrddau wedi eu gosod yn daclus gyda llieiniau bwrdd gwyn ac arnynt y llestri lliwiog gorau yn sgleinio. Roedd y genethod ifanc yn cael y fraint o dendio'r byrddau ac yn serchog a mawreddog gyda'u hambwrdd yn eu llaw gyda jwg llaeth a'r basin siwgwr yn barod. Dros eu ffrogiau

Rasus Sortija

Te Gŵyl y Glaniad

Chwaraeon Gŵyl y Glaniad – Tynnu'r rhaff

gorau roeddynt yn gwisgo ffedog wen dwt a dyna nhw drwy'r prynhawn yn cyflwyno'r te blasus gyda bara menyn, jam, caws a theisennau lawer. Allan roedd coelcerth o dân ac arno sosbenni yn berwi dŵr ac mi roedd y gorchwyl yma o dan ofal y dynion.

Wedi'r te roedd y chwaraeon wedi eu trefnu: rasys ar draed, rhedegfa ar geffylau, dal y mochyn wrth ei gynffon wedi ei seboni, dringo post wedi cael sebon hefyd, cystadleuaeth rhoi'r edau mewn nodwydd ac ati. I ddiweddu'r dathliad roedd cyngerdd gwych a phawb yn mynd adre mewn llawenydd mawr. Roedd pob cenedl yn uno … (*Bywyd yn y Wladfa*, gol. Cathrin Williams)

Bwthyn Llain Las

Rhif 98: Bryn Crwn – Llain Las

Llain Las oedd cartref Ellen Davies, gwrthrych y llyfrau *Nel Fach y Bwcs*, *Ffarwel Argentina* ac *O Drelew i Drefach*, y ddau gyntaf yn gofiannau ohoni, a'r trydydd yn ail argraffiad cyfun o'r ddau arall, a ysgrifennwyd gan ei merch yng nghyfraith, Marged Lloyd Jones. Gwnaethpwyd ffilm deledu yn portreadu ei bywyd, sef *Poncho Mamgu*. Mae'r tŷ fferm wedi cael ei adnewyddu ar gyfer y diwydiant twristaidd, yn arddangos enghraifft o gartrefi'r cyfnod.

Band of Hope Capel Bethesda

Rhif 99: Maes Teg – Capel Bethesda

Arferai trigolion yr ardal addoli yng nghapel bach Glan Alaw a berthynai i enwad y Methodistiaid Calfinaidd. Ond cododd enwadaeth ei phen. Roedd llawer o Annibynwyr ymhlith y gynulleidfa,

Capel Bethesda

ac ar ôl ymgynghori gyda'r Parchedig Abraham Matthews, fe'u cynghorwyd i adeiladu capel arall fyddai'n perthyn i'r Annibynwyr. Adeiladwyd yr hen gapel ar dir y Parchedig William Morris yn 1895, a'i alw'n Bethesda.

Ymhen rhai blynyddoedd aeth y capel hwnnw yn rhy fach i'r gynulleidfa ac adeiladwyd y capel presennol rhwng 1903 a 1904 ar fferm Griffith Pugh.

Capel Glan Alaw

Rhif 100: Maes Teg – Capel Glan Alaw

Adeiladwyd y capel Methodistiaid Calfinaidd hwn yn 1887 ar fferm Owen Jones Glan Alaw, i wasanaethu trigolion ardal Maes Teg. Symudodd llawer o'r gynulleidfa a oedd yn perthyn i enwad yr Annibynwyr i gapel Bethesda a godwyd yn yr ardal yn 1895 (gweler Rhif 99).

Ymlith ffyddloniaid Glan Alaw roedd y bardd William Hughes (Glan Caeron) a'r cerddor Dalar Evans.

Glan Alaw (ynghyd â Chapel Berwyn, Rawson) yw un o gapeli lleiaf y Wladfa, 5 metr o led, 10 metr o hyd a 5 metr o uchder.

Rhif 101: Maes Teg – Eglwys Llanddewi

Dyma unig addoldy'r Cymry yn Nyffryn Camwy sydd â thŵr a chloch yn rhan ohono. Daeth y gloch, sydd dros 300 oed, o eglwys Llanllyfni, Arfon, ac wrth ei chlywed yn canu ar fore Sul,

ysgrifennodd William Hughes (Glan Caeron) gerdd hiraethus iddi. Dyma ran ohoni:

> Henafol gloch Llanllyfni,
> Mae sŵn dy ding-dong di
> Yn fywyd i atgofion
> Am fore oes, am Arfon
> A'i theg lechweddau hi.

> Henafol gloch Llanllyfni,
> A oes hiraeth arnat ti
> Am Arfon hardd, fynyddig
> A Chymru gysegredig?
> Mae hiraeth arnaf fi.

> (yn R Bryn Williams, *Lloffion o'r Wladfa*)

Derbyniwyd harmoniwm gan Gymdeithas y Genhadaeth o eglwys Chwarel y Cae, Bethesda, Arfon.

Yn ystod ei ymgyrch genhadol dros y fenter

Cloch Eglwys Llanddewi

Eglwys Llanddewi

Wladfaol yn 1861–62, bu Edwyn Cynrig Roberts yn lletya gyda'r Parchedig D Walter Thomas yn rheithordy Eglwys y Santes Anne, Llandygái. Tyfodd cyfeillgarwch rhyngddynt a dywedir i Edwyn, o dan ddylanwad yr offeiriad, ddod i gredu mai'r Eglwys Sefydledig oedd gwir eglwys y Cymry – Yr Hen Eglwys Frytanaidd, ac ni wyrodd byth wedyn o'r ffydd honno. Ond efallai bod yna esboniadau eraill am ei dröedigaeth. Gallai hynny fod wedi digwydd yn ystod ei arhosiad gyda'i ewythr yn Wigan, pryd y byddai wedi mynychu'r eglwys leol. Yr ail o Dachwedd 1861, cynhaliodd Edwyn gyfarfod cyntaf y Mudiad Gwladychfaol yn Aberpennar, Morgannwg, ac yno y cyfarfu â theulu John Jones – Eglwyswyr o argyhoeddiad. O gofio ei fod wedi priodi ag Ann, un o ferched y teulu, yn Ebrill 1866, (gweler Rhif 26) tybed

ai ei gyfeillgarwch â hwy a ddylanwadodd arno? Yn ogystal, roedd yna Eglwyswyr ymhlith rhai o'i hynafiaid.

Heddiw, gwelir bedd Edwyn Roberts ac Ann ym mynwent Eglwys y Santes Anne, Mynydd Llandegái, ger Bethesda, eglwys sydd wedi cau ei drysau ers rhai blynyddoedd (gweler Rhif 51).

Wedi iddo ymfudo i'r Wladfa yn 1865, parhaodd Edwyn Roberts i ymarfer ei ffydd Anglicanaidd. Apeliodd i Gymru am ficer i wasanaethu yn y Wladfa, ond yn ofer tan 1875 pan anfonwyd eglwyswr selog 17 oed o Landdewibrefi yng Ngheredigion, sef Jonathan Ceredig Davies, i wasanaethu yno. Yn ddi-dâl, cynhaliodd Ysgol Sul a gwasanaethau crefyddol ym Mryn Antur, cartref Edwyn ac Ann Roberts, ac mewn ffermdai eraill yn y dyffryn. Profodd wrthwynebiad oddi wrth rai o'r gweinidogion Anghydffurfiol, hyd nes i Michael D Jones hybu cydweithrediad rhyngddynt yn ystod ei ymweliad â'r Wladfa yn 1882. Ymhen rhai blynyddoedd, yn 1891, dychwelodd Jonathan Ceredig Davies i Gymru. Gwelir ei fedd ym mynwent Eglwys Llanddewibrefi.

Anfonwyd apêl at esgobion Cymru am gymorth i gynnal ficer, ond gwrthodwyd y cais am fod yr esgobion wedi derbyn adroddiad anffafriol am y Wladfa gan y Swyddfa Dramor yn Llundain. Yna, dan arweiniad y Canon D Walter Thomas (cyfaill i Edwyn Roberts) ac Arglwydd Penrhyn, casglwyd digon o arian i anfon y Parchedig Hugh Davies (Hywel Ddu o Arfon) yno dan nawdd y *South American Missionary Society*. Cyfrannodd Arglwydd Penrhyn £300 tuag at ei gyflog.

Bu Hugh Davies yn gaplan yn y Wladfa o 1883 hyd 1909. Wynebodd feirniadaeth yn 1888 am ei fod yn treulio amser yn ffermio yn ogystal â gweinidogaethu, a gostyngwyd ei gyflog yn 1890 o £300 i £150!

Yn 1891, codwyd yr adeilad cyntaf gan Hugh Davies ei hun, ac ef a'i cysegrodd a'i enwi yn Llanddewi ar ôl plwyf genedigol Jonathan Ceredig Davies. Yn 1896, anfonwyd caplan arall i'r Wladfa, sef y Parchedig D G Davies ac adeiladwyd ail eglwys yn Nhrelew yn 1897, sef Eglwys Sant Marc, a gysegrwyd gan Esgob Ynysoedd y Malvinas. Yn dilyn anghydfod rhwng y ddau gaplan, ymadawodd D G Davies â'r Wladfa.

Dinistriwyd adeilad Eglwys Llanddewi yn rhannol gan gorwynt yn 1909, ac fe'i dymchwelwyd yn 1914. Cynlluniwyd yr adeilad presennol gan wraig y Parchedig David Williams, ficer eglwys Sant Marc, Trelew.

Ficer olaf Eglwys Llanddewi oedd y Parchedig Samuel Morgan (1936–1942). Bu'r adeilad ar gau wedi hynny tan ei adnewyddu eto a'i ailgysegru yn 1989. Heddiw, cynhelir gwasanaethau Anglicanaidd yno yn achlysurol, a chymanfaoedd canu a gynhelir yn holl addoldai Cymreig y Wladfa yn eu tro, fel rhan o raglen flynyddol Cymdeithas Dewi Sant.

Dolavon

Rhif 102: Olwynion Dŵr

Gelwir Dolavon yn 'dref yr olwynion dŵr' (*La ciudad de las norias*) oherwydd yr olwynion sydd i'w gweld ar hyd y ffosydd yn y dre. Addurniadau yw'r rhain bellach ond ers talwm byddai bwcedi bach yn sownd ynddynt yn codi dŵr a'i arllwys i gafnau oedd yn eu tro yn llenwi ffosydd bach i ddyfrhau y gwelyau blodau o'u hamgylch.

Sefydlwyd y dref yn 1918, ond y dyddiad a ddethlir yn flynyddol yw 21 Ebrill 1919, sef dyddiad sefydlu Cyngor y Dref.

Rhif 103: Gorsaf Drenau Dolavon

Cyrhaeddodd y rheilffordd i Ddolavon yn 1915 ac aeth ymlaen i Ddôl y Plu (*Las Plumas*) erbyn 1920. Dolavon oedd yr orsaf olaf yn y dyffryn.

Breuddwyd a bwriad y Cwmni Rheilffordd oedd ymestyn y llinell hyd at borthladd Valparaíso ar y Môr Tawel yn Chile. Roedd Llywodraeth yr Ariannin o blaid y syniad, ac fe gynigiwyd tiroedd am ddim i'r cwmni. Ar y pryd roedd yr Ariannin a Chile yn ymarfogi oherwydd dadleuon ffyrnig a pharhaus rhyngddynt ynglŷn â ffiniau'r ddwy wlad yn yr Andes. Roedd yna deimlad y medrai'r rheilffordd fod wedi lleddfu'r tensiynau. Ond roedd y gost yn ormod ac ni lwyddwyd i wireddu'r cynllun.

Rhif 104: Yr CMC

Ffurfiwyd Cwmni Masnachol y Camwy, neu'r Compañía Mercantil de Chubut, neu'r Chubut Mercantile Company (Yr Ec Em Ec, fel y'i gelwid) yn 1885 a thyfodd i fod yn hynod o bwysig yn hanes y Wladfa. Roedd canghennau o'r cwmni i'w gweld ymhob tref yn y dyffryn ac yn ehangach, mor bell â'r Andes a Comodoro Rivadavia. Mae adeilad yr CMC yn Nolavon wedi ei adfer gan Gyngor y Dref ac, o edrych o gwmpas ar y cownteri hir graenus a'r silffoedd eang, mae'n amlwg bod y cwmni wedi bod yn eithriadol o lewyrchus a llwyddiannus yn ystod ei oes aur. Chwaraeodd ran allweddol yn economi'r rhanbarth.

Y gamlas yn Nolavon

Olwyn ddŵr

Hen orsaf drenau Dolavon

Y sefyllfa cyn ffurfio'r CMC

Yn ystod yr ugain mlynedd cyntaf yn hanes y Wladfa, roedd y gwladfawyr yn ddibynnol ar fasnachwyr Buenos Aires a'r busnesau Archentaidd yn Nhrerawson er mwyn gwerthu ac allforio cynnyrch eu ffermydd. Teimlent dan ormes oherwydd bod y masnachwyr yn talu prisiau isel iddynt am eu cynnyrch, ond yn codi crocbris arnynt am nwyddau. Roedd dyledion y gwladfawyr yn cynyddu'n gyson a'r sefyllfa yn achosi llawer o galedi iddynt.

Wynebai'r masnachwyr hefyd gostau uchel. Llongau cymharol fach oedd ganddynt a chost eu cynnal yn ddrud. Roedd y nwyddau a gâi eu mewnforio o Buenos Aires yn mynd drwy lawer o ddwylo cyn cyrraedd y Wladfa, a'r prisiau yn codi bob tro. Yn ogystal, roedd prinder cyfalaf yn broblem iddynt oherwydd yr arfer o estyn credyd hir-dymor i'r ffermwyr – 'talu ar ôl y cynhaeaf'.

Dechrau'r CMC

Roedd Dafydd Roberts (gweler Rhif 54), Y Gaiman, eisiau symud i'w dyddyn yng ngwaelod y dyffryn uchaf ac angen prynu coed ar gyfer rhoi to ar ei gartref. Aeth at y masnachwyr yn Nhrerawson gan gynnig talu â gwenith o'i gynhaeaf llwyddiannus. Ond cynigiwyd telerau anffafriol iawn iddo gan bob un ohonynt, a methodd brynu'r coed angenrheidiol. Ar ei ffordd adref, ceisiodd feddwl am atebion i'r sefyllfa. Ymgynghorodd ag Evan Jones Triangl, Thomas T Awstin a'r Parchedig John Caerenig Evans.

Adeilad yr CMC yn Nolavon. Gwerthwyd y rhan o'r adeilad a welir ar y llaw chwith i'r llun

Adeilad yr CMC lle gwelir yr adain chwith yn gyflawn

Ddechrau mis Mawrth 1885 cyfarfu chwech o wladfawyr yn nhŷ Dafydd Roberts a phenderfynu mai da o beth fyddai ffurfio cwmni cydweithredol. Wedi ymgynghori ymhellach gyda ffermwyr eraill, cafwyd cyfarfod cyntaf 'y Cop' yn y Gaiman ar 25 Mai 1885.

Anfonwyd T T Awstin i Buenos Aires i brynu sachau a nwyddau angenrheidiol eraill ar gyfer y fenter, ac i logi llong. Cafodd gymorth yn Buenos Aires gan D M Davies, peiriannydd o Gymro a dyn dylanwadol yn y brifddinas.

Roedd masnachwyr di-Gymraeg Trerawson yn gwrthwynebu'r cwmni newydd yn chwyrn a gwrthodasant rentu stordy iddo ar gyfer y nwyddau a gyrhaeddodd o'r brifddinas. Gorfodwyd yr CMC i adeiladu sied newydd.

Y ffermwr cyntaf i ymddiried ei gynhaeaf i'r CMC oedd Benjamin Brunt (gweler Rhif 106).

Penderfynwyd talu cyflog i swyddogion y cwmni, ac etholodd y cyfranddalwyr arolygydd a 12 cyfarwyddwr. Byddai elw'r cwmni yn cael ei dalu ar ffurf disgownt neu log. Roedd costau cludo cynnyrch y ffermydd o'r dyffryn i Drerawson yn ddrud iawn, ac roedd ceg afon Camwy yn achosi problemau i'r llongau, a fyddai'n gorfod oedi am amser hir cyn medru mynd mewn i'r porthladd neu allan ohono. Meddyliwyd llawer am yr angen i adeiladu rheilffordd o'r dyffryn i borthladd hwylus Porth Madryn.

Yn ei anterth

Tyfodd yr CMC yn gwmni llewyrchus ac i fod yn symbol o lwyddiant y Wladfa. Mewnforiwyd pob math o nwyddau, o'r peiriannau diweddaraf ar gyfer y ffermydd a'r holl nwyddau amaethyddol, pob teclyn ar gyfer y tŷ, dillad a defnyddiau o

Silffoedd a staff a rhai cwsmeriaid Cangen Dolavon o'r CMC

ansawdd da a'r ffasiynau diweddaraf, a hyd yn oed y ceir cyntaf yn y Wladfa. Roedd ganddo 13 o ganghennau ac roedd y staff a'r rheolwyr yn siarad Cymraeg, felly dyna oedd iaith weinyddol y cwmni ac iaith masnach.

Datblygodd Cyfarfod Blynyddol yr CMC i fod yn ddigwyddiad o bwys mawr yn y Wladfa. Dyma gyfle i bawb fynegi eu barn a hefyd eu cwynion (ac roedd llawer o'r rheini!), a chafwyd amryw o gyfarfodydd tanllyd iawn ar draws y blynyddoedd

Tranc

Erbyn y 1920 a'r 1930au roedd y cwmni mewn trafferthion ac yn gwanhau'n gyflym. Roedd nifer o resymau am y dirywiad. Dibrofiad a di-ddisgyblaeth oedd yr arolygwyr. Roeddent yn ymffrostio yn y llogau uchel a dalwyd i'r cyfranddalwyr. Prynwyd tiroedd a nwyddau ganddynt pan oedd prisiau'n uchel a chollwyd cyfalaf mawr wrth i'r rheini ddisgyn. Dyma ddisgrifiad o gyflwr y cwmni mewn llythyr a ysgrifennwyd yn 1926 gan Huw Gruffydd at Mihangel ap Iwan:

Hysbysebion yr CMC yn *Y Drafod*

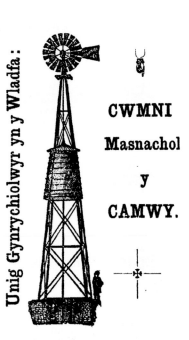

Unig Gynrychiolwyr yn y Wladfa :

CWMNI

Masnachol

y

CAMWY.

Unig Gynrychiolwyr yn y Wladfa :---

MOWER — TORWR ALFALFA.   MOWER — TORWR ALFALFA.

CWMNI MASNACHOL Y CAMWY.

YDRAFOD
Ar werth gan yr unig GYNRYCHIOLWYR ar y CAMWY
C. M. C

UNION MODEL

Nis gwn beth i feddwl o'r hen Goop y dyddiau hyn. Nid oes yng nghangen Gaiman na the, na siwgr, reis, na chanhwyllau, nac odid ddim o'r angenrheidiau beunyddiol sydd arnom eu hangen fel aelodau a chwsmeriaid. (R Bryn Williams, *Y Wladfa*)

Ceisiodd y cyfarwyddwyr a'r rheolwyr berswadio ffermwyr i roi eu tiroedd yn warant i'r banc er mwyn cadw'r cwmni ar ei draed, a llwyddwyd i berswadio llawer. Yn raddol, wrth i'r sefyllfa waethygu, gwerthodd y rheolwyr eiddo'r ffermwyr oedd mewn dyled iddynt er mwyn talu dyledion y cwmni a chollodd nifer fawr o'r cyfranddalwyr eu holl eiddo. Digwyddodd sawl achos o dwyll a manteisiodd rhai o swyddogion y cwmni ar farwolaeth amaethwyr i droi eu gweddwon allan o'u ffermydd er budd i'r cwmni ac, ambell waith, iddynt hwy eu hunain.

Collodd y bobl gyffredin bob hyder yn yr CMC ac roedd yna lawer o ddrwgdeimlad tuag at y swyddogion a'r rheolwyr. Daeth y cwmni i ben yn ei ffurf wreiddiol yn ystod dirwasgiad y 1930au.

Ceisiwyd cario ymlaen dan enw tebyg (a chadw'r llythrennau CMC) tan y 1940au ond methiant fu pob ymdrech. Ergyd drom i hyder a llewyrch y Wladfa oedd methiant yr CMC. Roedd wedi bod yn gefn i Gymreictod, ac ar ôl ei golli, troes y byd masnach yn uniaith Sbaeneg.

Un o'r cwmnïau a oroesodd ac a lanwodd y bwlch yn dilyn difodiant yr CMC oedd La Anónima. Gwelir ei archfarchnadoedd ar draws trefi talaith Chubut hyd y dydd heddiw.

Capel Carmel

Rhif 105: Capel Carmel

Cyn cael eu capel eu hunain, bu trigolion Dolavon yn addoli yng nghapel ardal wledig gyfagos Ebenezer. Yn 1920 sefydlwyd cynulleidfa yn y dre ond mewn tai byddai'r aelodau yn ymgynnull tan 1925. Yna symudasant i'r adeilad presennol, gan addasu'r stordy a brynwyd oddi wrth Gymdeithas Flawd Bryn Gwyn yn addoldy. Rhoddwyd yr enw Carmel arno. Arferai enw'r cwmni fod ar yr arwydd gwyn ar wyneb y capel am amser maith. Mae'r addoldy hwn yn perthyn i Undeb Eglwysi Rhyddion y Wladfa.

Rhif 106: Mynwent Dolavon

Yn y fynwent hon gwelir llawer iawn o gerrig beddau gydag arysgrif Gymraeg. Yma y claddwyd nifer o wladfawyr y Dyffryn Uchaf.

Mynwent Dolavon

Bedd Benjamin Brunt

Roedd Benjamin Brunt yn enedigol o Drefeglwys, Maldwyn, lle y ganwyd ef ar 6 Chwefror 1837. Elizabeth Jones oedd ei wraig gyntaf ond bu hi farw yn 1871 a phriododd Benjamin ag Ann Jones ddeg wythnos yn ddiweddarach.

Yng Nghymru roedd wedi bod yn ffermwr blaengar a llwyddiannus iawn, ond heb obaith o ddod yn berchen ar ei fferm ei hun. Felly yn 44 oed, ymfudodd i'r Wladfa gydag Ann ac wyth o'u plant. Cafodd fferm yn ardal Dolavon a'i henwi yn Argoed. Ei ddisgrifiad cyntaf o'r 'fferm' honno oedd 'diffeithwch enbyd!' Ond ymhen rhai blynyddoedd roedd Brunt yn llwyddo i dyfu gwenith o'r ansawdd uchaf. Enillodd fedalau aur yn Arddangosfa Ryngwladol Paris yn 1880 ac yn Chicago yn 1893, gan sicrhau enw da i wenith Chubut. Dyma sut oedd Elisa Dimol de Davies yn cofio amdano:

Benjamin Brunt

Tystysgrif am y gwenith gorau yn Ffair Chicago 1893

> Gardd y Br. Benjamin Brunt oedd yr unig ardd ffrwythau yn ardal Ebeneser am flynyddoedd. Cofiaf fel y byddai gwragedd y cymdogion yn myned yno i brynu cyrens coch a rhai gwynion a rhai duon i wneud tarts at y Nadolig … Ef hefyd a blannodd y coed *tamariscos* cyntaf yn ardal Ebeneser. Yr oedd dynes yn mynd bob dydd Llun i olchi … a chofiaf [amdani] yn gorfod cario y dŵr golchi mewn barilau i ddyfrhau y coed *tamariscos*. (*Atgofion o Batagonia*, gol. R Bryn Willianms)

Bu farw Benjamin Brunt ar 12 Mai 1925 ac fe'i claddwyd ym mynwent Dolavon.

Bedd Benjamin Brunt

Bedd Glan Caeron

Cymeriad diddorol arall sydd wedi ei gladdu yn y fynwent hon yw William H Hughes (Glan Caeron).

Ymfudodd i'r Wladfa yn 1881 ac roedd yn adnabyddus fel amaethwr, postfeistr, athro, bardd a golygydd. Yn 1891, ysgrifennodd lyfryn Cymraeg yn olrhain hanes yr Ariannin ar gyfer plant ysgol y Wladfa, gan na fedrent ddarllen Sbaeneg. Bu farw ar 26 Mawrth 1926.

Yn 1957 rhoddwyd statws talaith i Chubut a hunanlywodraeth mewn materion cartref. Etholwyd 24 o aelodau i'r Cynulliad oedd yn gyfrifol am lunio cyfansoddiad y dalaith newydd. Roedd tri gwleidydd o dras Cymreig yn eu plith, ac Emrys Hughes (mab Glan Caeron) yn un ohonynt.

Cynhaliwyd etholiad cyntaf y dalaith newydd yn Chwefror 1958, pryd y dewiswyd Rhaglaw a 27 o Aelodau Seneddol.

Rhif 107: Melin flawd

Adeiladwyd y felin flawd ar droad yr ugeinfed ganrif, er mwyn manteisio ar y gwenith ardderchog a gynhyrchid yn yr ardal. Bu'n gweithio tan ddiwedd y 1940au pan benderfynodd Llywodraeth yr Ariannin gynnig cymorthdal i ffermwyr gwenith i'r gogledd o afon Colorado, gan ffafrio taleithiau'r gogledd a diwydianwyr Buenos Aires. Daeth cynhyrchu gwenith i ben yn Nyffryn Camwy a Chwm Hyfryd

Glan Caeron yn arddangos ei goron

Arysgrif carreg fedd Glan Caeron

Adeilad yr hen felin flawd

(gweler Rhif 132). O ganlyniad, caeodd y melinau blawd hefyd.

Rhif 108: Capel Ebenezer

Adeiladwyd y capel gwreiddiol yn 1894 drwy ymdrechion pobl yr ardal, a fu'n gyfrifol am ysgwyddo'r costau a chyflawni'r gwaith. Dymchwelwyd ef gan lifogydd 1899. Dyma ddisgrifiad Elisa Dimol de Davies o'r digwyddiad.

Cofiaf mai pedair oed oeddwn i adeg gorlifiad 1899, a llond wagen ohonom yn cychwyn am y bryniau, a dyna berchennog y wagen yn dweud, "Clywch sŵn y dŵr", a dacw Gapel Ebenezer yn syrthio, a ni blant yn crio a meddwl lle gallem fynd ar y Sul os oedd ein capel wedi syrthio. (*Atgofion o Batagonia*, gol. R Bryn Williams)

Wedi'r llifogydd, nid aed ati i ailadeiladu'r capel ei hun, ond addaswyd y festri, a oedd wedi goroesi mewn cyflwr gweddol dda, ar gyfer cynnal oedfaon.

Dros y blynyddoedd, roedd adeiladwaith capeli'r Wladfa wedi dirywio llawer, a'r gost o'u hatgyweirio yn ormod i'r aelodau prin.

Ym mis Mawrth 2011 arwyddwyd cytundeb gan Mario Das Neves, Llywodraethwr y Dalaith, a fyddai'n sicrhau dyfodol y capeli am flynyddoedd i ddod. Addawyd 2,500,000 o *pesos* Ariannin (£380,000) i alluogi Undeb Eglwysi Rhyddion y Wladfa a Chymdeithas Cwm Hyfryd i adnewyddu ac atgyweirio capeli Dyffryn Camwy, Trevelin ac Esquel, gan eu cydnabod yn adeiladau o werth hanesyddol yn Nhalaith Chubut.

Wrth i bob capel yn ei dro gael ei adnewyddu, cynhaliwyd gwasanaeth i'w ailagor. Yng ngwasanaeth ailagor capel Ebenezer yn Ebrill 2014 dychwelwyd y garreg oedd yn cario enw'r capel, a oedd wedi bod ar goll ers blynyddoedd.

Capel Ebenezer

Y garreg goll

Pennod 8

Tir Halen

28 de Julio

Rhif 109: Tir Hallt

Ymsefydlodd y gwladfawyr cyntaf yn ardal ddwyreiniol Dyffryn Camwy, gan feddiannu tiroedd oedd yn ymestyn yn fras o'r arfordir hyd at Moriah (sydd bellach yn rhan o Drelew). Yna, o 1874 ymlaen, estynnwyd tuag at y fan lle y mae tref y Gaiman heddiw. Y Dyffryn Isaf yw enw'r gwladfawyr ar yr ardaloedd sydd i'r dwyrain o'r Gaiman. Oherwydd bod tiroedd y rhan hon o'r dyffryn eisoes wedi'u llenwi, ymsefydlodd y minteioedd a gyrhaeddodd yn ddiweddarach yn ardal orllewinol y dyffryn. Dyma'r Dyffryn Uchaf, a wahenir oddi wrth y Dyffryn Isaf gan rediad afon Camwy o'r de yn Lle Cul tua'r gogledd yn y Gaiman. Yn y pen mwyaf gorllewinol y mae'r ardal a alwyd ganddynt yn Tir Halen, sef y rhan olaf yn Nyffryn Camwy i gael ei gwladychu. Degawd yn ddiweddarach byddai'r minteioedd nesaf i chwilio am diroedd newydd yn teithio mor bell â Chwm Hyfryd ger yr Andes.

Difethwyd tiroedd rhannau o'r Dyffryn Uchaf gan halen, ffenomenon cyffredin mewn gwledydd lle y ceir sychder, gwres ac ymgais o ddifri i ddyfrhau. Mae nifer o ffrydiau tanddaearol yn cludo halen o'r creigiau, ac felly hefyd y dŵr glaw sy'n rhedeg i'r nentydd wrth iddynt lifo o'r Andes. Bob yn dipyn mae'r ffrydiau hynny'n arllwys eu dyfroedd a'u mineralau i afon Camwy. Wrth i'r afon arafu wedi cyrraedd gwastadeddau'r dyffryn, a'r haul a'r gwyntoedd sych yn anweddu'r dŵr, mae'r halen yn casglu a chynyddu ar wyneb y tir.

Mae'r haul hefyd yn anweddu'r dŵr yn y camlesi. (Ceir esboniad manwl gan yr Athro Gareth Alban Davies yn ei gyfrol *Tan Tro Nesaf*).

Yn y gorffennol, cafwyd llifogydd cyson yn y dyffryn a'r dŵr yn aros am gyfnod ar wyneb y tir. Oherwydd gwres yr haul roedd y tir yn sych ac

Halen ar y tir

yn galed, gan rwystro'r glaw rhag golchi'r halen i'r afon. Roedd mannau yn medru troi'n hallt yn gyflym iawn, 'nes ymddangosai ambell dir cyn wynned â phe bwriasai gawod drom o eira arno,' meddai William Meloch Hughes. Ni fyddai dim yn tyfu ar y tir hallt. Bu sawl ymgais i adfeddiannu'r tiroedd drwy ddraenio neu geisio golchi'r halen yn ôl i'r afon, ond erys y broblem heb ei datrys yn llwyr.

Mae'n bosib bod adeiladu'r argae fawr ymhellach i fyny'r afon tua chanol yr ugeinfed ganrif wedi dwysáu'r trafferthion – gan gadw lefel dŵr y llyn yn uchel, a bod yr heli yno yn cryfhau yn yr haul a'r gwyntoedd sychion.

Rhoddwyd yr enw swyddogol 28 de Julio (dyddiad Gŵyl y Glaniad) ar yr ardal yn 1935 ac o hynny ymlaen tyfodd tref fach yn ganolbwynt i'r ardal, gan adeiladu plaza (parc) cyhoeddus, gorsaf

Cofeb y teulu amaethyddol

Arwydd Tir Halen

heddlu, adeiladau Cyngor y Dref, amgueddfa ac ysgol gynradd.

Rhif 110: Yr Amaethwyr a'i Wraig (*Monumento a La Familia Chacarera*)

Gosodwyd y gofeb hon yn 2006 i nodi'r ffin rhwng 28 de Julio (Tir Halen) a Dolavon. Comisiynwyd y cerflunydd Sergio Owen gan y maer ar y pryd, José Nélido Chingoleo, i ddylunio cofeb i arddangos pwysigrwydd amaethyddiaeth i'r ardal. Mae'r gofeb yn darlunio ffermwr a'i wraig, a'r tu cefn iddynt ceir fersiwn Sbaeneg o'r geiriau canlynol :

> Ar sail gweledigaeth ddoeth ein cyndeidiau rydym yn symud ymlaen o ddydd i ddydd gyda ffydd a gobaith yn y dasg o adeiladu dyfodol llewyrchus.

Rhif 111: Pont Tom Bach

Agorwyd Pont Tom Bach ar 22 Ebrill 1962. Mab i ffermwyr lleol, Thomas a Margaret Jones, oedd Tom Bach. Cafodd yntau y llysenw oherwydd ei fod yn ddyn byr, ac er mwyn ei wahaniaethu oddi wrth ei dad.

Roedd gan Tom gwch i helpu pobl i groesi'r afon yn agos i'r safle hwn – '*Paso* (neu Rhyd) Tom Bach' – ac, wedi iddo farw yn 1936, enwyd y bont ar ei ôl.

Roedd yn llecyn poblogaidd iawn gan deuluoedd yr ardal ar gyfer cynnal *picnics* ac i hamddena yn ystod yr haf.

Afon Camwy (o Bont Tom Bach)

Tom Bach a'i wraig

Arwydd Pont Tom Bach

Rhif 112: Cofeb y Bydwragedd

Enw swyddogol yr amgueddfa yn Tir Halen/28 de Julio yw *Museo Tecnológico de la Localidad* (Amgueddfa Dechnolegol Leol).

Saif y gofeb hon y tu allan i'r amgueddfa. Dadorchuddiwyd hi ar 28 Gorffennaf 2003 a'r cerflunydd oedd Sergio Owen. Yr enw a roddwyd arni yw *Las Marianas* ac mae'n dangos mam, bydwraig a phlentyn newydd-anedig.

Amser peryglus i bob merch yn ystod y bedwaredd ganrif ar bymtheg, yn enwedig yn y Wladfa, oedd esgor ar blentyn, ac yn nyddiau cynnar y sefydliad, roeddent yn ddibynnol ar gymorth a gwybodaeth eu cydymfudwyr. Datblygodd llawer o'r merched yn fydwragedd drwy brofiad yn unig – heb hyfforddiant ffurfiol.

Mae'n bosib mai Elizabeth Williams oedd bydwraig gyntaf y gwladfawyr ar ôl iddynt lanio yn 1865. Roedd hi'n briod â John ap Williams (gweler Rhif 89), a oedd yn enedigol o Ddolwyddelan, ac wedi gweithio fel saer ym Mhenbedw. Priodwyd y ddau yn 1860 ac yna, gyda'u dau fab pedair a dwy oed, ymfudodd y teulu i'r Wladfa ar y *Mimosa* yn 1865. Ganwyd trydydd mab iddynt yn Rawson yn 1867.

Ar fordaith y *Mimosa*, cyflogwyd llawfeddyg dibrofiad, sef Thomas Greene, Gwyddel 21 oed, i ofalu am iechyd y teithwyr. Ef oedd unig feddyg y fintai, ac achoswyd cryn bryder yn eu plith pan benderfynodd Greene, tri mis ar ôl glanio, dorri ei gytundeb a mynd i Montevideo. Yn ffodus, y Wladfa oedd perchen y meddyginiaethau a gludwyd ar y *Mimosa* ond, yn anffodus, pan

Amgueddfa Dechnolegol Leol Tir Halen

Cofeb y Bydwragedd

159

agorwyd y coffr, sylweddolodd y gwladfawyr fod pob enw a chyfarwyddiadau arnynt yn yr iaith Ladin ac yn annealladwy iddynt. Cafwyd eglurhad yn ddiweddarach gan feddyg y *Triton,* llong filwrol Brydeinig a ymwelodd â'r Wladfa yn 1867.

Ymgartrefodd John ac Elizabeth Williams yn Nhrofa Fresych, ar lan ddeheuol afon Camwy, ger Pont yr Hendre, a galw'u fferm yn Glandwrlwyd. Fel y gwnaeth Rhydderch Huws a Thomas Ellis yn eu hardaloedd, gofalodd y ddau dros iechyd eu cymdogion. Roedd Elizabeth yn hyddysg mewn homeopathi ac yn medru gwella pob math o anhwylderau drwy baratoi meddyginiaethau a wnâi o blanhigion gwyllt. Ei chyfraniad pennaf oedd cymryd gofal o wragedd y Wladfa yn ystod eu beichiogrwydd. Bu farw 25 Tachwedd 1909 ac, ar ei bedd ym mynwent capel Moriah, gwelir yr arysgrif ganlynol:

> Calon lân yn llawn daioni,
> Tecach yw na'r lili dlos.

> (Arié Lloyd de Lewis, *Semblanzas de Luna*)

Rhif 113: Merched Arfog (Llun yn Amgueddfa Tir Halen)

Yn Amgueddfa Tir Halen, ceir cipolwg ar agwedd arall ar fywyd merched yn y Wladfa gynnar. Mae'r ffotograff yn dangos Esyllt a Ceridwen, dwy o ferched Edwyn Roberts, gyda'u harfau. Roedd yn angenrheidiol i'r gwragedd wybod sut i amddiffyn eu hunain oherwydd byddai eu gwŷr o reidrwydd yn treulio nosweithiau i ffwrdd gan adael eu teuluoedd ar ôl yn unigrwydd eu cartrefi.

I'r menywod ar y ffermydd, medrai bywyd bob

Esyllt a Ceridwen Cynrig Roberts

dydd fod yn unig, a'r tai agosaf ambell waith yn bell i ffwrdd. Roedd dysgu saethu a marchogaeth yn hanfodol i ddynion a menywod fel ei gilydd. Cynhaliwyd cystadlaethau i'r ddeuryw mewn achlysuron cymdeithasol megis Gŵyl y Glaniad.

Rhif 114: Capel Bethel Tir Halen

Yn y dechrau, addolid yng nghartref David Rowlands, ffermwr lleol. Yna, yn 1888, adeiladwyd y capel cyntaf, a berthynai i'r Annibynwyr, y tro hwn ar fferm William Williams, Erw Fair. Yn yr un flwyddyn, adeiladwyd capel gan y Methodistiaid Calfinaidd ar fferm Owen Roberts. Dymchwelwyd y ddau addoldy o fewn munudau i'w gilydd yn llifogydd difaol 1899.

Yn 1901, cafwyd tir yn rhodd gan Lewis Jones

Ceffylau y tu allan i'r capel

Cardi ar gyfer adeiladu Bethel, y capel presennol. Ystyrid ar un adeg mai yn festri'r capel hwn y ceid y te Gŵyl y Glaniad gorau yn y dyffryn!

> A'r meirch fel addolwyr mud
> Ger eu pyst yn grŵp astud
>
> (o awdl 'Patagonia', R Bryn Williams)

Rhif 115: Mynwent Tir Halen

Mynwent unig iawn yw mynwent Tir Halen, ymhell o'r pentref a'r ffermydd.

Wrth gerdded ar hyd ei llwybr canolog, gwelir cerflun yn y pen pellaf.

Bwriad y cerflunydd Sergio Owen oedd cyfleu'r syniad bod y ddelwedd – a alwodd yn *La Vida Dormida* (Y Byw sy'n Cysgu) – yn cadw gwylnos dros y rhai sy'n gorwedd mewn hedd.

Dywed yr arysgrif:

oddi wrth y rhai sy'n breuddwydio i'r rhai sy'n cysgu

Capel Bethel Tir Halen

Mynwent Tir Halen

Ychwanegodd groes Geltaidd fel teyrnged i'r Cymry a ddaeth i wladychu'r ardal.

Bedd Jeremiah Jeffreys

Dywed yr arysgrif ar fedd Jeremiah Jeffreys iddo gael ei eni yn Bodfari, sir Ddinbych ar 13 Medi 1882. Ymfudodd i'r Wladfa ychydig cyn ei farwolaeth sydyn. Fe'i trawyd gan fellten wrth weithio allan ar ei dir ar 6 Rhagfyr 1911. Ar ei garreg fedd mae'r dyfyniad sobreiddiol, 'Am hynny byddwch chwithau barod, canys yn yr awr ni thybioch y daw Mab y Dyn'. (Mathew 24:44)

'Y Byw sy'n Cysgu', gan Sergio Owen

Bedd Jeremiah Jeffreys

Rhif 116: Twrbin Crockett

Yn 1914 cafodd Cwmni Unedig Dyfrhau Camwy
ganiatâd i dynnu 80,000 litr o ddŵr bob eiliad o'r
afon ar gyfer dyfrhau. Daethant i gytundeb â Juan
Crockett i adeiladu camlas ar ei dir ar lan ddeheuol
yr afon. Roedd cwymp o 7 metr yno, yn ddigon i
yrru twrbin a fyddai yn ei dro yn pwmpio'r dŵr
i fyny at gannoedd o hectarau o'i dir ar y paith,
lle tyfai alffalffa, barlys a siwgwr betys. Agorwyd
y twrbin yn 1919. Dyma enghraifft, ymhlith
nifer, sy'n profi nad diffaith yw tir y paith. Mae'n
ffrwythlon dim ond iddo gael ei ddyfrhau.

Twrbin Crocket

Rhif 117: Dyfrhau Ddoe a Heddiw

Ceg y Ffos: Y man a sicrhaodd lwyddiant
y system ddyfrhau

Erbyn y flwyddyn 1867, roedd llawer o'r
gwladfawyr yn anfodlon iawn ar eu sefyllfa yn
y Wladfa ac yn meddwl o ddifri am ymfudo i
le gwell. Dywedir i Rachel Jenkins, wrth iddi
gerdded adref gydag Aaron, ei gŵr, i Fwlch-y-
ddôl, eu tyddyn yn y Dyffryn Isaf tua Thachwedd y
flwyddyn honno, sylwi bod lefel dŵr afon Camwy
yn uwch na'r tir o'i chwmpas. Awgrymodd wrth
ei gŵr y dylai dorri bwlch yn y geulan, gan adael
i'r dŵr lifo nes gorchuddio'r cae yr oedd newydd
ei hau am y tro cyntaf. Dilynwyd ei esiampl gan
ffermwyr eraill, ac erbyn Chwefror 1868, cafwyd
cynhaeaf ardderchog. Rhoddir y clod i Rachel ac
Aaron am ddarganfod y system ddyfrhau.

Argae fechan Ceg y Ffos

Ond y gwir yw fod y gwladfawyr yn gwybod
cyn gadael Cymru am yr angen i ddyfrhau.
Eu camgymeriad oedd canolbwyntio eu
hymdrechion ar leiniau gwyrdd glan yr afon.

Darganfyddiad damweiniol ond allweddol Rachel ac Aaron oedd sylweddoli bod y tir du moel (a ymddangosai yn ddiffrwyth ac a anwybyddwyd gan bawb tan hynny), o'i ddyfrhau, yn ffrwythlon ac addas i'w amaethu. Dyna sut yr achubwyd y Wladfa.

Agor camlesi a ffosydd

Aeth y ffermwyr ati i dorri ffosydd, weithiau yn unigol, weithiau gyda'u cymdogion agosaf ac, yn achlysurol, ymunai ardal gyfan yn y dasg. Adeiladwyd y gamlas gyntaf yn 1875 gyda chaib, rhaw a nerth braich yn unig. Ond, yn aml, doedd afon Camwy ddim yn codi'n ddigon uchel i orlifo i'r ffosydd, a gwnaed sawl ymdrech i adeiladu argae ar ei thraws i godi ei llif. Codwyd y gyntaf filltir a hanner i'r gorllewin o'r Gaiman, gan ddefnyddio pyst helyg a changhennau, ond fe'i hysgubwyd ymaith gan rym llif y dŵr (gweler Rhif 54). Cafwyd ail ymgais yn 1876, a chodwyd argae gryfach yn Nhrofa Dulog y tro hwn, ond torrodd hon hefyd. Gwnaed trydedd ymgais gan ddefnyddio cerrig, a bu yn llwyddiannus am rai misoedd cyn iddi ddymchwel wedi i'r dŵr dreiddio oddi tani.

Daeth rhai o'r gwladfawyr i'r penderfyniad mai agor camlesi mawr oedd yr ateb. Penodwyd archwilwyr i ddod o hyd i'r safleoedd gorau, rhai yn gweithio ar yr ochr ogleddol i'r afon, ac eraill ar yr ochr ddeheuol. Yna galwyd cyfarfod cyhoeddus yn y Gaiman i drafod eu hadroddiadau – ond cynyddodd eiddigedd a gwrthdaro.

Ffynai peth eiddigedd yn yr ardal honno rhwng pleidwyr argae a phleidwyr camlas … Cofiaf yn dda imi ysgrifennu hysbysiad cyfarfod o bleidwyr yr olaf (camlas), a mynd ag ef yn llechwraidd dan gysgod mantell hwyrnos un nos Sadwrn (rhag ofn i bleidwyr argae ei ddinistrio) a'i osod i fyny ar dalcen y Capel

Glanhau'r camlesi â chaib a rhaw

Agor camlesi â marchraw

Cerrig, fel y'i gwelid gan y bobl fore Sul. (William Meloch Hughes, *Ar Lannau'r Gamwy*)

Yn 1883, ffurfiwyd cwmni ar gyfer adeiladu camlas yn y Dyffryn Uchaf ac, yn hwyrach, ar gyfer ffos y de. Gofynnwyd i Edward J Williams, peiriannydd ifanc o Fostyn, a Llwyd ap Iwan i gynllunio'r rhwydwaith, trefnu i lefelu'r tiroedd ac arwain y gwirfoddolwyr oedd i wneud y gwaith. Meibion y ffermydd a dynion sengl oedd y rhain, a byddent yn cerdded i'r rhan o'r ffos y byddent yn gweithio arni. Yno rhaid oedd iddynt dreulio cyfnod hir, heb eu teuluoedd, a gwersylla ym mhob math o dywydd. Yn aml, byddent yn gweithio yn droednoeth er mwyn arbed eu hesgidiau.

> Ar fore oer o aeaf … dwyn prysgwydd a'u gwasgaru ar y darn yr arfaethid ei gloddio, ennyn tân, ac aros i'r gwres ddadmer croen y ddaear er mwyn llwyddo i dorri'r arwynebedd haearn. Ar ddydd o haf, codi erbyn pump y bore, a llafurio nes i fraich yr haul lorio dyn ganol dydd a'i gadw yno hyd nes y dôi cyfle i ail gydio yn y gwaith amser te. (Gareth Alban Davies, *Tan Tro Nesa.*)

Roedd y rhwydwaith o gamlesi a agorwyd ganddynt yn un neu ddwy lath o led ac yn ddwy neu dair llath o ddyfnder. Gwnaethpwyd y gwaith yn llai llafurus pan ddyfeisiwyd y 'marchraw', gan gopïo offer a welwyd mewn catalog, sef darn mawr o fetal, siâp llwy, yn cael ei dynnu gan ddau neu dri o geffylau. O'r camlesi agorwyd ffosydd i arwain y dŵr i'r ffermydd. Rhaid oedd gadael i'r camlesi a'r ffosydd sychu yn ystod y gaeaf er mwyn cael cyfle i'w glanhau.

Cwmni Dyfrhau Unedig Camwy

Hyd at 1910 roedd tri chwmni gwladfaol yn gweithio ar adeiladu'r camlesi, ac amcangyfrifwyd bod gwerth y rhwydwaith tua £88,000. Roedd llawer o ymfudwyr o wledydd eraill a'u llygaid ar feddiannu'r cwmnïau, gan fanteisio ar y gwaith a wnaethpwyd eisoes gan y gwladfawyr, ac wedi ffurfio eu cwmni eu hunain. Doedd y gwladfawyr ddim wedi sicrhau hawl cyfreithiol i drosglwyddo'r dŵr (a oedd yn eiddo i'r wladwriaeth) i'r camlesi nac wedi cofrestru eu cwmnïau. Apeliodd y ddwy garfan i'r llywodraeth ac ar ôl cyfnod hir o ddadlau chwerw, llwyddodd y gwladfawyr i sicrhau'r hawl i dynnu 80,000 litr o ddŵr bob eiliad o'r afon ar gyfer dyfrhau a chynhyrchu trydan, ac unwyd y tri chwmni yn 1910 i ffurfio Cwmni Dyfrhau Unedig Camwy. Ond ni dderbyniwyd hawliau llawn ganddynt tan 1917.

Addaswyd y ddeddfwriaeth eto yn y 1930au. Yn ystod arlywyddiaeth Perón, yn 1944, gwaharddwyd siarad Cymraeg yng nghyfarfodydd y cwmni, a cheisiodd y llywodraeth ei gymryd drosodd drwy ddulliau gormesol, gan honni nad oedd y gwladfawyr wedi ad-dalu benthyciad a gawsant gan y wladwriaeth. Gwadu'r honiad a wnaeth y gwladfawyr (R Bryn Williams, *Y Wladfa*). Mewn gwirionedd, gwaith a champwaith y gwladfawyr oedd y rhwydwaith camlesi a'r system ddyfrhau, ac ni dderbyniasant unrhyw

Cwmni Dyfrhau Unedig Camwy y tu allan i'w swyddfa yn y Gaiman

gymorth ariannol i'w gyflawni. Yn y 1960au, archwiliwyd y rhwydwaith ddyfrhau ddwy waith gan arbenigwyr o Israel a'r Taleithiau Unedig er mwyn cynghori'r llywodraeth ar sut i'w gwella. Byrdwn y ddau adroddiad oedd nad oedd angen gwneud hynny oherwydd bod y system yr orau y medrai fod.

Y Lleidr Dŵr

Ceir llawer o hanesion difyr yn gysylltiedig â'r dyfrhau. O bryd i'w gilydd datblygai ambell ffrwgwd ymhlith ffermwyr. Byddai ffermwr â'i diroedd yn nes at y camlesi yn defnyddio'r dŵr i gyd, gan adael dim i'r ffermydd pellaf. Cyfansoddwyd dychangerdd gan Glan Caeron i'r Lleidr Dŵr:

> I'r cwrdd yn araf cerdda
> A'i olwg tua'r llawr.
> Hawdd gweled fod ei enaid
> Mewn dwys fyfyrdod mawr.
> Cyrhaedda ei eisteddle
> Yn wylaidd a di-stŵr.
> Pwy fyth fuasai'n meddwl
> Fod hwn yn lleidr dŵr?

(Glan Caeron, Ifano Evans *Atgofion o Batagonia*)

Camlas y Gogledd ger Capel Glan Alaw

Gosodwyd arwyddion ar y llifddorau a arweniai'r dŵr o'r camlesi i'r ffosydd ar y ffermydd yn nodi pryd y caniateid eu hagor. Gan fod yr arwyddion hyn yn Sbaeneg, dyma gawr o ffermwr cyfrwys yn codi'r llifddor ynghyd â'r arwydd oedd ynghlwm wrtho. Yn hytrach na marchogaeth i'r dre, cerddodd yno a'u cario ar ei ysgwydd yr holl ffordd i swyddfa'r Cwmni Dyfrhau, lle y gofynnodd iddynt, yn ymddangosiadol ddiniwed, beth oedd ystyr y geiriau, gan honni nad oedd yn deall Sbaeneg. Wrth gwrs, tra bu ar ei daith yno ac yn ôl, roedd ei gaeau wedi cael eu dyfrhau yn llwyr.

Dyfrhau ar y ffermydd

Yr un yw'r system ddyfrhau yn Nyffryn Camwy heddiw gyda mân newidiadau. Er enghraifft, moderneiddiwyd y llifddorau yng Ngheg y Ffos a rhoddwyd llawr ac ochrau concrid ar hyd y camlesi.

Ar y ffermydd, bob gwanwyn, rhyddheir dŵr yr afon ar hyd y camlesi mawr ac, oddi arnynt, fe'i gollyngir i rwydweithiau llai nes cyrraedd pob fferm unigol.

Caiff pob rhan o'r caeau ei dyfrhau yn ei thro – gwaith caled ond boddhaus.

Y ffos fewnol yn cludo'r dŵr o'r gamlas i'r fferm

Y dŵr yn llifo drwy'r llilfddor agored i ffos lai

Agor bwlch yng nghlawdd y ffos leiaf

Y dŵr yn llifo i'r caeau

Pennod 9

Croesi'r Paith

Rhif 118: Y Wansi

Ar hyd ac ar led Dyffryn Camwy gwelir blodyn gwyn yn tyfu ar ochr yr heolydd ac yn ymestyn i mewn i lawer o'r caeau. Fe'i hadwaenir wrth yr enw Wansi erbyn hyn, ar ôl Owen C Jones (neu 'Ŵan C', fel y'i gelwid).

Brodor o Lanuwchllyn oedd Owen C Jones. Yn Nyffryn Camwy, ymsefydlodd yn ardal Ebenezer. Yn ôl ei nith, Elisa Dimol de Davies, roedd yn ddyn gweithgar ond 'yn ddi-serch yn ei gartref'. Hoffai deithio ac aeth i Ganada yn 1902, i Awstralia a Seland Newydd y flwyddyn ganlynol, ac yna i Gymru.

Yn ystod ei ymweliad ag Awstralia, hoffodd blanhigyn bychan, a fyddai, yn ei farn ef, yn gweddu i'w fferm, a daeth â'r hadau yn ôl gydag ef i'r Wladfa.

Dyma fel y mae Elisa Dimol yn adrodd yr hanes:

Dywedodd wrth ryw gymydog na fuasai ei enw ef byth yn angof mwy yn y Wladfa. A gwir y dywedodd, oherwydd y mae y blodyn Owen C. erbyn hyn yn un o'r chwyn gwaethaf yn y wlad. Y mae yn tyfu ymhob

Y Wansi yn meddiannu caeau

man a'i wraidd yn saith metr o hyd, dim o bwys pa siort o dir, mae yn tyfu yr un fath, ac nid oes un anifail yn ei fwyta … Bydd rhai ffermwyr yn ei dorri, ei adael i sychu ac yna ei losgi, ond nid oes dim yn tycio. Pan ddaw'r gwanwyn y flwyddyn ddilynol bydd blodyn Owen C. mor sionc ag erioed ymhob cyfeiriad. (Elisa Dimol de Davies, *Atgofion o Batagonia*)

Erbyn hyn mae'r Wansi yn bla ac wedi cyrraedd yr Andes, wrth i olwynion ceir, lorïau a bysiau gario'r hadau a'u gollwng ar eu ffordd o'r dyffryn.

Rhif 119: Hirdaith Edwyn

Ymhen ychydig flynyddoedd ar ôl ymsefydlu yn Nyffryn Camwy, teimlai nifer o wladfawyr reidrwydd i archwilio'r fewnwlad. Deffrowyd eu chwilfrydedd gan adroddiadau'r brodorion am diroedd ffrwythlon y gorllewin. Dilynai'r teithwyr cyntaf yr afon, a rhaid oedd datgymalu'r wageni er mwyn ffurfio rafft i gario'r llwyth ar draws y dŵr, ac yna eu hailadeiladu yr ochr draw. Digwyddai'r broses lafurus hon dro ar ôl tro yn ystod y siwrnai.

Yn 1871 teithiodd Edwyn Roberts gyda dau gyfaill, Lee Smith a William J Hughes, hyd at ddyffryn Kel Kein* (ger Dôl y Plu) i chwilio am aur. Siomwyd hwy wedi iddynt ddychwelyd pan eglurwyd wrthynt mai grisial (*quartz*) ac nid aur oedd yn eu bagiau. Wrth ddychwelyd i'r dyffryn penderfynodd Edwyn chwilio am ffordd i osgoi'r creigiau serth sy'n codi o boptu i afon Camwy tua hanner ffordd ar ei thaith i'r Iwerydd. Darganfu

hafn, dringodd i'w phen a gwelodd wastadedd diffaith yn ymestyn o'i flaen. Cerddodd dros 60 milltir o dir anial, lle nad oedd dŵr na chysgod, cyn cyrraedd yn ôl at yr afon. Adwaenir y ffordd fel Hirdaith Edwyn. Ymestynna rhwng Dôl y Plu (*Las Plumas*) yn y gorllewin hyd at ardal Argae Florentino Ameghino.

Dilynai'r teithiau diweddarach Hirdaith Edwyn, gan osgoi'r angen i groesi'r afon dro ar ôl tro, ond rhaid oedd sicrhau digon o ddŵr a lluniaeth i groesi'r anialwch.

Wrth i fwy o ymfudwyr gyrraedd o 1875 ymlaen, roedd yn amlwg y byddai angen rhagor o diroedd arnynt. Yn y 1880au, denwyd llawer o'r gwladfawyr i deithio rhwng Dyffryn Camwy a godre'r Andes i chwilio am aur, i ddarganfod tiroedd newydd, yn ogystal ag i fodloni eu chwilfrydedd i wybod rhagor am Batagonia.

Er mwyn gosod trefn ar y teithiau hyn, lluniwyd rheolau pendant. Ni fyddent yn teithio ar y Sul, pryd y caent gyfle i orffwyso. Rhaid oedd i'r wagen gyntaf yn y rhes ddilyn yr arweinydd, a'r dynion arni yn cymryd cyfrifoldeb am glirio'r llwybr, torri'r llwyni a llenwi'r tyllau ar gyfer y cerbydau oedd yn dilyn. Byddai'r wagen oedd gyntaf un diwrnod yn cael symud i gefn y rhes y diwrnod canlynol, er mwyn rhannu'r gwaith caled o glirio'r ffordd.

* Tybed ai dim ond cyd-ddigwyddiad yw bod yr ardal hon (a archwiliwyd gan Edwyn Roberts – yr Ewropead cyntaf i wneud hynny) yn cael ei

Pen gorllewinol yr Hirdaith, ger Dôl y Plu

hadnabod o hynny ymlaen wrth yr enw honedig frodorol Kel-Kein, sydd mor debyg i Cilcain, sef enw tref enedigol Edwyn?

Rhif 120: Argae *Florentino Ameghino*

Ystyr yr enw Chubut yn yr iaith frodorol yw 'tryloyw', ac mae'r dalaith yn cario enw'r afon. Enw'r gwladfawyr ar yr afon yw Camwy. 'Yr hen afon gam, oriog ac annwyl er ei holl greulondeb. Anadl ein bywyd.' (Irma Hughes de Jones, *Byw ym Mhatagonia*)

Mae'r afon yn 810 km o hyd ac yn tarddu yn yr Andes yn nhalaith Río Negro, i'r de o ddinas San Carlos de Bariloche. Cyn codi'r argae, roedd ei llif yn anwadal. Yn y gaeaf, roedd cyfnodau o law trwm yn codi lefel y dŵr, gan achosi i'r afon orlifo. Yn y gwanwyn wedyn, roedd eira'r Andes yn toddi

Llyn Argae Florentino Ameghino

Ochr allanol mur yr argae

ac yn chwyddo'r afon nes achosi iddi dorri dros y ceulannau a chreu llifogydd dinistriol. Ar y llaw arall, dioddefai ffermydd Dyffryn Camwy sychder yn yr haf, pan oedd lefel yr afon yn isel oherwydd bod ei dŵr yn anweddu yng ngwres yr haul.

Y cyntaf i awgrymu codi argae yn yr ardal hon oedd y peiriannydd o Gymro Edward J Williams, a fu'n gyfrifol am oruchwylio dau gampwaith yn ystod y 1880au: y rhwydwaith o gamlesi a ffosydd dyfrhau a'r rheilffordd o Borth Madryn i Drelew, a'r tu hwnt. Chwaraeodd ran flaenllaw hefyd yn nhrefniadau'r CMC (gweler Rhif 104), un arall o symbolau cynnydd y Wladfa. Ymhell wedi'i ddyddiau ef, paratowyd cynlluniau cyntaf yr argae yn 1943 dan ofal y peiriannydd Antonio Domingo Pronsato. Llywodraeth Chubut fu'n gyfrifol am y penderfyniad terfynol i'w chodi yn

fuan wedi i'r dalaith ennill hunanlywodraeth. Fe'i hadeiladwyd gan y cwmni Almaenig, Grün & Bilfinger, ac fe'i hagorwyd yn swyddogol yn 1963. Ar y pryd, y dŵr a gronnodd y tu cefn iddi oedd y llyn artiffisial trydydd mwyaf yn y byd. Mae'r argae goncrit yn 256 metr o hyd ac yn cynhyrchu ynni hydro-drydanol yn ogystal â rheoli llif yr afon. Er mwyn uno pont yr argae â'r ffordd gyswllt oedd yn arwain o'r ffordd fawr ger *Las Chapas*, adeiladwyd twnnel drwy'r graig. I arbed amser, rhoddwyd dau dîm ar waith, un ym mhob pen. Pan gyfarfu'r ddau yn y canol, gwelwyd mai dim ond centimetr o wahaniaeth oedd rhwng y ddwy ochr. Enwyd yr argae ar ôl y naturiaethwr, paleontolegwr ac anthropolegwr Florentino Ameghino.

Yng nghysgod yr argae mae Villa Dique Florentino Ameghino, y pentref lle'r ymgartrefodd

Rhan o system cynhyrchu trydan yr argae

y gweithwyr a'i hadeiladodd a lle mae'r gweithlu presennol yn byw. Mae llawer o ymwelwyr yn dod yno i fwynhau gwersylla, picnic neu *asado*. Ym mis Medi 2002, daeth parti o blant ysgol ac athrawon yno o dalaith Buenos Aires ar ymweliad addysgiadol. Er mwyn tynnu llun o'r grŵp, aethant i sefyll ar grogbont, er gwaethaf yr arwyddion clir a rybuddiai pawb rhag gwneud hynny. Methodd y bont ddal y pwysau, a dymchwelodd gan daflu'r plant a'r athrawon i'r dŵr. Caewyd llifddorau'r argae i wacáu gwely'r afon, ac achubwyd nifer o'r ymwelwyr, ond darganfuwyd cyrff naw ohonynt wedi boddi. Yn yr achos cyfreithiol a ddilynodd, cafwyd chwech o'r athrawon yn euog o ddynladdiad, ac fe'u dedfrydwyd i gyfnod o garchar gohiriedig.

Rhif 121: Dyffryn y Merthyron

Dioddefodd llwythau brodorol yr Ariannin driniaeth ffiaidd gan luoedd arfog y wladwriaeth yn ystod y 1880au cynnar. Roedd ar awdurdodau'r wlad eisiau cael gwared ohonynt i fedru hawlio'u tiroedd, gorchwyl a ystyrient yn hanfodol yn ystod yr anghydfod parthed perchnogaeth ardaloedd ffiniol rhwng yr Ariannin a Chile.

Cafodd rhai o frodorion Patagonia eu hanfon yn gaethweision i'r brifddinas, eraill i wersylloedd yn nhalaith Río Negro, a lladdwyd llawer yn yr ymgyrch a alwyd gan y llywodraeth yn *La Conquista del Desierto* (Concwest y Diffeithwch). Dau ganlyniad yr erledigaeth oedd, yn gyntaf, prysuro difodiant llwythau y Pampas a'r Tehuelches

Edward J Williams a chyfaill iddo ger y bedd yn 1885

Cofeb Dyffryn y Merthyron heddiw

– tasg a ddechreuwyd gan yr Arawcaniaid (neu'r Mapuches fel y byddent yn eu galw eu hunain) – ac yn ail, erlid y llwyth pwerus hwnnw a'u ffyrnigo.

Yn Hydref 1883, teithiodd pedwar o wladfawyr ifainc i'r fewnwlad i chwilio am aur. Anturiaethwr profiadol oedd John Daniel Evans, a gyrhaeddodd y Wladfa yn blentyn bach ar y *Mimosa*. Newydd-ddyfodiaid oedd Richard B Davies o sir Gaerfyrddin a John Parry o Ruddlan (yr olaf wedi bod yn farchfilwr yn y fyddin Brydeinig). Ymfudwr o Daleithiau Unedig Gogledd America oedd Zacharia Jones.

Pan aeth eu bwyd yn brin, dychwelodd John Daniel a Zacharia i'r dyffryn i brynu cyflenwad pellach. Roedd hanes yr aur wedi deffro chwilfrydedd Benjamin Williams, John Harris, William T Williams, John Hughes o Ddolgellau

a Lemuel Aston, mwyngloddiwr aur profiadol o Dakota, a ymunodd â hwy ar eu ffordd yn ôl.

Un noson, daeth dau frodor i wersylla gyda nhw. Mae'n bosib mai ysbïwyr oeddent yn casglu gwybodaeth am symudiadau milwyr yr Ariannin.

Wedi ailgyfarfod â John Parry a Richard Davies, penderfynodd y naw anturiaethwr fynd yn eu blaenau. Daethant ar draws milwyr y llywodraeth a'u hanogodd i droi'n ôl i'r dyffryn. Derbyniodd pump ohonynt y cyngor ond ymlaen i Hafn yr Aur yr aeth John Daniel, John Parry, Richard Davies a John Hughes. Buont yn chwilio am aur am rai wythnosau gan fentro ymhellach i'r gorllewin. Yna gwelsant y ddau frodor am yr eildro, ond nid oedd y rheini mor gyfeillgar y tro hwn. Roeddent eisiau i'r gwladfawyr fynd gyda nhw i gwrdd â'r penaethiaid Foyel ac Inacayal, ond gwrthod wnaeth y Cymry.

Pan droes ymddygiad y brodorion yn fygythiol, penderfynodd y pedwar gwladfäwr droi am adref. Dilynasant lwybr gwahanol i'r arfer, gan groesi yn ôl ac ymlaen ar draws yr afon. Erbyn hyn, roedd hi'n wythnos olaf mis Chwefror 1884. Doedd dim arwydd bod neb yn eu dilyn. Felly, erbyn cyrraedd dyffryn Kel-Kein roeddent wedi ymlacio rhywfaint, a phenderfynasant aros dros nos ryw ddeng milltir o Ddôl y Plu.

Wrth gychwyn fore trannoeth, rhoesant eu drylliau gyda'r bagiau ar eu ceffylau. Roedd John Daniel yn marchogaeth ceffyl bach, heini, ifanc a heb ei bedoli eto, o'r enw Malacara. Yn sydyn, clywsant floedd iasol a gwelsant tua dwsin o frodorion arfog yn anelu eu picelli tuag atynt. Cafodd John Parry a John Hughes eu trywanu ar unwaith, ac aeth blaen picell drwy siaced John Daniel (siaced o *pilot cloth* ydoedd, a honnai yntau i'r defnydd trwchus arbed ei fywyd).

Dychrynwyd Malacara gan sŵn y brwydro a dechreuodd garlamu, gan dorri drwy gylch y brodorion. Roedd John Daniel yn farchog profiadol a llwyddodd i aros ar ei gefn. Gwelodd fod dau frodor yn ei ddilyn mewn ymgais i'w gorlannu cyn iddo gyrraedd at hen wely afon sych.

Yn ei adroddiad, a ysgrifennodd rai blynyddoedd yn ddiweddarach, dywedodd John Daniel ei hun,

bu rhaid i mi wneud i'm ceffyl neidio i'r ffos, dyfnder o tua 4 llath, a chan fod gwaelod y ffos yn swnd meddal, llwyddodd fy ngheffyl i beidio brifo ac er

iddo ddisgyn ar ei liniau, cododd ar amrantiad a chliriodd y geulan yr ochr bellaf. (*Bywyd a Gwaith John Daniel Evans, El Baqueano*, gol. Paul Birt)

Arafodd y brodorion a gyrru ymhellach ar hyd ymyl y geulan i ddod o hyd i ffordd lai serth, a rhoddodd hyn gyfle i John Daniel ddianc. Carlamodd tuag at afon Camwy, gan wybod nad oedd modd iddo achub ei ffrindiau. Teithiodd ddydd a nos dros gan milltir, gan gerdded a marchogaeth ar yn ail. Wrth agosáu at y dyffryn daeth ar draws gwladfäwr a roddodd geffyl ffres iddo a'i annog i gyrraedd y Gaiman cyn gynted â phosib. Gyda chryn drafferth, aeth y ffermwr â Malacara i Dir Halen. Roedd y ceffyl wedi ymlâdd yn llwyr a'i garnau'n gwaedu.

Ymhen tridiau, dewiswyd 40 o wirfoddolwyr o dan arweiniad Lewis Jones, ac yn cael eu tywys gan John Daniel, i ddychwelyd at safle'r ymosodiad. Wrth agosáu, gwelsant adar ysglyfaethus yn yr awyr a chynghorwyd John Daniel i beidio â mynd ymhellach. Wedi gweld yr olygfa, dywedodd Lewis Jones wrtho 'John bach, y nefoedd fawr a'ch cadwodd o'r fath ferthyrdod, canys yr oeddynt wedi eu cigyddio y tu hwnt i ddisgrifiad.'

Roedd olion brwydro caled yn y fan, ac arwyddion bod Richard Davies wedi saethu rhai o'r brodorion cyn iddo yntau gael ei lofruddio.

Casglwyd y gweddillion a'u claddu gyda'i gilydd. Darllenodd Lewis Jones y gwasanaeth angladdol, a chanwyd yr emyn 'Bydd myrdd o ryfeddodau' ar lan y bedd. Ymhen blynyddoedd gosodwyd carreg goffa yno ac ailenwyd dyffryn Kel-Kein yn 'Dyffryn y Merthyron'.

Honnai Eluned Morgan yn y blynyddoedd dilynol fod y brodorion wedi credu mai milwyr oedd y Cymry am eu bod yn gwisgo lifrau milwrol a brynwyd yn y fewnwlad, ond iddynt ddeall eu camgymeriad wrth glywed y canu ar lan y bedd, ac edifarhau.

Gwadwyd hyn yn bendant gan John Daniel ei hun:

> … nid oedd gennym ond ein dillad syml ein hunain', meddai, ac nid oedd yr un brodor wedi aros ar gyfyl y fan 'canys gwyddent fod un o'r pedwar wedi dianc o'u gafael ac y byddai i'r Cymry fod yn sicr o ddod ar eu hôl i ddial cam eu brodyr a lladd pob copa ellid gael gafael arno. (*Bywyd a Gwaith John Daniel Evans, El Baqueano,* gol. Paul Birt)

Serch hynny, mae'n bosib bod y ddau frodor a dreuliodd amser gyda'r gwladfawyr wedi credu mai ysbïwyr oeddent.

Rhif 122: Taith William Meloch Hughes 1904

Heddiw mae modd teithio o Ddyffryn Camwy i'r Andes, a threfi Esquel a Threvelin, dros ryw 400 milltir o baith, mewn bws neu gar ar hyd Ruta (Priffordd) 25. Gall y daith gymryd cyn lleied â chwe awr ar hyd heol ag iddi arwynebedd da. Mae gan y teithiwr cyfoes ddewis o orsafoedd petrol,

Bws Mar y Valle

caffis a thoiledau ar hyd y daith i ychwanegu at eu cysur. Profiad pur wahanol oedd un teithwyr ddechrau'r ugeinfed ganrif. Roedd y ffordd bryd hynny yn ymestyn ar ochr ddeheuol afon Camwy hyd at yr ardal lle saif argae Florentino Ameghino heddiw: yna, i fyny'r llethrau creigiog hyd at ben dwyreiniol Hirdaith Edwyn, a dilyn y ffordd honno nes cyrraedd Dôl y Plu (*Las Plumas*). O'r fan honno hyd at yr Andes roedd y ffordd yn agos at yr heol bresennol gyda'r gwahaniaeth ei bod yn dilyn yr afon tua'r gogledd heibio Languiñeo a Nant y Pysgod.

Yn Rhagfyr 1904 aeth William Meloch Hughes ar ei daith gyntaf o'r Gaiman i'r Andes. Roedd wedi clywed llawer o ganmol ar diroedd hyfryd yr ail Wladfa wrth droed y mynyddoedd ac roedd yn awyddus i weld y lle drosto'i hun. Ceir cofnod o'i daith yn ei lyfr *Ar Lannau'r Gamwy*.

Teithiodd gyda nai iddo, Evan Lloyd, mewn trol

Wiliam Meloch a'i nai yn barod i gychwyn ar eu taith

ysgafn, gref, yn cael ei thynnu gan dri cheffyl. Aeth â dryll gydag ef 'rhag ofn cwrdd â rhywun â drwg yn ei galon' ac er mwyn hela. Yn ogystal, roedd ganddo gyflenwad o fwyd, dillad gwely, pabell, a phedolau sbâr i'r ceffylau.

Dydd Iau 22 Rhagfyr: Gadawodd y Gaiman a theithiodd 18 milltir i enau'r gamlas ogleddol. Yno cwrddodd â gweddill y teithwyr. Cafodd drafferth mawr gyda'r ceffylau, yn enwedig un o'r enw March, a oedd yn ddylanwad drwg ar y ddau geffyl arall! Ni lwyddodd i gysgu llawer y noson honno yng nghysgod llwyn o ddrain.

Dydd Gwener 23 Rhagfyr: Roedd yn falch o weld bod rhai o'r teithwyr eraill yn cael trafferthion gyda'u ceffylau hefyd. Dringo di-ddiwedd i fyny'r rhiwiau ac i lawr i'r pantiau oedd eu hanes y diwrnod hwnnw a chyrraedd Campamento Villegas erbyn yr hwyr (21 milltir).

Dydd Sadwrn 24 Rhagfyr: Deffrôdd i ddarganfod bod March wedi crwydro yn ystod y nos. Aeth i chwilio amdano a dod o hyd iddo yn llechu yn y creigiau ger yr afon. Roedd wedi ceisio dychwelyd adref. Cyrraedd Campamento Nuevo erbyn nos (24 milltir).

Dydd Sul 25 Rhagfyr – Dydd Nadolig: Nid oeddent yn teithio ar y Sul, felly dyma ddiwrnod o orffwys. Ond roedd yn rhaid iddo gerdded gyda'r ceffylau bedair milltir i'r afon islaw er mwyn iddynt gael dŵr. Roedd yn ddiwrnod rhy boeth iddo ddarllen na chysgu. Roedd Henry, mab un o'i gyd-deithwyr, yn sâl o'r Frech Goch, ond un o reolau teithio'r paith oedd nad oedd unrhyw un i'w adael ar ôl. Tybed a fyddai modd symud ymlaen y diwrnod canlynol? Nadolig rhyfedd iawn.

Dydd Llun 26 Rhagfyr: Henry yn well. Roedd Hirdaith Edwyn o'u blaenau – 60 milltir heb ddŵr na chysgod. Penderfynodd y fintai deithio yn ystod y nos. Roedd y tir yn codi'n raddol ac erbyn un o'r gloch y bore roeddent wedi cyrraedd y Llyn Mawr, a oedd wedi sychu. Cafwyd cyfle i orffwys am ychydig cyn ailgychwyn am dri o'r gloch a chyrraedd Hafn Dôl y Plu tua deg o'r gloch y bore. Taith beryglus oedd croesi'r darn hwn o'r paith, a rhaid oedd sicrhau digon o ddŵr ar gyfer pawb. Mae Meloch yn adrodd am bobl yn mynd i drafferthion, a hyd yn oed yn colli'u bywydau, drwy iddynt golli eu ceffylau, a flynyddoedd yn ddiweddarach, wrth i'w ceir dorri i lawr yng

nghanol y diffeithwch. Mae hanesyn ganddo sy'n
sôn am deulu yn teithio mewn car, a'r injan yn
rhedeg yn sych. Doedd dim dŵr ganddynt, dim
ond poteli o gwrw. Rhaid oedd iddynt dywallt
y ddiod i'w cerbyd er mwyn symud ymlaen yn
ddiogel.

> Buasai eu hwynebau'n olygfa amheuthun tra
> tywalltent y cwrw i'r peiriant i fynd ymlaen … Dyma
> amcan newydd rhagorol i gwrw – gwlychu corn
> peiriant grymcar.

Dydd Mawrth 27 Rhagfyr: Cafwyd cyfle i
orffwys ar ôl siwrne galed yr Hirdaith, a chyfle i'r
ceffylau dorri eu syched, gan nad oedd modd cario
dŵr ar eu cyfer hwythau ychwaith.

Dydd Mercher 28 Rhagfyr: Arweiniodd y
ffordd heibio i ddwy garreg fawr, Adda ac Efa.
Cafodd William Meloch gyfle i fwynhau cinio gyda
Jac Lewis yn ei gartref. 'Cymro a hen lanc o fugail'
oedd Jac Lewis a weithiai ei ffarm ddefaid ger Dôl
y Plu.

> Ciniawa yno. Cael darn o lwdn dafad ganddo.
> Chwarae teg iddo a'i lygaid croes, ond nid croes ei
> dymer. Collasai cyn hyn ddwy fil o ddefaid drwy orlif
> sydyn yr afon. Cydymdeimlais ag ef. Atebodd, 'Roedd
> gen i ormod ohonyn nhw, weli di, ac roedd rhaid i
> rai ohonyn nhw fynd i rywle.' Roedd Jac Lewis yn
> athronydd diamheuol.

Yn ôl y sôn, roedd Jac yn hoff iawn o'i ddiod
ac, felly, ddim yn ddigon parchus yng ngolwg
trigolion Trelew. Pan adeiladwyd Capel Tabernacl
Trelew ar dir a roddwyd gan y Cwmni Rheilffordd,

Car mewn trafferth ar y ffordd i'r Andes

Oedi ar y ffordd i'r Andes

ni lwyddwyd i gwblhau'r gwaith yn llwyr. Roedd
angen rhagor o arian i orffen gwneud y to. Er
nad oedd yn aelod, cynigiodd Jac Lewis yr arian
angenrheidiol ar gyfer gorffen y gwaith, a chafodd
well derbyniad wedi hynny.

Mae ei fedd i'w weld o hyd wrth ymyl y ffordd

bresennol. Mae'n debyg bod mynwent yn arfer bod yn y llecyn hwn, ond adeiladwyd yr heol newydd dros y beddau, heb hysbysu'r teuluoedd.

Aeth y teithwyr yn eu blaen hyd at *Camping Calabrés*, heb fod ymhell o Ddyffryn y Merthyron (18 milltir).

Dydd Iau 29 Rhagfyr: Roedd y daith y diwrnod hwnnw ar hyd llwybr anodd a rhaid oedd disgyn i lawr llethr serth *Carro Roto* (cyfeiria'r enw at ddigwyddiad yn 1891 pryd y llithrodd wagen William Freeman a thorri tra oedd yntau a'i deulu ar eu ffordd i ymsefydlu yng Nghwm Hyfryd).

Cafwyd storm o fellt a tharanau a gorfu i gwmni William Meloch aros nes iddi fynd heibio. Ar eu ffordd, gwelsant fedd newydd a chroes fechan lle claddwyd mam a'i baban. Buont farw yn ystod eu taith i'r fewnwlad. Erbyn nos roedd y teithwyr wedi cyrraedd Hafn y Glo (*Cañadon Carbón*) – enw camarweiniol a roddwyd arno oherwydd bod yno greigiau duon (24 milltir).

Dydd Gwener 30 Rhagfyr: Teithiodd y cwmni ar hyd ffordd greigiog a di-ddŵr. Gwelsant y Dyffryn Coediog tua'r gogledd, gyda choed helyg ar lannau afon Camwy. Yna, daethant at y man a elwir yn *Rocky Trip*, sef disgynfa serth iawn dros y creigiau. Syfrdanwyd William Meloch,

> Gwared pawb! Oes rhaid mynd i lawr dros hwn? Oes neu ehedeg!

Bedd Jac Lewis

Afon Camwy ger Carro Roto

Teulu ar y daith i'r Andes yn gwersylla yn Hafn y Glo 1908

Cloewyd yr olwynion ôl â chadwyn a thynnwyd dau o'r ceffylau yn rhydd o'r tresi, gan adael y cyfrifoldeb ar March i lywio'r cerbyd i lawr yn ddiogel!

Yn awr, March, os daliaist yn ôl yn dy fywyd, dal yn awr. Daliodd fel cawrfil. Eisteddodd yn llythrennol ar y fontyn (*breechband* neu *rump*), ac ysgleiriodd y ddisgynfa serth i lawr yn ddiogel … ond druan ohono. Crynai fel deilen.

Doedd dim rhagor o deithio y diwrnod hwnnw! (21 milltir)

Dydd Sadwrn 31 Rhagfyr: Teithiwyd cyn belled â Dyffryn yr Allorau. Enwyd yr ardal hynod hon gan y gwladfawyr yn ystod eu hanturiaethau cynnar, oherwydd bod pennau gwastad rhai o'r creigiau wedi eu hatgoffa o hen allorau. Ymdebygai creigiau eraill i 'binaclau eglwys neu neuaddau gorwych. Dywedodd un (gwladfäwr) eu bod yn debyg i golofnau Rhufeinig, yn goch eu lliw, ac yn disgleirio fel aur dan belydrau'r machlud' (R Bryn Williams, *Y Wladfa*). Roedd y ffordd yn mynd drwy *Media Luna* (Hanner Lleuad) ac yn gul a pheryglus, rhwng yr afon a'r creigiau. Ar daith gyffelyb, syrthiodd wagen lwythog a chwe cheffyl dros y dibyn ac ni welwyd hwy byth wedyn. Arhosodd y teithwyr i gael cinio mewn llecyn braf a enwyd yn *Black Eye*, oherwydd i gerbyd ddymchwel rywdro gan roi llygad ddu i'w berchen. Erbyn nos, roeddent wedi cyrraedd cartref y gwladfäwr Myfyr Berry Rhys ac yno y treuliasant y nos (24 milltir).

Media Luna

Dydd Sul 1 Ionawr 1905: Braf oedd cael gorffwys am y dydd, a meddyliodd William Meloch am ei ffrindiau yn y Wladfa yn dathlu'r flwyddyn newydd.

Dydd Llun 2 Ionawr: Cododd William Meloch am bump o'r gloch ond nid oedd pawb yn barod i gychwyn tan naw y bore, oherwydd bod yn rhaid

coginio, bwyta, golchi llestri, trefnu'r cerbydau, iro olwynion, chwilio am y ceffylau, eu gerio a disgwyl wrth yr amharod.

Teithiwyd y diwrnod hwn hyd at Ryd yr Indiaid (*Paso de Indios*). Roedd lleoliad gwreiddiol y pentref yn llawer nes at Ddyffryn yr Allorau na'r dref fechan sy'n cario'r enw heddiw, ac ar ochr ogleddol afon Camwy. Gwersyllwyd dros nos ger tarddiad nant fechan (y *Manantial*), ond penderfynodd William Meloch bod Nant y Mynydd yn well enw arni (21 milltir).

Dydd Mawrth 3 Ionawr: Yn y bore, doedd dim sôn am y ceffylau. Ni ddaethpwyd o hyd iddynt tan bump o'r gloch y prynhawn. Roeddent wedi crwydro deg milltir i ffwrdd yn ystod y nos. Felly, doedd dim modd teithio o gwbl y diwrnod hwnnw. Wrth edrych i lawr dyffryn Rhyd yr Indiaid, tynnwyd sylw William Meloch gan eglwys Gatholig fechan ar lan afon Camwy. Sonnir yn nyddiaduron Llwyd ap Iwan i offeiriad Catholig, y Tad Vivaldi, dderbyn hawl i diroedd yn Nyffryn yr Allorau ac iddo adeiladu eglwys yno. Ceisiodd rannu'r tiroedd ymhlith y brodorion, gan eu hannog i ymsefydlu yn y lle. Ond methiant fu'r cynllun oherwydd iddynt lynu at eu ffordd o fyw grwydrol, draddodiadol. Wrth yr eglwys hon y claddwyd David Richards o Harlech. Bu farw yn 1893 ac yntau'n teithio yn yr ardal yn chwilio am aur.

Dydd Mercher 4 Ionawr: Cododd y fintai cyn y wawr a theithio tua bwlch yn y mynyddoedd. Aethant heibio *Camping* Hesg tua un ar ddeg o'r gloch y bore a chyrraedd tarddiad afon *Pajarito* (Aderyn Bach) erbyn canol y prynhawn. Erbyn hyn roeddent yn uchel yn y mynyddoedd ac roedd y tywydd wedi oeri (24 milltir).

Dydd Iau 5 Ionawr: Rhaid oedd anelu y diwrnod hwn tuag at fwlch y Bocs *Gin* – yn y mynyddoedd, oedd cyn uched â'r Wyddfa. (Ar hyd y paith enwyd dwy ardal yn Bocs *Gin* Mawr a Bocs *Gin* Bach. Mae'n debyg i William Evans, a adwaenid fel Wil *Fly*, deithio'r ardaloedd yn gwerthu bwyd i'r mwyngloddwyr, ac iddo agor bocs mawr o *gin* ar eu cyfer.) Erbyn amser cinio roedd William Meloch a'i gyd-deithwyr wedi cyrraedd Pant y Gwaed. (Yn ôl R Bryn Williams, tarddodd yr enw o'r arfer o 'fedyddio' helwyr di-brofiad gyda gwaed gwanaco. Dywed eraill fod yr enw wedi tarddu o ffrwgwd rhwng dau fwyngloddiwr.) Aeth William Meloch gyda dau arall i geisio hela gwanaco neu estrys ar gyfer bwyd, ond yn ofer (18 milltir).

Dydd Gwener 6 Ionawr: Y diwrnod hwn, arweiniai'r ffordd ar draws gwastadedd Agnia (llygriad o'r gair 'anial' yn ôl rhai) a heibio i lyn o ddŵr hallt. Cafodd pawb ddŵr yng ngwaelod Pant y Ffwdan. (Digwyddodd y 'ffwdan' ar daith flaenorol. Mae'n debyg i'r wagen ar y blaen fynd yn rhy gyflym ac i'r wagen oedd yn dilyn golli golwg ohoni. Yna bu'r ddwy yn chwilio am ei gilydd am beth amser heb sylweddoli eu bod yn teithio rownd a rownd mewn cylch!) (24 milltir)

Dydd Sadwrn 7 Ionawr: Penderfynodd March streicio'n llwyr! Nid oedd yn fodlon symud er ei ganmol a'i fygwth. Rhaid oedd cael y ceffylau eraill yn y llorpiau i'w orfodi i gychwyn. Aethant heibio i Bryn y Ffynnon tua un ar ddeg o'r gloch ond heb amser i aros i gael cinio. Erbyn y nos roeddent wedi cyrraedd *estancia* (fferm fawr) Mulhall (27 milltir).

Dydd Sul 8 Ionawr: Cafwyd diwrnod pleserus ar yr *estancia* a chyfle i orffwys a mwynhau digon o fwyd a diod. I'r gogledd, roedd ardal Langiniew (Languiñeo), safle brwydr fawr rhwng y Tehuelches a milwyr yr Arawcaniaid (Mapuches) tua 1856. Yno collodd y Tehuelches eu meddiant o'r wlad fynyddig i'r gogledd o afon Camwy.

Dydd Llun 9 Ionawr: Dringodd y teithwyr i ben y bwlch ac edrych ar gopaon gwynion yr Andes, cyn teithio i lawr a chyrraedd Hafn Las erbyn nos (24 milltir).

Dydd Mawrth 10 Ionawr: Ar y daith, rhaid oedd croesi afon Tecka yn Rhyd Uchel, yna croesi'r afonydd bach a darddai ym Mynydd Edwyn, croesi afon Tecka eilwaith yn Rhyd Ganol ac am y trydydd tro yn Rhyd Isaf. Yna rhaid oedd iddynt ddringo i fyny i'r mynyddoedd drwy Hafn John Henry a chyrraedd y Ffynhonnau erbyn nos (36 milltir).

Dydd Mercher 11 Ionawr: Cafwyd cyfle i ymolch a siafio tyfiant barf 'dyddiau lawer'. Disgyn oedd y ffordd erbyn hyn hyd at Fwlch Esquel ac yna i lawr i safle tref Esquel heddiw. Yn 1905 dim ond tri bwthyn oedd yno. Arhoson nhw dros nos yng nghysgod llwyni (21 milltir).

Dydd Iau 12 Ionawr: Dyma'r diwrnod olaf. Wrth ddringo dros Fynydd Llwyd, cafwyd hyd i lwyn 'calafatas' (*calafates*: eirin perthi) ac fe wnaethant fwynhau y blas melys ar ôl cymaint o fwydydd sych. Wedi cyrraedd gwaelod Cwm Hyfryd a chroesi afon Cyrants, cyrhaeddodd William Meloch pen ei daith yng nghartref William J Nichols (21 milltir).

Teithiodd 426 milltir mewn 22 diwrnod. Heddiw, medrwn ni gyflawni'r un gamp mewn chwe awr.

Rhif 123: Twymyn yr Aur 1891 – Tecka

Tra oedd yn byw yn Wisconsin, a flynyddoedd cyn iddo ymfudo i'r Wladfa, teithiodd Edwyn Cynrig Roberts i Galiffornia lle cafodd y profiad o chwilio am aur. Bu llawer o sôn yn y Wladfa am aur ym mynyddoedd yr Andes, a bu Edwyn ei hun yn chwilio amdano ar ddau achlysur (1871 a 1890). Yr ail dro, arweiniodd garfan i ardal Tecka yn yr Andes, ac yn Ionawr 1891, fe gyflwynodd becyn bach o ronynnau aur i'r Rhaglaw Fontana yn Rawson.

Achosodd y darganfyddiad hwn gryn gynnwrf yn y Wladfa. Galwyd cyfarfod cyhoeddus gan y 'Cwmni Archwiliol'. Siaradodd Edwyn a nifer o'r anturwyr eraill am eu gobeithion o ddarganfod rhagor o aur yn yr Andes, ond heb ddatgelu union leoliad y maes. Yn groes i ewyllys rhai o'i gydarchwilwyr, cynigiodd Edwyn i'r sawl a ddymunai wneud hynny ymuno yn y fenter nesaf ar yr amod iddynt gytuno i dalu canran o'u henillion i'r cwmni gwreiddiol. Pwysleisiodd yr

Mynydd Edwyn (o gyfeiriad Fferm Gorsedd y Cwmwl)

angen am frys rhag ofn i anturwyr o bell glywed am y darganfyddiadau. Yn y cyfamser byddai'r partneriaid gwreiddiol yn ceisio cofrestru'r cwmni yn swyddogol. Ceisiwyd ffrwyno ychydig ar yr anturwyr newydd drwy eu hatgoffa o'r angen i baratoi yn drylwyr ar gyfer y daith a'u rhybuddio na fyddent yn derbyn unrhyw gymorth mewn trybini os nad oeddent wedi gwneud hynny.

Pryderai Lewis Jones fod y cynnwrf allan o bob rheswm. 'Pwysicach o lawer na'r aur i'r Wladfa yw ei chamlesi dyfrhau', meddai. Ond yr aur oedd testun pob sgwrs ar hyd a lled y gymuned oll. Cynhaliwyd cyfarfod helbulus yn Nhrelew ddydd Sadwrn, 7 Chwefror a bu dadlau ffyrnig rhwng y ddwy garfan: aelodau'r cwmni, na fynnai ddatgelu union leoliad y maes aur am y tro, a'r rhai

a brotestiai eu hawl i droedio'r Andes yn rhydd heb eu caniatâd. Ni fedrai'r cwmni na neb arall eu rhwystro rhag 'mynd am dro, fel byddigions' meddai William Jones. Roedd Edwyn yn awyddus i gadw cyfoeth yr aur ar gyfer y Wladfa ac ofnai weld pobl o'r tu allan yn rhuthro i ennill y blaen arnynt.

Ond ofer oedd pob ymgais i gadw trefn. Cyn diwedd yr wythnos, roedd mintai ar ôl mintai o'r gwladfawyr – dros drigain ohonynt i gyd – wedi cynaeafu eu cnydau ar frys cyn cychwyn ar eu taith hir i'r mynyddoedd. Fe'u gelwid 'Y Fintai Wyllt'. Cyrhaeddodd y rhai cyntaf i ardal Tecka ar 17 Mawrth gan sefydlu gwersyll yno. Ond ar ôl wythnos o chwilio ofer, diflasodd pawb gan ymlwybro yn ôl i'r dyffryn cyn i'r gaeaf caled fwrw'r Andes.

Cam nesaf y cwmni oedd gwahodd David Richards, Harlech a Reid Roberts, Efrog Newydd i archwilio'r ardal. Cafwyd adroddiad ffafriol ganddynt ond roedd yn amlwg bod angen cyfalaf sylweddol er mwyn codi'r aur, arian nad oedd ar gael yn y Wladfa.

Teithiodd Edwyn a'i deulu a David Richards i Gymru ac yno aethant ati i geisio codi arian ar gyfer sefydlu cwmni – *The Welsh Patagonian Gold Field Syndicate* – ac un o'r cyfranddalwyr oedd y Br. David Lloyd George. Bu Edwyn Roberts farw yn ddisymwth yng Nghymru 15 Medi 1893 pan oedd ar fin dychwelyd i Batagonia.

Dychwelodd David Richards i'r Wladfa a chasglodd ynghyd tua 30 o ddynion i ddechrau mwyngloddio, ond bu llawer o gamweinyddu ar y cwmni. Doedd peiriannau ddim yn cyrraedd mewn da bryd ac yng Ngorffennaf 1894 nodwyd nad oedd y gweithwyr wedi derbyn eu cyflogau yn llawn. Daeth y cwmni i ben gyda cholled ariannol o £13,000.

Ffurfiwyd cwmni arall yn frysiog – *The Flying Company* – gan David Richards, ond bu yntau farw yn ystod un o'r teithiau a chafodd ei gladdu yn Rhyd yr Indiaid (gweler Rhif 122).

Ffurfiwyd y *Phoenix Patagonian Mining Co.* gan gwmni o wladfawyr (a Llwyd ap Iwan yn eu plith), a bu'r aelodau yn crwydro ymhellach yn yr Andes gan ddod o hyd i diroedd newydd, ond unwaith eto, o safbwynt darganfod aur, roedd y cyfan yn ofer.

Rhif 124: Nant y Pysgod

Mab hynaf Michael D Jones oedd Llwyd ap Iwan, dyn amlwg iawn yn hanes y Wladfa mewn sawl maes. Roedd yn fesurydd tir a weithiodd ar ad-drefnu terfynau'r ffermydd, yn beiriannydd a gyfrannodd yn helaeth i'r system ddyfrhau yn y dyffryn, ac yn arloeswr a anturiodd lawer yn chwilio am diroedd newydd i'w gwladychu. Bu hefyd yn gynrychiolydd pwysig a siaradodd dros y Wladfa yng Nghymru.

Yn 1906, agorwyd cangen o'r CMC (gweler Rhif 104) yn Nant y Pysgod, ar ymyl y ffordd brysur o'r Dyffryn i'r Andes, cyn dyddiau yr heol newydd a ddefnyddir gan drafnidiaeth heddiw. Roedd nifer fawr o ffermydd llewyrchus yn yr ardal yn mynychu'r gangen newydd hon. Bryd hynny, roedd y prif adeilad yn cynnwys siop a swyddfa, adeilad sinc i storio gwlân, a thŷ'r Rheolwr, sef Llwyd ap Iwan, a'i deulu.

Llwyd ap Iwan

Tua'r adeg hon yn 1903 symudodd Robert LeRoy Parker (Butch Cassidy), Henry Longbaugh (Sundance Kid) ac Etta Place gyda dau was, Jake Wilson a Bob Evans, i fyw yn Cholila (tua 100km i'r gogledd orllewin o Nant y Pysgod). Dywedir iddynt fod yn eithaf cyfeillgar gyda'r Cymry yng Nghwm Hyfryd, a bod Cymro ifanc, Mans Gibbon, wedi ymuno â nhw. Teithiai gang y 'Wild Bunch' bellteroedd maith i ddwyn oddi wrth fanciau yn Bahia Blanca, Río Gallegos a San Luiz, ond roedd heddlu cudd y Pinkerton Agency o'r Unol Daleithiau ar eu trywydd yn yr Ariannin, a dihangodd y gang o Cholila gan adael y ddau was ar ôl.

Yn hwyr prynhawn Gwener, 29 Rhagfyr 1909, cyrhaeddodd Wilson ac Evans y siop yn Nant y Pysgod, a gofyn am weld y rheolwr. Atebodd aelod o'r staff ei fod yn ei dŷ. Ar ôl clywed bod gan y dieithriaid fater pwysig i'w drafod, anfonwyd am Llwyd, a oedd ar ganol bwyta ei swper. Holodd un o'r dynion a oedd llythyr at rywun o'r enw Jones wedi ei adael iddo, gan obeithio y byddai'r rheolwr yn ei arwain i'r swyddfa. Atebodd Llwyd yn nacaol. Yna, tynnodd y lladron eu drylliau a bygwth y rheolwr a'i staff. Gorfodwyd Llwyd i fynd i'r swyddfa ac agor y sêff, ond ychydig o arian oedd yno.

Credai y lladron y dylai tua 50,000 o ddoleri fod yno fel taliad am wlân, a chyhuddwyd Llwyd o gelu hyn. Mae'n debyg i naill ai Llwyd neu'r lleidr golli ei dymer ac aeth yn ymladdfa. Saethwyd Llwyd yn farw yn y fan a'r lle. Dihangodd y lladron gan ddwyn gymaint o'r nwyddau ag oedd modd iddynt eu cario.

CMC Tecka (Nant y Pysgod)

Cofeb i nodi'r fan lle llofruddiwyd Llwyd ap Iwan a'r arysgrif ar y gofeb fechan

Wedi clywed y newyddion brawychus, ymgasglodd degau o wladfawyr arfog yn Nant y Pysgod, a ffurfio dwy garfan i hela'r lladron. Ond roeddent wedi dianc i'r coedwigoedd.

Cynhaliwyd angladd Llwyd yn Esquel y Sul canlynol, diwrnod olaf 1909 a daeth tyrfa fawr o bob cenedl yno i dalu'r deyrnged olaf iddo (gweler Rhif 129). Cafodd Wilson ac Evans eu dal a'u lladd gan Heddlu'r Ffin (Policía Fronteriza) yn 1911, wedi iddynt ddwyn llawer mwy ar hyd a lled y wlad.

Amgueddfa Leleque

Rhif 125: Amgueddfa Leleque

Lleolwyd yr amgueddfa hon ar un o diroedd cwmni Benetton, 90km i'r gogledd o Esquel ar y ffordd i Bariloche. Y safle hwn oedd y llwyfan i frwydr olaf y llwyth Tehuelche yn erbyn byddin genedlaethol yr Ariannin yn 1888.

O'r 1930au ymlaen, defnyddiwyd yr adeilad fel *boliche*, sef siop nwyddau cyffredinol sydd hefyd yn dafarn a bwyty, ac yn lle cyfleus i deithwyr aros am saib.

Cartref oedd adeilad presennol yr amgueddfa bryd hynny, a chynhaliwyd ysgol yn yr adeilad cefn – yr ysgol gyntaf yn Leleque. Erbyn hyn, mae'r ysgol wedi ei lleoli ar ddarn o dir pwrpasol a roddwyd gan deulu Benetton.

Agorwyd yr amgueddfa, sydd hefyd yn fan cyfarfod cymdeithasol, ym mis Mai 2000. Mae hefyd yn ganolfan ar gyfer astudiaethau gwyddonol a diwylliannol. Fe'i noddir gan gwmni Benetton, Fundación Ameghino, ac Adran Ddiwylliant Llywodraeth yr Ariannin. Mae'r arddangosfeydd yn portreadu bywyd y brodorion a'r mewnfudwyr i'r Ariannin, gan gynnwys braslun o hanes y gwladfawyr.

Pennod 10

Esquel

Gefeilliwyd â thref Aberystwyth yn 2009

Rhif 126: Y Dref

Mesurwyd y tir yn 1905–1906 ar gyfer sefydlu tref ger gwladfa Bro Hydref (*Colonia 16 de Octubre*), sy'n fwy adnabyddus wrth yr enw Cwm Hyfryd. Yn 1950, dewiswyd 25 Chwefror 1906 yn ddyddiad i ddathlu sefydlu'r dref, i gofio am y darllediad telegraff cyntaf a wnaed yn yr ardal gan Medardo Morelli. Ar 26 Chwefror 1923, sefydlwyd tref Esquel yn swyddogol, a rhoddwyd iddi ei chyngor etholedig.

Agorwyd Canolfan Chwaraeon y Gaeaf, *La Hoya*, yn 1974, gan hybu Esquel yn ganolfan dwristaidd boblogaidd.

Soniwyd am yr enw Esquel y tro cyntaf yn atgofion yr anturiaethwr George C Musters wrth iddo gofnodi ei daith o Punta Arenas i Carmen de Patagones yn 1869–1871. Pan holodd ef y brodorion, a drigai gerbron llyn cyfagos i safle'r maes awyr presennol, beth oedd enw'r lle, eu hateb oedd 'Esgel-Kaike neu air tebyg'. Cyfieithwyd hwn i'r Sbaeneg fel '*abrojal*', sef cae ysgall. Tybed ai'r gair Cymraeg 'ysgall' yw tarddiad enw Esquel, a'i fod wedi ei lygru rhywfaint gan y brodorion? Roeddent wedi cyfarfod â'r gwladfawyr yn Nyffryn Camwy am y tro cyntaf yn 1866, ac roedd nifer ohonynt, yn enwedig y plant, wedi dysgu siarad Cymraeg. Ni fedrent ynganu'r 'y' na'r 'll', ac mi fyddai 'ysgall' wedi troi yn 'esgal' neu 'esgel'. 'Esgel' fu sillafiad Lewis Jones o'r enw tan iddo gael ei newid gyda threigl amser i'w ffurf bresennol.

Rhif 127: Capel Seion, Esquel

Sefydlwyd capel Seion yn Ionawr 1904 gyda 26 o aelodau. Tan hynny, roedd y gynulleidfa yn cyfarfod mewn adeilad a godwyd yn 1902 ac a ddefnyddiwyd fel ysgol yn ystod yr wythnos. Traddodwyd y bregeth gyntaf gan y Parchedig

Un o strydoedd Esquel

Lewis Humphreys. O dan ddylanwad y Diwygiad, cynyddodd nifer yr aelodaeth i tua 40. Prynwyd darn o dir ac adeiladwyd capel newydd a festri yng nghanol y dref erbyn 1915. Capel anenwadol ydoedd a chynigiai i'r aelodau y dewis o fedydd trwy drochiad neu daenelliad, rhag tramgwyddo neb.

Rhif 128: Canolfan Gymraeg yr Andes a'r Ysgol Gymraeg

Yr athrawes gyntaf i fynd i Esquel a Threvelin o dan Gynllun yr Iaith Gymraeg (gweler Rhif 78) yn 1997 oedd Hazel Charles Evans. Bu'n cynnal gwersi Cymraeg Iaith Gyntaf ac Ail Iaith yno am ddwy flynedd, gan ddychwelyd i'r Andes droeon wedi hynny. Hazel fu'n bennaf gyfrifol am godi arian i adeiladu neuadd a fflat ar gyfer yr athrawon wrth ymyl capel Seion. Ymgyrchodd yn ddiwyd yng Nghymru a'r Wladfa i sicrhau cronfa ddigonol, drwy gyfraniadau a thrwy werthu 'brics'. Agorwyd y ganolfan, a enwyd bellach yn Salón Hazel Charles Evans, yn swyddogol ganddi ar 25 Mawrth 2002. Yma y cynhelir digwyddiadau cymdeithasol y gymuned Gymraeg, yn ogystal â gwersi Cymraeg i bob oedran. Dyma safle yr Ysgol Gymraeg, y cychwynnwyd ar y gwaith o'i hadeiladu yn ystod 2015. Cychwynnodd Hazel ymgyrch newydd yn 2016 i godi arian ar gyfer adeiladu ystafelloedd dosbarth newydd. Codwyd arian yn lleol hefyd at yr un pwrpas.

Rhif 129: Mynwent Esquel

Lleolir mynwent Esquel ar gyrion y dref. Yma y claddwyd Llwyd ap Iwan (gweler Rhif 124). Mae'r arysgrif ar y garreg fedd yn unigryw oherwydd ei bod yn dairieithog – Cymraeg, Sbaeneg a Saesneg, a phob iaith yn dweud rhywbeth ychydig yn wahanol amdano.

Ganwyd Llwyd yn y Bala ar 20 Chwefror 1862, yn fab i Michael D Jones, ac fe'i hyfforddwyd fel tirfesurydd a pheiriannydd. Yn dilyn cyfarfod gydag A P Bell (un o sylfaenwyr cwmni rheilffordd y Wladfa), daeth drosodd yn 1886 i weithio am gyfnod i'r cwmni. Dechreuodd anturio i'r fewnwlad yn fuan iawn, gan gyrraedd Penrhyn Valdés o fewn y deufis cyntaf. Flynyddoedd yn ddiweddarach bu'n archwilio yng ngorllewin a de Patagonia.

Gofynnwyd iddo gan Gyngor y Gaiman (a oedd yn rheoli'r Wladfa gyfan ar y pryd) i ailfesur tiroedd a threfnu llinellau ffiniau'r ffermydd. Yn 1888, aeth ymlaen i fesur tiroedd yng Nghwm Hyfryd.

Roedd hefyd yn ffigwr amlwg yn natblygiad system ddyfrhau Dyffryn Camwy. Mae ei lythyrau, adroddiadau a dyddiaduron yn gofnod hanesyddol pwysig iawn.

Ysgol Gymraeg yr Andes

Carreg fedd Llwyd ap Iwan

Pennod 11

Trevelin

Gefeilliwyd â thref Aberteifi yn 2005

Rhif 130: Cwm Hyfryd, Bro Hydref

Yn fuan wedi i'r Rhaglaw Luis Jorge Fontana gyrraedd Rawson ym mis Mai 1885 i lywodraethu'r Wladfa, anfonwyd John Murray Thomas ato ar ran y gwladfawyr i ofyn am hawl y llywodraeth i gynnal taith ymchwil i'r fewnwlad. Erbyn hynny, ychydig iawn o Ddyffryn Camwy oedd heb ei feddiannu, ac roedd angen rhagor o dir i dderbyn ymfudwyr newydd. Hefyd, roedd rhai o'r bobl ifainc yn awyddus i fentro ymhellach i chwilio am ardaloedd eraill.

Ymateb cyntaf y rhaglaw oedd gwrthod y cais nes y gellid sicrhau gosgordd o filwyr i amddiffyn yr anturwyr. Nid oedd yn hyderus y medrent ofalu amdanynt eu hunain ar daith o'r fath.

Sut yr oedd yn bosibl i'r amaethwyr heddychol hyn, gyda'u tueddiadau diwylliannol, yn cynnal eu cyfarfodydd llenyddol a'u heisteddfodau lle gwobrwyid hwy am ganu a barddoni, sut y gallent fod yn gymwys i wynebu'r paith yn null y Gauchos a'r Indiaid? holodd Fontana. (R Bryn Williams, *Y Wladfa*)

Ond wrth ddod i'w hadnabod yn well, a rhyfeddu at eu llwyddiant yn addasu i'w gwlad newydd, newidiodd ei feddwl a chaniataodd y cais. Aeth John Murray Thomas yn gyfrifol am godi'r arian angenrheidiol ymhlith y gwladfawyr.

Ar 16 Hydref 1885, ar dir fferm John Murray Thomas ym mhen ucha'r dyffryn, ymgasglodd 19 o Gymry; chwech Archentwr (un ohonynt yn fab i wladfawyr); dau Almaenwr; gŵr o'r Taleithiau Unedig, a Fontana ei hun.

Penodwyd John Murray Thomas yn gapten a John Daniel Evans yn dywysydd (*Baqueano*). Rhoddwyd reiffl Remington i bob un. Dyma pam y'u galwyd yn *Los Rifleros del Chubut*. Cyn iddynt gychwyn ar eu taith, cynhaliwyd sesiynau

Cwm Hyfryd, gyda Gorsedd y Cwmwl yn y cefndir

ymarfer dwys ac, ar y noson olaf, cafwyd gwledd a gwasanaeth.

Bwriad Fontana oedd archwilio'r wlad yn hamddenol, ond teimlai'r gwladfawyr ifainc yn awyddus i symud ymlaen yn gyflym er mwyn dod o hyd i diroedd newydd ac, efallai, aur. Dywedodd y rhaglaw fod y llywodraeth yn addo rhoi 50 llech (*league*) o dir i'w rannu rhwng arloeswyr yr Andes, gan gynnwys pob aelod o'r fintai, a phob un o'r teuluoedd cyntaf i ymsefydlu yn y gorllewin.

Dechreuasant ar eu taith ddydd Llun, 19 Hydref.

Wedi cyrraedd Dyffryn y Merthyron codwyd carnedd o gerrig ar fedd y tri merthyr (gweler Rhif 121). Aethant heibio i Ryd yr Indiaid, gan groesi'r afon ar rafft.

Un noson, pan oedd yn cadw gwyliadwraeth, crwydrodd John Murray Thomas tua dwy filltir o'r gwersyll tuag at y bryniau. Yn ddirybudd, ymosododd pwma arno. Cafodd ddihangfa ffodus pan lwyddodd i saethu'r anifail, a oedd dros saith troedfedd o hyd. Cariodd graith ar ei ysgwydd am weddill ei fywyd.

Buont yn gorffwys y noson honno wrth ymyl

craig siâp eryr a enwyd ganddynt yn Graig yr Eryr. Wrth gyrraedd at y mynyddoedd, dringodd John Murray Thomas a dau arall i ben un ohonynt, copa sy'n cario'r enw Pico Thomas hyd heddiw. Maes o law, wedi cyrraedd i gopa mynydd a elwid ganddynt yn Graig Goch, gwelsant ddyffryn gwyrdd, coediog yn ymestyn o'u blaenau. Syfrdanwyd Richard G Jones, a gwaeddodd 'O! Dyma gwm hyfryd!'. Cwm Hyfryd yw'r enw ar lafar gwlad byth oddi ar hynny. Ond mynnodd Fontana alw'r lle yn *Colonia* (gwladfa) *16 de Octubre*, i nodi'r dyddiad yn 1884 pryd y cyhoeddwyd deddf genedlaethol a rannodd Patagonia yn bum rhanbarth (Neuquén, Río Negro, Chubut, Santa Cruz a Tierra del Fuego), a chreu hefyd y rhanbarthau canlynol: La Pampa, Misiones, Formosa a Chaco (caiff y ddeddf ei hadnabod hyd heddiw ar lafar gwlad fel Deddf Chaco). Yn ei ysfa i gael cyfieithiad Cymraeg i enw'r cwm, bathodd R J Berwyn yr enw 'Bro Hydref'.

Roedd gwyrddni a phrydferthwch yr ardal yn dwyn eu mamwlad i gof y gwladfawyr, a rhoddwyd enwau Cymraeg ar y mynyddoedd – Gorsedd y Cwmwl (y copa uchaf), Mynydd Edwyn, Mynydd Llwyd, Graig Goch, ac eraill.

Yn Ionawr 1886, teithiodd y fintai ymhellach i'r de a chodwyd baner yr Ariannin gan Fontana ar lan llyn mawr oedd yn rhedeg i afon Senger. Enwyd y llyn ar ôl y rhaglaw. Aethant heibio i Lyn Colhué Huapi (enw a gywasgwyd gan y Cymry yn Colwapi) ac ymlaen at yr arfodir, cyn dychwelyd i Ddyffryn Camwy. Buont dri mis a hanner ar eu taith. Yn ei adroddiadau i'r awdurdodau wedi iddo ddychwelyd, bu Fontana yn hael ei ganmoliaeth o'r gwladfawyr yn ei fintai.

> Dywed iddo ryfeddu at fedrusrwydd y bechgyn hyn, yn marchogaeth fel Arabiaid, yn hela fel Indiaid, ac yn trin arfau fel milwyr; yn rhai syber a chymedrol ym mhopeth, a'u hunan-ddisgyblaeth yn tarddu o ddyfnder eu cymeriadau. (R Bryn Williams, *Y Wladfa*)

Rhif 131: Trevelin

Cafodd Trevelin ei henw oherwydd i John Daniel Evans agor y felin flawd gyntaf yma yn 1889 – *Molino Andes Juan D Evans y Cia* (sef Melin Andes John D Evans a'i Gwmni). Sefydlwyd y dref yn swyddogol yn 1918. Saif ar lan afon Percy, sydd yn llifo i Río Grande (neu Futaleufú), cyn croesi'r ffin i Chile.

Erbyn hyn mae Trevelin yn ganolfan dwristaidd bwysig, taith 24 cilometr o Barc Cenedlaethol *Los Alerces* (Y Llarwydd), sydd hefyd yn atyniad i ymwelwyr.

Gosodwyd y gofeb hon, sy'n portreadu llong y *Mimosa*, yn 1935 i gofio 25 Tachwedd 1885, sef y dyddiad pryd y cyrhaeddodd y Rhaglaw Fontana a'i fintai (o wladfawyr yn bennaf) i'r ardal am y tro cyntaf.

Trevelin

Cofeb mintai Fontana

Gwladychu Cwm Hyfryd

Ym mis Medi 1888, dair blynedd wedi taith arloesol y *Rifleros* (gweler Rhif 130) cychwynnodd 49 o ddynion o Ddyffryn Camwy er mwyn ymsefydlu yng Nghwm Hyfryd. Eu gorchwyl oedd agor ffyrdd ar gyfer wageni, rhannu'r tir a chodi bythynnod a chorlannau. John Murray Thomas oedd y pennaeth, gyda Llwyd ap Iwan yn beiriannydd a John Daniel Evans yn dywysydd. Dywed Llwyd ap Iwan iddi fod yn daith anodd a llafurus.

Cyraeddasant Gwm Hyfryd ar 17 Tachwedd a chodwyd baner yr Ariannin ar 20 Tachwedd. Buont wrthi am rai misoedd yn mesur y tir ac yn adeiladu bythynnod pridd.

Dechreuwyd y mesur gyda dwy linell, ac ar hyd un ohonynt gosodwyd cyfres o begiau. Roedd rhif 11 wedi ei leoli yn yr union fan y gwnaeth y *Rifleros* wersylla yn ystod taith 1885 ac roedd ar dir a roddwyd i John Daniel Evans. Dyma leoliad presennol *Plaza Coronel Fontana* a luniwyd ar ffurf octagon. O'r pwynt hwn datblygodd y dref yn y 1920au gyda rhodfeydd yn dechrau o'r wyth ochr.

Penderfynwyd ar berchnogaeth y tiroedd drwy fwrw coelbren. Y 49 hyn gafodd y tiroedd gorau, felly. Gan mai dynion sengl oedd y mwyafrif ohonynt, y tir gwaelaf a'r mwyaf anghysbell oedd ar ôl ar gyfer y dynion priod a'u teuluoedd a ddaeth yn ddiweddarach. Dioddefodd llawer o'r sefydlwyr cynnar hyn galedi difrifol yn ystod misoedd y gaeaf.

Cofgolofn i Fontana

Cyrhaeddodd y defaid cyntaf (tua 900 ohonynt) yn Chwefror 1890, ar ôl bod bron i dair blynedd ar eu taith a'u perchnogion yn y cyfamser yn gorfod cyfarfod â'r tri phorthmon bob gwanwyn i sicrhau digon o gynhaliaeth iddynt.

Ymsefydlodd dau deulu yno yn 1890 a dilynwyd hwynt gan bedwar teulu arall y flwyddyn ganlynol – teulu John Daniel Evans yn un ohonynt.

Gwnaethom gamp eithriadol yn hanes arloesi yn Ne America. Mewn llai na deg wythnos daethom â'r wagenni llwythog bellter o bron 400 milltir dros wlad na bu ffordd ynddi erioed, a thrwy lafur caled a dyfalbarhad, agorwyd llwybr trwy leoedd amhosibl, a dringo dros fynyddoedd, gan goncro pob math o anawsterau. (Llwyd ap Iwan, yn R Bryn Williams, *Y Wladfa*)

Peg sy'n dangos y man lle dechreuwyd mesur Trevelin

Rhif 132: Amgueddfa Ranbarthol Trevelin

Sefydlwyd yr amgueddfa (*Museo Regional Trevelin*) yn 1971, pryd y gwahoddwyd trigolion yr ardal i gyfrannu arteffactau a dogfennau o bwys hanesyddol. Ei chartref cyntaf oedd ystafell yn adeilad Cyngor y Dref.

Difrodwyd adeilad y felin gan dân yn yr un flwyddyn. Wedi cwblhau'r gwaith o'i adnewyddu yn ystod y 1980au, symudwyd cynnwys yr amgueddfa yno. Agorwyd hi yn ei chartref newydd ar 25 Tachwedd 1985. Bu cyfnod pellach o adnewyddu, pryd yr ychwanegwyd y rhan

Tŷ Coch – un o dai cyntaf y cwm

Un o gabanau pren nodweddiadol o'r cwm yn y cyfnod cynnar

Melin John Daniel Evans

fodern ac ailddyluniwyd yr arddangosfeydd i gyd. Agorwyd yr amgueddfa eto ar ei newydd wedd yn Rhagfyr 2013.

Cofnododd John Daniel Evans dwf y melinau blawd yn yr Andes yn ei atgofion (*Bywyd a Gwaith John Daniel Evans, El Baqueano*, gol. Paul Birt). Yn 1889 daeth Thomas Morgan â melin fach o Ddyffryn Camwy. Melin i'w throi â nerth braich ydoedd, yn drafferthus a heb fod yn effeithiol. 'Bad job!' yn ôl Percy Wharton, a geisiodd ei defnyddio. Byddai'n well ganddo fyw ar wenith wedi'i ferwi na'i falu â'r felin honno! Rhoddwyd hi o'r neilltu a bu'n segur tan 1891 pryd y cafodd John Daniel Evans y syniad o'i throi â dŵr yr afon gyfagos. Adeiladodd olwyn

ddŵr gan ddilyn llun a welodd mewn llyfr, a dargyfeiriodd lif yr afon at y pwrpas. Bu John Daniel yn gwella effeithiolrwydd y melinau drwy gydol y blynyddoedd. Ar un adeg, symudodd ei felin o naill ochr yr afon i'r llall, am na fedrai groesi at ei gartref pan fyddai llif yr afon yn uchel.

Er mwyn cystadlu â blawd o Ddyffryn Camwy ac o Buenos Aires aeth i bartneriaeth gyda William C Thomas i brynu melin newydd o Lundain. Yn 1918 ffurfiodd gwmni yn cynnwys nifer o amaethwyr yr ardal a phrynwyd melin fwy fyth o Fanceinion i ymateb i'r galw. Rhestrwyd y cwmni o dan yr enw *Molino Andes Juan D Evans y Cía Sociedad en Comandita.* Bu hyn yn hwb mawr i ddatblygiad y dref. Codwyd adeilad y felin (sydd nawr yn gartref i'r amgueddfa) yn 1922.

Bu tyfu gwenith yn un o lwyddiannau mawr y ddwy Wladfa o'r 1880au ymlaen. Cafwyd cynaeafau eithriadol o dda a'r cnydau yn deilwng o wobrau rhyngwladol (gweler Rhif 106). Dywedir bod hinsawdd tiroedd sydd rhwng lledredau 42 a 46 ledled y byd yn fanteisiol ar gyfer tyfu gwenith.

Serch hynny, yn 1949, penderfynodd Llywodraeth yr Ariannin (o dan ddylanwad a phwysau mawr cwmnïau cyfoethog Buenos Aires) gynnig cymhorthdal i gynhyrchwyr gwenith. Ond dim ond y rhai oedd â'u tiroedd i'r gogledd o afon Colorado fyddai'n derbyn y cymorth hwnnw. Roedd amddifadu diwydiant gwenith Chubut o unrhyw fath o gymhorthdal yn ei wneud yn anghystadleuol, gan achosi ei ddifodiant. Caewyd Molino Andes yn 1953, a'r un oedd tynged holl felinau'r diriogaeth yn eu tro.

Yn 1874, hwyliodd llong yr *Electric Spark* o'r Taleithiau Unedig gyda 33 o ymfudwyr Cymreig o Ogledd America ar ei bwrdd. Ond drylliwyd y llong ar arfordir Brasil a chollwyd yr holl beiriannau amaethyddol newydd a gwerthfawr oedd arni.

Wedi hynny, mewnforiwyd peiriannau amaethyddol i'r Wladfa gan yr CMC (gweler Rhif 104) ac roeddent yn rhai modern iawn ar y pryd. Yn wir, synnwyd rhai ffermwyr o'r Wladfa a deithiodd i Gymru wrth weld bod peiriannau'r Hen Wlad yn llawer mwy hen ffasiwn na'r rhai yr oeddent hwy yn gyfarwydd â nhw.

Rhif 133: Gwisgoedd (yn Amgueddfa'r Felin)

Wedi i economi Dyffryn Camwy sefydlogi, ac wedi goroesi cyfnod o lymder difrifol, gwelodd y gwragedd gyfle i brynu dillad o ansawdd gwell, a hyd yn oed i ddilyn y ffasiynau diweddaraf. Pan symudodd rhai o'r gwragedd hynny i Gwm Hyfryd, yn naturiol roeddent yn awyddus i fwynhau yr un safonau.

* * *

Yn Rawson yn 1874 daeth Edward Price a John Griffiths Hendre i drefniant â chapten y llong *Irene* i gario llwyth o'u grawn i'w werthu yn Buenos Aires. Roedd ei ansawdd mor uchel, fel y medrwyd

Hen beiriant dyrnu

Hetiau yn yr Amgueddfa

hawlio'r pris gorau ym marchnadoedd y brifddinas. Yno, daeth Edward Price ar draws siop fawr Rooke, Parry & Co. Cymro o Lanrwst oedd Parry, dyn busnes yn Buenos Aires ers blynyddoedd. Daethant i gytundeb â'i gilydd i agor cangen o'r siop ger aber afon Camwy, gydag Edward Price yn rheolwr arni. Prynasant yr *Irene* er mwyn cario nwyddau yn ôl ac ymlaen rhwng y Wladfa a'r brifddinas. Roedd hwn yn rhoi marchnad newydd i gynnyrch y Wladfa ac yn sicrhau nwyddau o well ansawdd iddynt o Buenos Aires – bwyd i amrywio'u bwydlen a dillad o safon uwch.

Yn fuan wedyn, trefnwyd priodas rhwng Edward Price a Ruth Williams, a gwahoddwyd y gwladfawyr i gyd i'r achlysur, gan dynnu eu sylw at y cyflenwad newydd o ddillad ac ategolion yn siop Rooke, Parry & Co. Cafwyd gwerthiant da ac, wrth weld yr orymdaith briodasol yn mynd heibio, ochnediodd Llywydd y Wladfa ar y pryd, J Berry Rhys, gan ddatgan: 'Rwy'n ofni y bydd yr Hollalluog yn ein ceryddu am ein balchder!'

Rai blynyddoedd yn ddiweddarach, cyhuddodd y Rhaglaw Eugenio Tello, olynydd Fontana, fenywod y Wladfa o fod yn ffroenuchel yn eu ffrogiau smart a'u hetiau crand, yn edrych i lawr ar bawb a gerddai ar strydoedd y dref. Ond cadwai'r gwragedd eu dillad gorau ar gyfer mynychu digwyddiadau cymdeithasol neu wasanaethau crefyddol. Wrth deithio yn eu cerbydau, roeddynt yn uwch i fyny na'r bobl a gerddai ar y strydoedd. Tybed ai hyn a greodd y camargraff yn llygaid y Rhaglaw?

Flynyddoedd yn ddiweddarach, yr un oedd hoffter menywod yr Andes o'u gwisgoedd ffasiynol a mawr fu eu gofal ohonynt, fel y gellir gwerthfawrogi heddiw wrth edrych arnynt yn arddangosfa ardderchog yr amgueddfa.

Rhif 134: 'Cartref Taid'

Efallai mai'r amgueddfa hynotaf yn unrhyw un o'r ddwy Wladfa yw 'Cartref Taid' yn Nhrevelin. Llafur cariad Clery A Evans, wyres John Daniel Evans, yw'r bwthyn a'r gerddi lle lleolir bedd y ceffyl Malacara (gweler Rhif 132). Ailgrewyd ganddi yno adeilad tebyg i'r un gwreiddiol a godwyd ar yr un safle gan ei thaid pan ymsefydlodd yng Nghwm Hyfryd ddiwedd y bedwaredd ganrif ar bymtheg.

John Daniel Evans

Ganwyd John Daniel Evans yn Aberpennar yn 1862 ac ymfudodd gyda'i deulu ar y *Mimosa* pan oedd yn dair blwydd oed. Yn ystod ei blentyndod a'i ieuenctid, datblygodd yn farchog gwych ac yn heliwr medrus. Roedd yn gyfeillgar iawn â phlant y brodorion a dysgodd lawer o'u harferion oddi wrthynt. Fe'i cydnabuwyd fel un oedd yn adnabod arwyddion a llwybrau'r wlad yn dda iawn, a chafodd yr enw *El Baqueano* (a roddir yn unig ar dywysydd eithriadol o fedrus). Bu farw yn Nhrevelin ar 6 Mawrth 1943.

Mae gan ei wyres, Clery, ddamcaniaeth sydd â llawer o wirionedd yn perthyn iddi, sef bod camp y Malacara yn gyfrifol am sicrhau meddiant yr Ariannin dros y tiroedd hyn. Oherwydd bod y ceffyl hwn wedi achub ei fywyd yn 1884 (gweler Rhif 121), bu John Daniel fyw i dywys Fontana a'i *Rifleros* yn 1885, taith a agorodd y rhan hon o'r wlad ar gyfer ei gwladychu. Daeth ef a'i deulu i fyw yng Nghwm Hyfryd yn 1891, ynghyd â nifer o deuluoedd eraill. Tyfodd a datblygodd yr ardal o gwmpas Trevelin, a phresenoldeb a phleidlais disgynyddion y Cymry yma, yn agos i'r ffiniau â Chile, a sicrhaodd mai'r Ariannin a lwyddodd i berchnogi'r tiroedd yn hytrach na'i chymydog (gweler Rhif 138).

Bu Malacara farw yn 1909, yn 31 mlwydd oed, pan gafodd ddamwain wrth neidio a llithro ar iâ a thorri ei wddf. Roedd gan John Daniel gymaint o barch tuag at y ceffyl a achubodd ei fywyd nes iddo ei gladdu ar ei dir ei hun, a gosod carreg arno gyda'r arysgrif ganlynol (yn yr iaith Sbaeneg):

Yma y gorwedd gweddillion fy ngheffyl, El Malacara, a achubodd fy mywyd yn yr ymosodiad gan yr Indiaid yn Nyffryn y Merthyron 4 Mawrth 1884, ar fy ffordd yn ôl o'r Andes. R.I.P. John D. Evans.

Math arbennig o geffyl yw'r *malacara* (wyneb drwg), sydd â streipen wen ar ei wyneb. Dywed

'Cartref Taid'

Bedd *El Malacara*

John Coslett Thomas mai ei ebol ef oedd y Malacara enwog, ond bod y ceffyl wedi mynd i grwydro ar y paith ac iddo yntau fethu â dod o hyd iddo. Ar eu ffordd i'r Andes yn 1884, daeth John Daniel a'i dri chyd–deithiwr o hyd i'r ebol a phenderfynu mynd ag ef gyda nhw er mwyn ei gadw yn ddiogel, gyda'r bwriad o'i drosglwyddo i'w berchennog ar ôl iddynt ddychwelyd i'r dyffryn. Malacara oedd y ceffyl cryfaf a oedd ganddynt ar eu taith a dywed rhai mai Rhagluniaeth a sicrhaodd mai ar ei gefn ef y penderfynodd John Daniel Evans farchogaeth ar fore cyflafan arswydus Dyffryn y Merthyron.

Rhif 135: Capel Bethel ac Ysgol y Cwm

Cynhaliwyd y gwasanaethau cyntaf yn yr ardal mewn cartrefi ac yna yn 1891 adeiladwyd y capel cyntaf. Ysgubwyd yr adeilad hwnnw a'r fynwent i ffwrdd gan lifogydd Aber Gyrants a chodwyd yr ail gapel ar safle yn union o flaen yr adeilad presennol:

> Adeiladwyd ef ar fryncyn, ei furiau o foncyffion, byrddau ar ei lawr, drws a ffenestr iddo, to o frwyn a meinciau di-gefn, a galwyd ef Bethel. (R Bryn Williams, *Lloffion o'r Wladfa*)

Cynhaliwyd ysgol ddyddiol yno yn ystod yr wythnos a'r athro cyntaf oedd T G Pritchard. Adeiladwyd y capel presennol yn 1910. Fel capel

Seion Esquel, roedd yn anenwadol. Roedd gan Egryn Williams gof da am fynychu'r capel:

> Ym Mai 1921 cymerodd y Parch. Tudur Evans ofal y ddwy eglwys (Trevelin ac Esquel) a bu yma am dymor o 12 mlynedd. Dyma'r cyfnod yr wyf yn ei wir gofio, ac o bosib, y cyfnod mwyaf llewyrchus yn hanes y ddwy eglwys, a'r sefydliad, yn grefyddol, cymdeithasol a diwylliadol. Yr oedd yr Ysgol Sul yn llewyrchus, a'r gwahanol ddobarthiadau yn niferus, llanwai y capel at yr oedfaon. Cymerai Mrs. Evans hefyd ran flaenllaw gyda ni'r plant yn y *Band of Hope*. (*Atgofion o Batagonia*, gol. R Bryn Williams)

Gerllaw'r capel mae adeilad a arferai fod yn gartref i'r gweinidog. Am gyfnod dyma lle fyddai athrawon Cynllun yr Iaith Gymraeg yn lletya yn yr Andes (gweler Rhif 78). Yna defnyddiwyd yr adeilad ar gyfer cynnal gwersi Cymraeg i blant ac oedolion. Yn 2015, dechreuwyd codi adeilad

Capel Bethel, Trevelin

Capel Bethel, Trevelin (yr adeilad cyntaf)

Cynulleidfa Bethel, Trevelin o flaen yr adeilad presennol

Tŷ Capel Bethel, a'r capel yn y cefndir

Ysgol y Cwm

Melin Nant Fach

Amgueddfa Nant Fach

Ysgol y Cwm ar dir y capel, ar gyfer addysgu plant yr ardal drwy'r Gymraeg a'r Sbaeneg. Golygodd hyn ymdrech fawr a dyfalbarhad ar ran y rhieni a chefnogwyr yr ysgol i oresgyn nifer o anawsterau. Erbyn hyn, mae'r adeilad wedi ei gwblhau a chafwyd yr agoriad swyddogol ym mis Mai 2016.

Rhif 136: Amgueddfa Nant Fach

Adeiladwyd Melin Nant Fach drwy lafur cariad Merfyn Evans, mab y chwedlonol Vincent Evans, sy'n wyneb cyfarwydd i wylwyr Cefn Gwlad S4C. Caiff ymwelwyr gyfle i weld ac i glywed sut oedd y melinau blawd yn gweithio, ac i weld yr olwyn ddŵr sy'n cael ei throi gan y nant fach gerllaw,

nant sy'n rhoi ei henw i'r fferm. Yn rhan o'r amgueddfa, mae ystafell sy'n olrhain hanes ei hendaid, Thomas Dalar Evans, a ddaeth i fyw gyda'i deulu i Gwm Hyfryd yn 1894.

Wrth ymyl y felin mae arddangosfa sy'n dangos

hen grefftau gwledig oedd yn rhan o fywyd beunyddiol y gwladfawyr, ynghyd ag enghreifftiau o beiriannau amaethyddol y cyfnod. Mae hon yn amgueddfa sy'n datblygu'n gyson ac yn gofnod gwerthfawr o hanes gwladfa Cwm Hyfryd.

Rhif 137: Rhaeadrau Nant y Fall

Mae dyfroedd afon Nant y Fall yn rhedeg o Lyn Rosario i'r Afon Fawr (*Futaleufú*). Ar ei ffordd, mae hi'n disgyn dros saith dibyn. Dim ond tri chwymp sydd i'w gweld ar lwybr cerdded y Warchodfa Natur: *La Petiza* (Yr Un Fer), *Las Mellizas* (Yr Efeilliaid) a *La Larga* (Yr Un Hir). Yr olaf yw'r un hiraf (cwymp o 220 troedfedd). Rhoddwyd y tir i'r warchodfa gan Glenys Owen.

Mae yna fwy nag un farn am iaith (ac ynganiad) cywir yr enw:

1) Nant y Fall sydd ar yr arwydd. O dderbyn yr ynganiad Cymraeg, a gweld hyd y cwymp olaf, a sylwi ar y cysgodion sy'n gorchuddio dyfnder ei gwaelod, gellir deall pam y rhoddwyd y fath enw arni. (Mall: marwoldeb, dinistr, uffern.)

2) Mae lle i amau cywirdeb y cymysgair Nant y *Fall* gyda'r ynganiad Saesneg a arddelir gan bawb oherwydd, o ystyried fod yno saith cwymp, onid Nant y *Falls* fyddai'n gywir wedyn?

3) Damcaniaeth arall yw mai Nant y Ffôl yw'r enw cywir (ac nid y *Fall* Saesneg), yn dilyn cwestiwn a ofynnwyd gan Eluned Morgan 'Pwy yw'r ffŵl, tybed?', pan gyhoeddodd y Br. Brychan

Un o raeadrau Nant y Fall

Evans wrthi un bore eu bod yn mynd i gael ymweld â'r fan. Mae'r dehongliad hwn yn cadw'r ynganiad a dderbynnir gan y di-Gymraeg (a chan mwyafrif siaradwyr Cymraeg yr ardal, hefyd, o ran hynny), ond mae'n gofyn am gywiro'r sillafiad. Trafoder!

Rhif 138: Ysgol y Bleidlais

Lleolir Ysgol Rhif 18 yn Nyffryn Oer, nid nepell o Drevelin. Yno y cynhaliwyd cyfarfod tyngedfennol ar 30 Ebrill 1902 rhwng y gwladfawyr oedd wedi ymsefydlu yng Nghwm Hyfryd, cynrychiolwyr llywodraethau yr Ariannin a Chile, a chomisiwn Syr Thomas Holdich, cynrychiolydd Llywodraeth y Deyrnas Unedig.

Roedd yr Ariannin a Chile bryd hynny yn hawlio perchnogaeth dros nifer o ardaloedd ffiniol ar hyd yr Andes, yn cynnwys rhannau helaeth o orllewin Patagonia y dangosid ar fapiau eu bod o fewn ffiniau'r Ariannin. Dyna un rheswm pam yr oedd Fontana a'r *Rifleros* wedi mentro ar y daith archwiliol yn 1885 a pham y cefnogodd y rhaglaw (yn enw Llywodraeth yr Ariannin) fwriad y fintai gyntaf o wladfawyr i ymsefydlu yno yn 1888 (gweler Rhif 130).

Dadl yr Ariannin oedd mai'r llinell sy'n rhedeg ar hyd copaon uchaf yr Andes a ddylai nodi'r ffin. Dadleuai Chile, ar y llaw arall, dros ddefnyddio cyfeiriad llif yr afonydd (a redai i'r Môr Tawel gan mwyaf), gan y byddai hyn yn rhoi iddynt feddiant

Llun a dynnwyd ar y diwrnod y penderfynodd trigolion Cwm Hyfryd aros yn ddinasyddion yr Ariannin

Yr adeilad fel ag y mae heddiw

ar diroedd bras ochr ddwyreiniol y mynyddoedd.

I geisio dod at gytundeb, gwahoddwyd Llywodraeth Prydain i gyflafareddu, ac anfonwyd Holdich i arwain comisiwn fyddai'n archwilio'r amrywiol ardaloedd, ar yr amod na fyddai'r ddwy wlad yn mynd i ryfel ac y byddent yn derbyn y dyfarniad. Wedi iddynt gyrraedd Cwm Hyfryd,

Cloch yr ysgol

Llun o gopi o'r gyfrol lle mae Thomas Holdich yn adrodd yr hanes

ymgynghorodd y comisiwn â thrigolion yr ardal – mewn cyfarfod a gynhaliwyd yn Ysgol Rhif 18 – drwy bleidlais medd rhai, drwy betisiwn meddai eraill. Allan o'r boblogaeth o 300, bron y cyfan ohonynt yn Gymry, penderfynodd mwyafrif clir eu bod o blaid parhau i fod yn rhan o'r Ariannin (er bod Llywodraeth Chile yn cynnig ddwywaith gymaint o dir iddynt). Credir mai'r rheswm pennaf dros eu penderfyniad oedd nad oeddent eisiau gosod ffin ryngwladol rhyngddynt a'u teuluoedd yn Nyffryn Camwy. Drwy hyn, enillodd Gweriniaeth yr Ariannin tua 94,000 km sgwâr o diroedd o ansawdd uchel. Ffurfiolwyd y cytundeb ar ffiniau'r ddwy wlad yn Nhachwedd 1902. Ceir fersiwn Holdich o'r hanes yn ei gyfrol *The Countries of the King's Award*.

Dywedodd yr Arlywydd Mitre yn y Gyngres mai presenoldeb y Cymry ym Mhatagonia a roes hawl i'r Ariannin ar y darn mawr a chyfoethog hwn o'r Weriniaeth. (R Bryn Williams, *Y Wladfa*)

Rhif 139: Eisteddfod Trevelin

Cynhaliwyd eisteddfod gyntaf Trevelin yn yr hen felin yn 1922. Yn 1928 symudwyd y lleoliad i'r Salón Central, adeilad a adnewyddwyd yn 1930. Yno cynhaliwyd yr eisteddfod yn flynyddol tan 1934.

Yn 1976, teithiodd María Ester Evans i Gymru i astudio Cymraeg yng Ngholeg Harlech. Pan ddychwelodd y flwyddyn ganlynol i Gwm Hyfryd, bu hi a'i theulu yn weithgar iawn gyda'r dasg o ailgodi'r eisteddfod leol yn Nhrevelin – unwaith eto yn y Salón Central. Erbyn hyn, cynhelir yr ŵyl honno yn flynyddol yn nhymor yr Hydref.

Rhif 140: Gŵyl Geltaidd Trevelin

Sefydlwyd Cymdeithas Ddiwylliannol Patagonia Céltica (*Asociación Cultural Patagonia Céltica*) ar 1 Mawrth 2013 gan gerddorion yn yr Ariannin sy'n ymddiddori mewn cerddoriaeth o'r gwledydd Celtaidd, ac yn ei chwarae. Cynhelir gŵyl flynyddol o gerddoriaeth, dawns, crefftau, bwyd, chwedlau a straeon, yn yr awyr agored a'r cyfan yn dathlu traddodiadau Celtaidd. Mae'n ŵyl sy'n tyfu hefyd, gan fod ei gweithgareddau yn 2017 yn cynnwys digwyddiadau yn Nyffryn Camwy a Phorth Madryn. Ei threfnydd yw Margarita Green, aelod o un o deuluoedd Cymreig blaenllaw yr Andes.

Cystadlu ar lwyfan Eisteddfod Trevelin

Parti Dawns yn perfformio yng ngŵyl Patagonia Céltica

Buenos Aires

Rhif 141: *Hotel de Inmigrantes*

Hwyliodd mintai'r *Mimosa* yn syth i Borth Madryn, fel y gwnaeth y *Myfanwy* (1870) a'r *Vesta* (1886). Ond i Buenos Aires y byddai mwyafrif mewnfudwyr i'r Ariannin yn cyrraedd gyntaf ac i'r brifddinas y cyrhaeddodd y minteioedd Cymreig a ddaeth o 1874 ymlaen. Roedd llif mewnfudwyr Ewropeaidd i'r wlad ar ei anterth rhwng diwedd y bedwaredd ganrif ar bymtheg a dechrau'r ugeinfed, a'r mwyafrif yn ymgartrefu yn Buenos Aires. Oddi yno y byddai'r gweddill yn mentro allan i gyrion pellaf y wlad i ddechrau bywyd newydd.

Yn 1852 dioddefodd y ddinas haint y Twymyn Melyn. Cyfnod arswydus oedd hwn. Deugain cerbyd angladdol yn unig oedd ar gael yno a phentyrrwyd eirch ar y strydoedd i ddisgwyl amdanynt i'w casglu. Defnyddiwyd wageni sbwriel i gynorthwyo gyda'r gwaith. Roedd llawer o'r meirw yn seiri, felly roedd prinder eirch pren, a gorchuddiwyd nifer o gyrff mewn cynfasau cyn eu claddu mewn beddau torfol. Estynnwyd y

rheilffordd ar hyd Avenida Corrientes at y fynwent a chludid y meirw i'r fan honno ddwywaith y dydd.

I osgoi'r haint, symudodd y cyfoethogion allan o ardaloedd deheuol San Telmo, Barracas a Montserrat gan ymgartrefu yn Recoleta a Barrio Norte sydd, fel y mae enw'r olaf yn awgrymu, yn rhannau gogleddol a gorau y brifddinas. Manteisiodd y teuluoedd cefnog hyn ar y sefyllfa drwy rentu eu cartrefi blaenorol fel llety (*conventillos* neu *tenements*) ar gyfer mewnfudwyr.

Llety gwael a gynigiwyd yn y tai hyn oherwydd iddynt gael eu gorlenwi. Gosodwyd rhaniadau ym mhob ystafell gan adael llawer heb ffenestri. O ganlyniad, roedd cant o bobl yn gorfod rhannu un ystafell ymolch.

Yn ystod y blynyddoedd canlynol, ceisiodd awdurdodau'r brifddinas sicrhau gwell darpariaeth ar gyfer mewnfudwyr. Yn 1874, cafwyd tir gan Gyngor Lleol Palermo (eto yn yr ardal ogleddol) i godi tai pren a 30 o bebyll, ar gyfer tua 300 o bobl. Ond aeth llawer ohonynt yn sâl oherwydd i'r colera daro'r ddinas.

Cytunodd perchnogion tai mewn ardaloedd

Rhai o 'conventillos' La Boca, Buenos Aires

eraill eu rhentu ar gyfer llety ar yr amod nad oedd newidiadau yn cael eu gwneud i'w heiddo. Felly, doedd dim ceginau digonol na threfniadau ar gyfer gweini bwyd yno a gorfodwyd y mewnfudwyr i ddychwelyd i Palermo i gael cinio a phryd nos. Efallai mai i lety fel hyn y cyrhaeddodd y Parchedig Abraham Matthews a 49 o ymfudwyr ar yr *Hipparchus* ar 24 Ebrill 1874. Soniodd am fyw mewn cartref ymfudol am gyfnod o dri mis. Cwynodd am y bwyd a'r prinder gwelyau, ond gan gydnabod, ar yr un pryd, gymorth Llywodraeth yr Ariannin a'r ffaith na chodwyd tâl am y lletty.

Erbyn Tachwedd 1874, cytunodd yr awdurdodau i adeiladu *Asilo de Inmigrantes* (Lloches Mewnfudwyr) yn ardal Cerrito. Cwblhawyd y lleoliad yn gyflym a chynigiwyd ymestyn y lle ar dir wedi ei rentu. Ond yn ystod tywydd gwael doedd dim modd byw yno.

Cyrhaeddodd Huw Gruffydd (Ap Gutyn) Buenos Aires yn 1875 ac ysgrifennodd at ei rieni yn disgrifio ei arhosiad yn yr *Hotel de Inmigrantes* (Gwesty'r Mewnfudwyr) cyn hwylio i'r de tua'r Wladfa.

Daeth agerfad fechan cyn pen hir at y llong … Yr oeddym yn mynd o'r agerfad i gwch, ac yna yn cael ein glanio ar fath o *pier-head* coed. Yr oedd trol wedi dyfod at y cwch i gyrchu ein coffrau, a gwas y swyddog a elai i'r lan gyda hwynt. Yr oeddym wrth dŷ y chwilotwyr ychydig o'u blaenau; ond daethant yno, agorwyd yr oll, ac edrychwyd hwynt gan ddyn â sbectol; – *all right!* Cymmerwyd ni a'n pethau wedi hynny mewn trol i gartref yr ymfudwyr, ac ni chostiodd i ni ddim am ddim oll!

Cafodd argraff dda iawn o'r brifddinas:

Ni ddychmygais fod Buenos Aires yn dref mor hardd cyn dyfod yma; y mae yr heolydd yn llydain, ond yn bur arw; y masnachdai mor ffasiynol â llawer o rai Llundain. Y mae *tram-roads* yn rhedeg gydag ochrau yr heolydd. Y mae yma barciau mawrion hefyd – y mae un yn ymyl ein lle ni, [mae'n debyg mai at Palermo y mae'r llythyrwr yn cyfeirio], a chawn rodio ynddo pan y mynnom.

Soniai hefyd fod rhai o ddynion pwysig y ddinas, a oedd â chysylltiadau â'r Wladfa, yn ymweld â'r Cymry yn yr Hotel, gan achosi eiddigedd a phenbleth mawr ymhlith y mewnfudwyr o Saeson. (Mari Emlyn, *Llythyrau'r Wladfa 1865-1945*)

Ar 5 Ebrill 1881, gadawodd William Meloch Hughes borthladd Lerpwl ar y *Galileo*, yn rhan o fintai o 29 o Gymry, gan gyrraedd Buenos Aires ar 4 Mai. Nid yw'n glir i ble yn union y cawsant fynd i letya, ond yn ei hunangofiant *Ar Lannau'r Gamwy* disgrifiodd eu profiad cyntaf yn y wlad newydd wrth iddynt fynd â'u heiddo drwy'r tolldy:

Wedi eu cael [yr eiddo] rhaid wedyn oedd mynd â hwy i'r tolldy gerllaw, a'u hagor i'r swyddogion edrych i mewn i'w crombil, rhag ofn mai *smugglers*

digywilydd oeddym. Ond ni fuasai raid iddynt. Ni fu clud mintai onestach, ddiniweitiach, erioed dan eu dwylo meinion o'r blaen.

Yna dywed iddynt gael eu symud:

… arweiniwyd ni'n fintai gryno i adeilad mawr cyfagos a drefnesid gan y Llywodraeth i dderbyn a lletya dyfodwyr.

Ond doedd dim llawer o drefn – 'Mae'n wir fod yno ddigon o *le*, a nemor ddim arall – ond tri cogydd blonegog, a chorgi ffyrnig.'

Cawsant ddigon o fwyd ond nid oedd y cogyddion wedi creu argraff dda arno: '… ond amlwg ydoedd nad oedd yr un o'r tri cogydd blonegog hyn yn perthyn i urdd y celfau cain.'

William Meloch Hughes

Yr orchwyl nesaf oedd chwilio am eu gwelyau:

Wedi trafodaeth hir, a pharablu llawer, daeth y
cogydd pwysig yn ôl gyda ni i'r adeilad mawr, a
dangosodd inni fwrdd hir, llwchweddog … a thrwy
wyro ei ben, a rhoi ei law dan ei lechwedd a chau
ei lygaid, dangosodd mai y bwrdd hir llechweddog
hwnnw oedd ein gorweddfa, a dyna ben.

Ar y parwydydd, gwelodd sylwadau a
ysgrifennwyd gan Gymry a fu yno o'u blaen:

Ffodus iawn i ni a hwythau hefyd oedd na
ddeallai'r cogyddion yr ebychiadau hyn, drwy mai
Cymraeg nerthol oeddent, neu ni wn pa drychineb
ddigwyddasai!

Arhosodd y cwmni yn y llety am naw diwrnod.
Yn ystod 1884, dioddefodd llawer o fewnfudwyr
o'r colera, ac yn ystod y pedair blynedd nesaf,
ceisiodd yr awdurdodau ddod o hyd i ddarpariaeth
addas ar gyfer newydd-ddyfodiaid, gan gynnwys
rhentu eiddo Dr José Ocantos yn Caballito o 1886
tan 1888, pan ddaeth y cytundeb i ben oherwydd
cwynion oddi wrth y cymdogion.
Adeiladwyd *El Hotel de la Rotonda* yn bwrpasol
ar gyfer lletya mewnfudwyr. Bu'n weithredol
o 27 Ionawr 1888 tan fis Gorffennaf 1911
– blynyddoedd a welodd gynnydd mawr yn nifer y
mewnfudwyr. Roedd yno le i letya hyd at 2,500 o
bobl. Dymchwelwyd yr adeilad a dyma safle gorsaf
rheilffordd Retiro heddiw.
Rhwng 1908 a 1911 dechreuwyd adeiladu'r

El Hotel de la Rotonda

Hotel de Inmigrantes

Un o ystafelloedd cysgu yr Hotel de Inmigrantes

llety olaf i fewnfudwyr yn y ddinas – *Hotel de Inmigrantes,* yn Antártida Argentina 1355. Agorwyd y llety yn swyddogol yn Ionawr 1911 gan yr Arlywydd Roque Sáenz Peňa.

Roedd i'r adeilad ei lanfa ei hun, yn ogystal ag ystafelloedd pwrpasol ar gyfer storio bagiau, ysbyty, swyddfa bost a thelegraff, swyddfeydd gweinyddol a ffreutur i 1,000 o bobl ar y tro.

Caniatawyd llety rhad ac am ddim i'r mewnfudwyr am bum niwrnod, er mwyn iddynt fedru chwilio am waith. Gellid ymestyn y cyfnod mewn achos o salwch neu fethiant i ddod o hyd i waith. Darparwyd brecwast yn cynnwys coffi llaeth, *mate* a bara. Yn ystod y bore byddai'r gwragedd yn gwneud gwaith tŷ – golchi dillad, gofalu am y plant – tra byddai'r dynion yn mynd allan i chwilio am waith. Byddai pawb yn

dychwelyd i'r Hotel erbyn cinio, pryd y gweinid sŵp, *guiso* (tebyg i risoto), *puchero* (math o gawl), gyda reis neu basta. Am dri o'r gloch, darperid te i'r plant, ac ar ôl chwech o'r gloch rhaid oedd ciwio ar gyfer y pryd nos. Agorwyd yr ystafelloedd cysgu o saith o'r gloch ymlaen – ystafelloedd ar wahân i'r dynion a'r menywod. Yn ystod eu harhosiad, rhoddwyd cyfle iddynt ddysgu am hanes, daearyddiaeth, llywodraeth a deddfau'r Ariannin.

Yn y modd hwn y treuliodd mwyafrif mewnfudwyr blynyddoedd 1911 tan 1953 eu dyddiau cyntaf yn eu gwlad newydd.

Caewyd yr Hotel yn 1953 ac yn 1995, rhoddwyd iddi statws Cofeb Genedlaethol. Heddiw, gellir ymweld â rhan o'r adeiladau sy'n gartref i'r Amgueddfa Mewnfudo Genedlaethol.

Pennod 13

Gwladfeydd eraill

Rhif 142: Bwlch yr Hirdaith, Rio Negro (1867)

Yn dilyn siomedigaethau a chaledi 1865 a 1866, a methiant y cynhaeaf, cynyddodd yr anniddigrwydd ymhlith y gwladfawyr (gweler Rhif 40) ynghyd â'r awydd ymhlith nifer ohonynt i symud o Ddyffryn Camwy ac ymsefydlu yn rhywle arall.

Ceisiodd Aguirre, masnachwr o Batagones, a'i bartner busnes y Comandante Murga, ddenu ymfudwyr i Fwlch yr Hirdaith (*Boca de la Travesía*) wrth Afon Ddu (*Río Negro*). Bu eu hymgais gyntaf gyda 200 o deuluoedd Almaenig yn fethiant ond, oherwydd bod system ddyfrhau eisoes wedi ei pharatoi, roeddent yn awyddus i ddenu rhai o fintai'r *Mimosa* yno.

Yn dilyn y bleidlais a gynhaliwyd ym Mhorth Madryn (gweler Rhif 40), ymfudodd tri theulu. Cawsant amser caled, a brawychus ar adegau – fel y mae John Jones, Glyn Coch, brawd-yng-nghyfraith Edwyn Roberts, yn adrodd yn ei ddyddiaduron, sydd nawr ar gadw yn Amgueddfa Patagones. Roedd ei fferm ef yn union ar ffordd gwŷr arfog y *Mapuches* a fyddai'n teithio o bryd i'w gilydd i ymosod ar dref Patagones. Yn ôl chwedloniaeth y teulu, byddai'r brodorion bob tro yn dwyn popeth oddi arno, yn cynnwys y dillad oedd amdano ar y pryd ond, gan eu bod yn ei adnabod, nid oeddynt yn ei niweidio'n gorfforol. Er mwyn diogelwch, adeiladodd seler i guddio ei wraig a'i ferched.

Cymry Río Negro, Capel Boca de la Travesia

Rhif 143: *Pájaro Blanco*, Santa Fe (1867)

Perswadiwyd Abraham Matthews gan Lewis Jones i ddychwelyd i Ddyffryn Camwy ac i aros am flwyddyn arall i roi prawf ar y tir (gweler Rhif 40). Ond roedd gweddill y ddirprwyaeth a aeth gydag ef i Buenos Aires yn dal yno – Thomas Ellis, John Roberts (Milwr), Griffith Pryse a John Morgan – ac aethant hwy ymlaen i Santa Fe, gan ymsefydlu yno. Yn raddol, symudodd y teuluoedd oddi yno o un i un, gan werthu eu tiroedd i'r gwladfawyr oedd ar ôl. Yn y diwedd, un teulu yn unig sy'n aros yno hyd at heddiw, sef disgynyddion John Morgan, hen ewythr i'r Arglwydd Elystan Morgan.

Rhif 144: *Sauce Corto* (1885) (*Curumalán/Coronel Suarez*)

Yn 1884, gorffennwyd adeiladu'r rheilffordd oedd yn uno Buenos Aires â Bahia Blanca. Teithiai drwy diroedd Curumalán a thua 480km o'r brifddinas, roedd gorsaf Sauce Corto (Helygain Fer).

Roedd Gwyddel o'r enw Edward Cassey wedi addo creu sefydliad o 10,000 o bobl o fewn deng mlynedd, a chyrhaeddodd sôn am ei ymgyrch i'r Wladfa. Yn yr ardal newydd hon, ni fyddai rhaid dyfrhau ac roedd yn nes at Buenos Aires ar gyfer masnachu. Penderfynodd pedwar teulu symud yno i fyw. Dilynwyd hwy gan nifer o deuluoedd eraill, rhai o'r Wladfa, a rhai o Gymru. Adeiladwyd capel yno gyda John Owen yn weinidog. Yn ddiweddarach bu William Roberts yn gwasanaethu yno fel cenhadwr am dair blynedd ar ddeg cyn symud i weithio yn y Wladfa am bum mlynedd arall. Ceir hanesion difyr yn atgofion Evan Parry a Barbara Llwyd Evans am eu cyfnod yno.

Roedd nifer o gŵn yn ceisio dilyn eu perchnogion i mewn i'r capel, ac yn tarfu ar y gwasanaethau. Cafodd Morgan Jones, mab Thomas Morgan Jones y codwr canu (gweler Rhif 59), y dasg o warchod y drws i atal mynediad i'r anifeiliaid, a rhoddwyd ffon iddo i hwyluso'i waith. Ond roedd un ci, eiddo T R Jones, yn fwy penderfynol na'r gweddill. Yn ystod un dydd Sul poeth iawn, teimlai Morgan yn falch ei fod wedi llwyddo i anfon y cŵn i gyd oddi yno, ond roedd y ci hwn wedi sleifio at ffenest agored, a neidio i mewn i'r capel at ei berchennog, gan dderbyn croeso mawr!

Mewn gwasanaeth arall dan ofal John Owen, tarfwyd ar yr awyrgylch defosiynol gan ei wraig, a waeddodd fod yna wiber o dan seddau'r plant. Bu cynnwrf mawr ymhlith yr aelodau, a rhedodd nifer ohonynt allan o'r capel. O'r diwedd, llwyddodd un o'r dynion i gorneli'r neidr a'i lladd gyda picfforch. Wedi adfer trefn, aethpwyd ymlaen â'r gwasanaeth mewn tawelwch.

Yn ôl R Bryn Williams, roedd Cassey wedi gofyn i Lewis Jones ddod o hyd i ragor o fewnfudwyr o Gymru, ac wedi ei benodi yn oruchwyliwr ar y

213

Thomas Morgan Jones, Mary Powell (ei wraig) ac un o'u merched yn Sauce Corto

sefydliad, gan greu cryn wrthwynebiad oddi wrth y teuluoedd a oedd wedi ymsefydlu yno'n barod. Efallai, hefyd, fod Lewis Jones wedi bwriadu cynnig peth o'r tiroedd yno i griw y *Vesta* ac mai dyna oedd wrth gefn yr anghydfod rhyngddynt (gweler Rhif 12).

Chwalwyd y sefydliad wedi rhyw chwe blynedd, oherwydd bod stormydd cryfion wedi difetha sawl cynhaeaf, gan adael y mewnfudwyr mewn dyled. Gwerthodd llawer ohonynt eu ffermydd, a dychwelodd rhai i Gymru, rhai i'r Taleithiau Unedig ac eraill i'r Wladfa. Ychydig o ddisgynyddion y Cymry sy'n byw yno nawr. Newidiwyd enw'r dref yn hwyrach i Coronel Suarez, i gofio milwr Archentaidd na fu yno erioed.

Rhif 145: *Choele Choel* (1903)

Ynys tua maint sir Fôn, yng nghanol Afon Ddu (*Río Negro*), yw Choele Choel. Erbyn 1902, roedd Eugenio Tello (Rhaglaw Chubut rhwng 1895 a 1898) yn rhaglaw yn nhalaith Rio Negro ac estynnodd wahoddiad i wladfawyr Dyffryn Camwy ymfudo yno.

Un o'r rhai mwyaf blaenllaw oedd Edward Owen, Maes Llaned, a oedd yn gyfaill i'r rhaglaw ers ei gyfnod yn Chubut. Roedd wedi ymfudo o ardal y Bala i'r Wladfa yn 1874, er mwyn arbed ei deulu rhag colli eu cartref wedi iddo ef gael ei ddal yn potsian. Roedd yn beiriannydd da ac wedi bod yn gyfrifol am gynllunio'r heolydd rhwng ffermydd Dyffryn Camwy yn ogystal â chyfrannu tuag at adeiladu'r camlesi dyfrhau. Gofynnodd Tello iddo symud i Choele Choel er mwyn cynllunio a datblygu'r system ddyfrhau yno.

Cynigiodd y rhaglaw 240 erw o dir i bob teulu, ac aeth pymtheg teulu o'r Wladfa i ymsefydlu yno, llawer ohonynt i weithio ar agor camlesi a ffyrdd. Teithiodd y gwragedd mewn llong i Bahía Blanca, yna mewn trên, cyn croesi'r afon i'r ynys, gan fyw mewn pebyll nes i'r dynion gyrraedd, saith deg ohonynt wedi teithio mewn wageni dros 350 milltir ar draws y paith.

Wedi pedair neu bum mlynedd, roedd y mwyafrif wedi dychwelyd i'r Wladfa, rhywfaint yn gyfoethocach wedi gwerthu eu ffermydd. Arhosodd tua naw teulu ac mae disgynyddion iddynt yn byw yno o hyd.

Enw cyntaf y dref fwyaf ar yr ynys oedd Tir Pentre (neu *Villa Galense* i'r di-Gymraeg) ond fe'i newidiwyd yn nes ymlaen i *Luis Beltrán*, i gofio'r Brawd Catholig a fu'n flaenllaw yn ymgyrchoedd y Cadfridog San Martín. (Digwyddodd hyn mewn ardaloedd eraill oherwydd bod Llywodraeth yr Ariannin ar y pryd yn awyddus i hyrwyddo delwedd Archentaidd i'r wlad.)

Dadorchuddiwyd cerflun trawiadol o'r Ddraig Goch yn Plaza 9 de Julio ddydd Gŵyl y Glaniad 2017, i gofio am ddyfodiad y gwladfawyr i'r ardal. Fe'i lluniwyd gan Claudio Pino o fetel wedi ei ailgylchu, a chodwyd ef ar golofnau sy'n sefyll mewn ffynnon ddŵr – symbol o'r trawsnewidiad a olygodd y system ddyfrhau i'r rhanbarth.

Rhif 146: Sarmiento (1897–1902)

Roedd y gwladfawyr yn ymwybodol o'r tiroedd eang o gwmpas Llynnoedd Colwapi a Musters er 1877 pan ymwelodd Fontana a'i Rifleros â'r ardal (gweler Rhif 130).

Erbyn blynyddoedd olaf y bedwaredd ganrif ar bymtheg, roedd Llywodraeth Buenos Aires yn awyddus i annog mewnfudwyr i'r ardal ac yn cynnig tiroedd yno. Ar yr un adeg, roedd ffermydd yn mynd yn brinnach yn Nyffryn Camwy. Yn 1892,

Y Ddraig Goch yn Luis Beltrán (Villa Galense/Tir Pentre gynt)

Llyn Colwapi

Rhan o'r goedwig garegog, ger Sarmiento

gofynnodd nifer o'r gwladfawyr am gefnogaeth Cyngor y Gaiman i symud ac ymsefydlu yn yr ardaloedd hyn.

Y cyntaf i fynd yno i fyw oedd Walter Caradog Jones, brodor o Resolfen, oedd eisoes wedi bod yn yr ardal yn 1896 gyda mintai oedd yn chwilio am aur. Symudodd yno gyda'i deulu yn 1898. Unig iawn oedd eu bywydau yno ar y dechrau. Yn dilyn gorlif mawr 1899 yn Nyffryn Camwy,

ym mlynyddoedd cynnar yr ugeinfed ganrif ymfudodd rhagor o deuluoedd (tua 12) i'r ardal. Nid arhosodd y mwyafrif yno yn hir, oherwydd unigrwydd y lle a'u hiraeth am gymdeithas Dyffryn Camwy.

Erbyn heddiw, mae Sarmiento yn dref fawr ac mae yno o hyd bobl o dras Cymreig, sef disgynyddion y pedwar teulu a barhaodd i fyw yno.

Ystafell 'Gymreig' yn yr amgueddfa

Hen orsaf drenau Colonia Sarmiento

Yr Orsaf Drenau sydd nawr yn amgueddfa

Rhif 147: *Comodoro Rivadavia* (1907)

Sefydlwyd y dref ar 23 Chwefror 1901 gan Francisco Pietrobelli, fel porthladd ar gyfer Colonia Sarmiento. Ar 4 Mehefin 1902, ymsefydlodd y fintai gyntaf o Boers yno, ac fe'i dilynwyd gan eraill. Nid oedd modd i'r dref dyfu llawer yn fwy oherwydd prinder dŵr ffres. Felly, anfonodd y Llywodraeth Genedlaethol beirianwyr yno i dyllu am ddŵr ac, yn y broses, ar 13 Rhagfyr 1907, darganfuwyd olew – y digwyddiad cyntaf o'i fath yn y weriniaeth. O ganlyniad, fe dyfodd y dref yn gyflym iawn.

Yn 1922, ffurfiwyd y cwmni olew YPF (*Yacimientos Petrolíferos Fiscales*), cwmni o eiddo'r wladwriaeth. Denwyd nifer o wladfawyr o dras Cymreig yno hefyd gan fod y dref arloesol yn cynnig llawer o waith a chyfleoedd newydd iddynt.

Erbyn heddiw, Comodoro Rivadavia (a enwyd felly i gofio'r Comodoro Martín Rivadavia, morwr a archwiliodd arfordir Patagonia rhwng 1891 a 1892) yw'r ddinas fwyaf poblog yn y dalaith ac mae llawer o'i thrigolion yn parhau i gydnabod eu gwreiddiau Cymreig. Mae'r Gymdeithas Dewi Sant leol yn weithgar ac yn cynnal digwyddiadau cyson i gadw ei haelodau ynghyd.

Dinas Comodoro Rivadavia

Un o strydoedd y ddinas

Pennod 14

Cerfluniau'r Dathlu

Bathodyn Dathlu 150 mlwyddiant y Wladfa (Cymru)
a bathodyn Dathlu 150 mlwyddiant y Wladfa (Y Wladfa)

I ddathlu canmlwyddiant a hanner sefydlu'r Wladfa comisiynodd Adran Ddiwylliant Talaith Chubut yr artist Sergio Owen o Ddyffryn Camwy i greu cerfluniau i'w codi mewn deg o drefi'r dalaith a sefydlwyd naill ai gan y gwladfawyr neu gan grwpiau diweddarach oedd â gwladfawyr yn eu plith.

Mae pob cerflun yn cynnwys elfennau sy'n berthnasol i'r Wladfa gyfan, ac mae pob un wedi ei gysylltu â'r lleill gan yr ysgythriad o'r erwydd sy'n cynnwys ychydig nodau o gytgan yr emyn-dôn 'Calon Lân.'

Mae'r haearn a'r cadwynau yn cynrychioli'r gorthrwm a ddioddefodd y gwladfawyr yn eu mamwlad ac yn portreadu'r cadernid a'r hyblygrwydd a fu'n nodwedd ohonynt. Ar yr un pryd, maent yn symbol o'r cyfle a gawsant yn eu gwlad newydd i'w torri a'u hailddehongli fel cyfrwng i gadw eu perthynas â Chymru.

Gellir edrych ar y cerfluniau unigol, felly, fel rhannau o'r un cyfansoddiad.

Wrth i'r gyfrol hon fynd i'r wasg, mae rhai cerfluniau eto i'w cwblhau (yn Comodoro Rivadavia, Dolavon a Thir Halen).

Rhif 148: Yn yr Andes

Esquel

TEITL: Curiadau Amser 1

Disgrifiad: Ffurfiau mynyddig yn ymblethu gan adlewyrchu copaon yr Andes a hen ffurfiau Celtaidd. Ar lethr un o'r copaon gwelir erwydd yn cynnwys nodau rhan o gytgan 'Calon Lân'. Mae'r mynyddoedd, fel y gwladfawyr, yn canu.

Trevelin

TEITL: Curiadau Amser 2

Disgrifiad: Gwelir y cerflun ar safle Capel Bethel ac Ysgol y Cwm. Mae'n portreadu llafnau melin a thelyn yn ymdoddi i'w gilydd. Ar y plinth, gwelir nodau o gytgan 'Calon Lân'.

Rhif 149: Sarmiento

Sarmiento

TEITL: Curiadau Amser 3

Disgrifiad: Gosodwyd y cerflun hwn ar groesffordd strydoedd Estrada a San Martín. Mae'r brif ddelwedd, a wnaed o ddur gloyw ar ffurf boncyff caregog, yn cyfeirio at y goedwig enwog sy'n atyniad pwysig i dwristiaid yn y fro. Ar y plinth, gwelir nodau o gytgan 'Calon Lân'.

Rhif 150: Porth Madryn a Dyffryn Camwy

Porth Madryn

TEITL: Curiadau Amser 4

Disgrifiad: Mae'r casgliad o ddelweddau a gynrychiolir yma yn awgrymu silwét llong hwyliau. Ar y plinth, gwelir nodau 'Calon Lân'. Gellir dehongli'r cyfanwaith fel delwedd o'r *Mimosa*.

Trelew

TEITL: Curiadau Amser 5

Disgrifiad: Mae'r brif ddelwedd yn alegori o symud diderfyn sy'n cychwyn gyda tharddiad y dref, a ddigwyddodd pan ddechreuwyd adeiladu'r rheilffordd fyddai'n cysylltu'r dyffryn â'r Bae Newydd, yn symud nwyddau i'w hallforio i weddill y wlad a'r byd, ac i'w mewnforio o'r byd mawr i Ddyffryn Camwy. Dyma ddechrau twf dinesig y Wladfa a'i chynnydd parhaus. Ar y plinth, gwelir nodau cytgan 'Calon Lân'.

Y Gaiman

TEITL: Curiadau Amser 6

Disgrifiad: Gwelir y cerflun hwn ym Mharc yr Orsedd. Mae'r brif ddelwedd, a wnaed o ddur gloyw, yn gynrychiolaeth haniaethol o dwnnel y rheilffordd. O haearn y gwnaed yr ail ddelwedd. Mae'n ffurfio dwy adain: un o'r ddraig a'r llall o aderyn. Ar y plinth, gwelir yr erwydd ac ychydig nodau o gytgan 'Calon Lân'.

Rawson

TEITL: Curiadau Amser 7

Disgrifiad: Codwyd yn *La Plaza de las Banderas* (Parc y Baneri). Darn o gelfyddyd haniaethol ydyw, a gellir ei ddehongli fel cennin Pedr neu fel patrwm Celtaidd – gyda llinellau pigfain sy'n cynrychioli amrywiol ardaloedd y dalaith, a nodi arwyddocâd y dref fel prifddinas. Yma, mae'r gadwyn (wedi ei thorri) yn troi yn rhyw fath o estyniad o'r patrymau Celtaidd ac yn symbol o'r rhyddid a fwynhaodd y Cymry yn y Wladfa. Yn olaf, mae llinellau'r erwydd yn amlinellu nodau o ran o gytgan 'Calon Lân'.

Diweddglo

Detholiad personol o leoliadau, cymeriadau a hanesion sydd yma. Diau y byddai awdur arall wedi hepgor rhai ac ychwanegu rhai eraill. Mae storïau a chymeriadau diddorol di-rif i'w darganfod mewn dogfennau a llyfrau am hanes y Wladfa, ac mae gan bob teulu ei hoff hanesion.

2015 oedd blwyddyn dathlu 150 mlwyddiant y Wladfa ac, yn ystod y blynyddoedd diweddar, bu twf aruthrol mewn diddordeb ac ymchwil parthed yr antur gyfareddol hon, gan haneswyr o Gymru, y Wladfa, yr Ariannin a Gogledd America.

Fel rhan o'r dathliadau yn yr Ariannin, cyhoeddwyd cyfrolau yn Sbaeneg i ffurfio Llyfrgell 150 Tegai Roberts (*Biblioteca Sesquicentenario Tegai Roberts*). Cafwyd hefyd nifer o gyhoeddiadau yng Nghymru.

Lluniwyd adnoddau addysgiadol tairieithog (Cymraeg, Sbaeneg a Saesneg) gan Atebol ar ran Cyd-Bwyllgor Addysg Cymru ar gyfer ysgolion cynradd ac uwchradd, a chynhwyswyd y thema yng Nghwricwlwm Cenedlaethol Cymru. Ni ddylai disgybl ysgol heddiw fod mor anwybodus o'r hanes ag yr oeddwn i yn y 1950au a'r 1960au.

Os oes gan y darllenydd ddiddordeb mewn dysgu rhagor am hanes y Wladfa, gall elwa'n sylweddol o bori drwy'r cyhoeddiadau a welir yn y Rhestr Ddarllen ganlynol fel man cychwyn (yn unig) i'w astudiaethau.

Rhestr ddarllen

Agor y Ffenestri, Golygydd: Cathrin Williams, Cymdeithas Cymru-Ariannin 2001

Ar Lannau'r Gamwy: Ym Mhatagonia, W. M. Hughes, Lerpwl: Gwasg y Brython 1927

Asociación San David : Cien Años en el Chubut 1892-1992, Stella Maris Dodd, Ayala Palacio Ediciones Universitarias

Atgofion o Batagonia, R. Bryn Williams, Llandysul: Gwasg Gomer 1980

Atgofion o'r Wladfa, Valmai Jones, Llandysul: Gwasg Gomer 1985

Byw ym Mhatagonia, Golygyddion: Guto Roberts a Marion Elias Roberts, Gwasg Gwynedd 1993

Bywyd a Gwaith John Daniel Evans: El Baqueano, Golygydd: Paul Birt, Llanrwst: Gwasg Carreg Gwalch 2004

Bywyd yn y Wladfa, Golygydd: Cathrin Williams, Caernarfon: Gwasg Y Brython 2008

Capillas Galesas en Chubut, Fotografías, Edi Dorian Jones 1999

Centenario de la Capilla Bethel, Trevelin 1910-2010, Trevelin: Comisión Directiva de la Asociación Cultural, Social y Artistica '16 de Octubre' 2010

Correspondence Respecting the Establishment of a Welsh Colony, Harrison and Sons, London 1867 (Parliamentary Report 1867 [3946] XLIX)

Crisis in Chubut, Geraint D. Owen, Abertawe: Christopher Davies 1977

Cymdeithas Cymru-Ariannin 1939-2014, Golygydd: Elvey MacDonald, Cymdeithas Cymru-Ariannin: Gwasg Cambrian 2014

Dringo'r Andes a Gwymon y Môr, Eluned Morgan, Talybont: Y Lolfa/Honno 2001

Entretelones y Tolderías, David Williams, Editorial Jornada S. A. 2010

Er Serchus Gof: Casgliad o Arysgrifau o Fynwentydd y Wladfa, Cathrin Williams a May Williams de Hughes, Dinbych: Gwasg Gee 1997

Esquel 100 años, Comisión Pro Museo Histórico Esquel, Esquel 2010

Hanes Cychwyniad y Wladfa ym Mhatagonia, Thomas Jones, Glan Camwy, *Y Drafod* 18 Mehefin – 22 Hydref 1926

History, Memory and the Hollows of Punta Cuevas: A Rejoinder, Elvey MacDonald, Cylchgrawn Hanes Cymru, Vol 22, No.2 Rhagfyr 2004

Llawlyfr y Wladychfa Gymreig, Hugh Hughes Cadfan, L. Jones & Co., 44 Hanover Street, Lerpwl 1862 a 1863

Lloffion o'r Wladfa, R. Bryn Williams, Dinbych: Gwasg Gee 1944

Llwch, Elvey MacDonald, Talybont: Y Lolfa 2009

Llythyrau'r Wladfa 1865-1945, Mari Emlyn, Llanrwst: Gwasg Carreg Gwalch 2009

Llythyrau'r Wladfa 1945-2010, Mari Emlyn, Llanrwst: Gwasg Carreg Gwalch 2010

Railway in the Desert, Kenneth Skinner, Beechen Green Books, Wolverhampton 1984

Rocky Trip: La Ruta de los Galeses en la Patagonia, Sergio Sepiurka y Jorge Miglioli, Consejo Federal de Inversiones, Gobierno de la Provincia Del Chubut, GAC: Buenos Aires 2004

Semblanzas de Luna, Arié Lloyd de Lewis, Asociación San David, Trelew: 2006

Tan Tro Nesaf, Gareth Alban Davies, Llandysul: Gwasg Gomer 1976

The Voyage of the Wanderer, C. & S. Lambert, Macmillan, London: 1883

Y Cymry a'r Tehuelches: Cenhedloedd yn Cwrdd ym Mhatagonia, Martha Penrhos

Y Fenter Fawr, Aled Lloyd Davies, Prosiect Treftadaeth a Diwylliant, Y Swyddfa Gymreig 1986

Y Wladfa, R. Bryn Williams, Caerdydd: Gwasg Prifysgol Cymru 1962

Y Wladfa yn Dy Boced: Llyfr Taith i'r Wladfa, Cathrin Williams, Caernarfon, Gwynedd: Gwasg Pantycelyn 2000

Y Wladva Gymreig: Cymru Newydd yn Ne Amerig, Lewis Jones, Cwmni'r Wasg Genedlaethol Gymreig 1898

Yr Efengyl yn y Wladfa, Robert Owen Jones, Penybont ar Ogwr: Gwasg Llyfrgell Efengylaidd Cymru 1987

Yr Hirdaith, Elvey MacDonald, Llandysul: Gwasg Gomer 1999 a 2003

28 de Julio; Su vida e Historia, Jorge Luis Barzini, Owen Tydur Jones, Gaiman: El Regional 2011

Gwefannau
- www.railwaysofthefarsouth.co.uk
- www.arcondebuenosaires.com.ar/hotel_inmigrantes.htm
- www.Cymru-Ariannin.com
  Cydymaith i'r Wladfa Gymreig ym Mhatagonia: Eirionedd A. Baskerville

Mynegai

Mae'r rhifau yn cyfeirio at is-adrannau'r penodau.

227

Llinell amser

Mae'r rhifau yn cyfeirio at is-adrannau'r penodau.

			Rhif
1856		Cyfarfodydd cyntaf y Mudiad Gwladychfaol Cymreig yng Nghaernarfon (Cymdeithas y Bwcis).	35
1859		Lewis Jones a'i deulu yn symud i Lerpwl.	
		Cadfan yn sefydlu Cymdeithas Wladychfaol Lerpwl.	40
1862	Tachwedd	Lewis Jones yn trafod gyda Guillermo Rawson.	1
1863	Ionawr	Parry Madryn yn cyrraedd Buenos Aires.	
		Lewis Jones a Parry Madryn yn hwylio i Batagones.	1
	5 Mai	Lewis Jones a Parry Madryn yn cyflwyno adroddiad i Bwyllgor Lerpwl.	1
1865	25 Mai	Y *Mimosa*'n gadael porthladd Lerpwl.	9
	14 Mehefin	Lewis Jones ac Edwyn C Roberts yn cyrraedd y Bae Newydd i baratoi gwersyll.	4
	28 Gorff	Glaniad mintai'r *Mimosa*.	5
	1 Awst	Y garfan gyntaf o fechgyn ifainc yn cychwyn ei thaith ar draws y paith i Ddyffryn Camwy.	19
	15 Medi	Codi baner yr Ariannin yng Nghaer Antur (Rawson).	29
	25 Rhagfyr	Eisteddfod y Wladfa.	45
1866	19 Ebrill	Teulu brodorol yn cyrraedd y Wladfa.	26
1867	Awst	Teuluoedd yn cefnu ar Ddyffryn Camwy - rhai i Fwlch yr Hirdaith (talaith Río Negro).	142
		ac eraill i Pájaro Blanco (Talaith Santa Fe).	143
		Aaron a Rachel Jenkins yn darganfod ffrwythlondeb y 'tir du'.	117
1868	16 Chwefror	Y *Denby* yn gadael Patagones.	17
		R J Berwyn yn cyhoeddi papur newydd cyntaf y Wladfa: Y Brut.	82
1874		Nyth y Dryw: Tŷ cyntaf y Gaiman.	54
1876		Adeiladu capel cyntaf y Gaiman, ac agor mynwent ger y safle.	61
1877		R J Berwyn yn cyhoeddi llyfrau addysg Cymraeg.	71

1878		Ein Breiniad: Lewis Jones yn cyhoeddi papur newydd argraffedig cyntaf y Wladfa.	82
1882	28 Ionawr	Michael D Jones yn ymweld â'r Wladfa.	73
1884	Chwefror	Cyflafan Dyffryn y Merthyron.	121
1885	25 Mai	Cyfarfod swyddogol cyntaf yr CMC.	104
	31 Gorff	Etholiad cyntaf Cyngor Chubut yn y Gaiman.	55
	19 Hydref	Los Rifleros yn cychwyn ar eu taith archwiliol i'r gorllewin.	130
		Teuluoedd yn ymsefydlu yn Sauce Corto, talaith Buenos Aires.	144
1886	28 Gorff	Y *Vesta* yn cyrraedd Porth Madryn gyda 400 o deithwyr.	12
1888	17 Medi	Llywodraeth Chubut yn deddfu i greu Cyngor Tref Rawson.	29
1889		Agor Capel Tabernacl Trelew.	43
	1 Mehefin	Agor y rheilffordd o Borth Madryn i Drelew.	38
1889		Sefydlu Cyngor Rawson.	55
1890	Rhagfyr	Twymyn yr aur.	123
1891	17 Ionawr	Rhifyn cyntaf *Y Drafod*.	82
1898		Walter Caradog Jones a'i deulu oedd y cyntaf i ymsefydlu yn Sarmiento.	146
1899		Gorlif difaol afon Camwy.	75
1902	30 Ebrill	Thomas Holdich yn dyfarnu ar yr anghydfod parthed y ffiniau rhwng yr Ariannin a Chile.	138
1903		Teuluoedd yn symud i fyw i Choele-Choel, yn nhalaith Río Negro.	145
1904	18 Ebrill	Cyfarfod cyntaf Cyngor Trelew.	40
1906		Sefydlu Ysgol Ganolraddol y Gaiman.	77
	25 Chwefror	Creu'r cysylltiad telegraff cyntaf o Esquel.	126
1907	13 Rhagfyr	Darganfod olew yn Comodoro Rivadavia.	147
1908		Estyn y rheilffordd i'r Gaiman.	69
	29 Rhagfyr	Llofruddiaeth Llwyd ap Iwan yn Nant y Pysgod.	124
1911	28 Tachwedd	Yr Orita yn glanio gyda thua 200 o ymfudwyr. Yr ymfudiad torfol olaf.	77
1915		Estyn y Rheilffordd i Dolavon.	103
	28 Gorff	Agoriad swyddogol Neuadd Dewi Sant, Trelew.	44
1918		Sefydlu Trevelin yn swyddogol.	131
1919	21 Ebrill	Sefydlu Cyngor Dolavon.	102
1920		Y rheilffordd yn cyrraedd hyd at Ddôl y Plu.	103
1923		Sefydlu Esquel yn swyddogol.	126

233

1965		Dathlu Canmlwyddiant y Wladfa.	
		Agor Amgueddfa'r Gaiman.	69
	Hydref	Ailddechrau llwyfannu Eisteddfod y Wladfa.	45
1968		Sefydlu Eisteddfod yr Ifanc.	85
1973		Sefydlu Ysgol Feithrin gyntaf y Wladfa yn y Gaiman.	60
1978		Sefydlu Ysgol Gerdd Talaith Chubut yn Nhrelew.	59
1982		Rhyfel y Malvinas.	41
1984		Sefydlu Ysgol Gerdd y Gaiman.	59
1990		Cynnal dosbarthiadau Cymraeg ffurfiol am y tro cyntaf o dan ofal Cathrin Williams.	78
1996	24 Awst	Darganfod bedd Catherine Davies.	11
1997	Mawrth	Anfon athrawon cyflogedig o Gymru i'r Wladfa am y tro cyntaf.	78
2001	Hydref	Ail sefydlu Gorsedd y Wladfa.	84
2006	6 Mawrth	Agor Ysgol yr Hendre, Trelew.	53
2010	Rhagfyr	Agoriad swyddogol adeilad newydd Ysbyty y Gaiman.	83
2013		Ail agor Amgueddfa Ranbarthol Trevelin.	132
2015		Dathlu 150 mlwyddiant y Wladfa (Sesquicentenario de la Colonia Galesa del Chubut).	
	Mawrth	Sefydlu Ysgol Gynradd Ddwyieithog (Cymraeg-Sbaeneg) y Gaiman.	60
2016	9 Mawrth	Agor drysau Ysgol y Cwm, Trevelin.	135
	31 Hydref	Ail agor Amgueddfa'r Glanio, Porth Madryn (wedi adnewyddu'r adeilad).	8
2017	13 Mawrth	Agor ystafelloedd dosbarth newydd Ysgol Gymraeg yr Andes.	128

Map o Dalaith Chubut

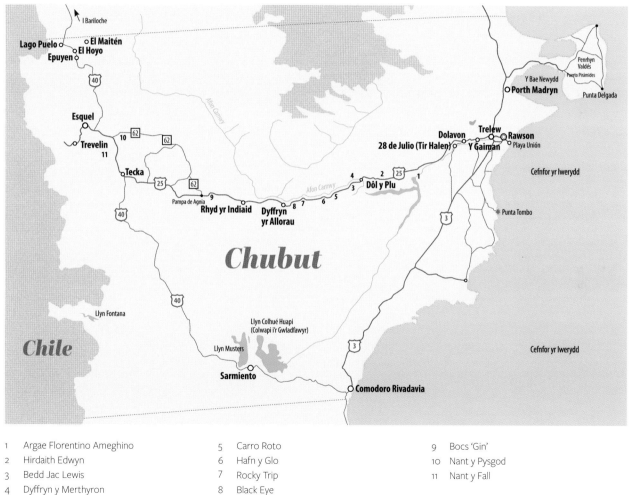

1	Argae Florentino Ameghino	5	Carro Roto	9	Bocs 'Gin'
2	Hirdaith Edwyn	6	Hafn y Glo	10	Nant y Pysgod
3	Bedd Jac Lewis	7	Rocky Trip	11	Nant y Fall
4	Dyffryn y Merthyron	8	Black Eye		

£14.95

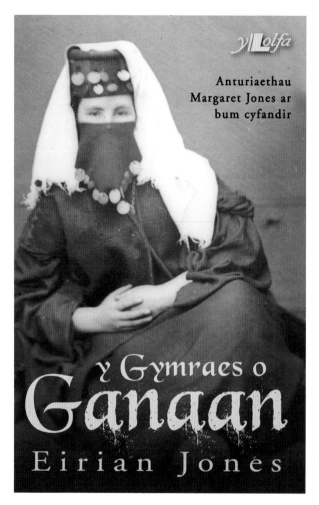

£9.95

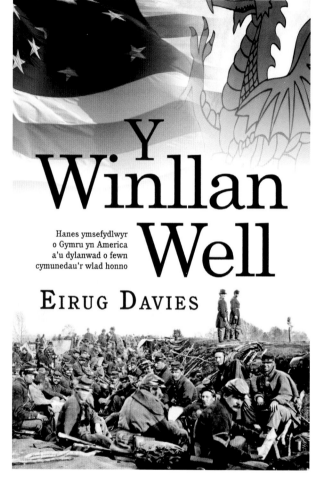

£14.95

POERI I LYGAD YR ELIFFANT

Anturiaethau'r Saint Cymreig yn y Gorllewin Gwyllt

Wil Aaron

yLolfa

£14.99

Mimosa

The life & times of the ship that sailed to Patagonia

Susan Wilkinson

yLolfa

£9.95

Am restr gyflawn o lyfrau'r Lolfa, mynnwch
gopi am ddim o'n catalog
neu hwyliwch i mewn i'n gwefan

www.ylolfa.com

lle gallwch archebu llyfrau ar-lein.

Talybont Ceredigion Cymru SY24 5HE
ebost ylolfa@ylolfa.com
gwefan www.ylolfa.com
ffôn 01970 832 304
ffacs 832 782

Argraffwyd gan Y Lolfa
Holwch am bris

I 'mhlant:
Camwy, Meleri a Geraint,
a Héctor, fy nai
a'r genhedlaeth nesaf:
Erin, Glyn, Owain, Eira, Sara Mai a Gwennan yng Nghymru
ac Elin Mair a Seren Wen yn y Wladfa

Llawlyfr y Wladfa